ÉTUDES THÉORIQUES ET PRATIQUES

SUR

LE CODE CIVIL.

ÉTUDES THÉORIQUES ET PRATIQUES

LE CODE CIVIL

Première série traitant

1º DES PRIVILÉGES SUR LES IMMEUBLES ;

2º DE LA TRANSMISSION DE LA PROPRIÉTÉ PAR ACTES ENTRE-VIFS ;

3º ET DE LA SÉPARATION DES PATRIMOINES.

PAR

A. HUREAUX,

JUGE AU TRIBUNAL CIVIL DE CHARLEVILLE.

TOME PREMIER.

PARIS,

A. MARESCQ, LIBRAIRE-ÉDITEUR,

RUE DES GRÈS, 10, PRÈS DE L'ÉCOLE DE DROIT.

1847

A MONSIEUR HÉBERT,

DÉPUTÉ,

Procureur général à la Cour royale de Paris,

Commandeur de la Légion d'honneur.

Hommage de Reconnaissance!...

TABLE DES MATIÈRES.

FIN DE LA TABLE.

PLAN DE L'OUVRAGE

ET AVERTISSEMENT.

Je me propose de publier des études théoriques et pratiques sur quelques unes-des institutions les moins connues de notre législation civile. Une grande partie de nos codes étant à peu près éclairée par les travaux de nos devanciers, et par la jurisprudence des arrêts qui, commentaire perpétuel de la loi, précède quelquefois la doctrine, assez souvent reste en arrière, les juriconsultes doivent surtout tendre aujourd'hui à jeter quelque jour sur les matières réputées rebelles à l'interprétation. Dans notre manière de voir, tout n'est pas dit encore, loin de là... Le Code civil a eu la singulière destinée d'avoir été fait par des utilitaires et d'avoir été interprété par des spiritualistes. Souvent on y a vu ce qui n'y était pas ; souvent aussi on n'a pas vu ce qui y était. Quelquefois on s'est hâté de le critiquer, quelquefois aussi on s'est trop peu hâté de le comprendre. « Il a fait, dit-on, prédominer l'esprit sur la ma- « tière !... » *Sunt verba et voces prætereàque nihil :* Il n'a fait prédominer qu'une chose, c'est-à-dire Pothier, le bon sens pratique uni au savoir. Voilà le point de vue auquel il faut se placer pour interpréter le Code civil. Les consultants coutumiers seraient bien étonnés si, revenant à la vie, ils voyaient ce qu'on a fait de leur ouvrage.

A nos yeux, le Code civil en général gagne peu à être connu à fond, au moins sous le rapport synthétique. Il a plus d'autorité de loin que de près. Les conquêtes de l'école historique tendent chaque jour à le faire déchoir de la haute position qu'un enthousiasme peu réfléchi lui a faite. Cependant rendons à ses auteurs toute la justice qui leur est due. Il était difficile de mieux faire en 1804. S'il était à créer aujourd'hui, il serait impossible avec notre constitution politique, et pourtant il serait très-possible avec quelques-uns de ces jeunes noms scientifiques qui font l'orgueil et l'espérance de la patrie. Il faut donc nous rattacher à lui, tout imparfait qu'il est, notre mission actuelle à son égard n'est pas de le refaire ; il n'est pas encore suffisamment connu. Mais nous pouvons commencer à signaler ses imperfections réelles et mettre en ordre les matériaux nécessaires à sa révision future. Pour cela, il faut que toutes les idées qui surgissent soient jugées, et le jugement ne peut les réduire à leur juste valeur qu'autant qu'elles se produisent par la publicité. Déjà l'appel fait par le gouvernement aux amis de la science, aux facultés et aux cours souveraines a produit des résultats remarquables. Bien des idées nouvelles ont été émises. Elles demandent à être pesées. Laissons à la méditation et au temps le soin de les apprécier. Prenons garde de cueillir le fruit avant sa maturité, il ne se conserverait pas !...

Prouver que notre régime hypothécaire n'est pas si mauvais que l'interprétation nous l'a fait, tel est le but du travail que nous publions. Nous

nous estimerions heureux si le résultat de nos méditations pouvait convaincre nos gouvernants qu'il y a moins à faire qu'ils semblent le penser, dans les matières que nous traitons.

Cet ouvrage, qui compose la première série de nos études théoriques et pratiques sur le Code civil, se divise en trois parties principales.

La première traite de la théorie des priviléges sur les immeubles d'après le Code civil ;

La seconde, de la transmission de la propriété mobilière et immobilière par actes entre-vifs ;

La troisième et dernière, du privilége de la séparation des patrimoines.

Dans la route que nous aurons à parcourir, nous ferons tous nos efforts pour ne pas perdre un instant l'idée principale qui doit guider nos pas, et pour ramener à l'unité le système que nous considérons comme le seul conforme à la loi. Les travaux de nos devanciers nous ont été d'un grand secours dans l'accomplissement de cette tâche difficile. Nous savons ce que nous devons notamment aux excellents écrits de MM. Blondeau, Valette, Duranton, et aux dissertations éparses dans les revues. Cependant le lecteur trouvera assez peu de renvois aux auteurs modernes dans l'exposé de nos théories. Cela tient à la méthode qui dirige nos études et qui consiste à ne voir d'abord que les textes éclairés par la critique et l'histoire, à examiner ensuite les ouvrages de ceux qui se sont occupés des mêmes matières, pour, après ce travail terminé, rejeter tous les livres et nous livrer à la méditation sur l'ensemble des théories bien plus que sur les détails : le tout avec la plus entière indépendance. Cette méthode que nous considérons comme la seule vraie, rend, pour ainsi dire, les citations impossibles. Du reste les véritables jurisconsultes savent à quoi s'en tenir sur ce genre d'érudition très-facile. Suivant notre manière de voir, l'accumulationdes noms propres et des arrêts à l'appui des opinions d'un auteur, ne fait qu'entraver inutilement la lecture d'un ouvrage, et ôter à l'esprit toute sa liberté d'examen.

ÉTUDES
SUR LE CODE CIVIL.

Ire SÉRIE. — Ire PARTIE.

TRAITÉ

DES PRIVILÉGES SUR LES IMMEUBLES

D'APRÈS LE CODE CIVIL.

PREMIÈRE ÉTUDE.

SYSTÈME DES PRIVILÉGES SUR LES IMMEUBLES,

SUIVANT LE CODE CIVIL.

(C. civ., art. 2103, 2106, 2108, 2110, 2109, 2111, 2113.)

SOMMAIRE.

1. — Définition du privilége.
2. — Résumé du système.
3. — La théorie s'est perdue en partie par l'abandon de la transcription.
4. — La loi du 11 brumaire an VII a été la base du système des priviléges du Code civil.
5. — Exposé du système de cette loi de l'an VII.
6. — Suite.
7. — Suite.
8. — Code civil. — Sens de l'art. 2106.

§ Ier. — PRIVILÉGE DU VENDEUR, DU DONATEUR AVEC CHARGES, ETC.

9, 10. — Sa nature. — Explication de l'art. 2108.
11. — Suite.
12. — Résumé.
13. — L'inscription du privilége n'est qu'une formalité accessoire.
14. — Application de l'art. 2113 au privilége de vendeur.
15. — Les intérêts ne sont privilégiés que pour deux ans et l'année courante.
15 *bis.* — Le vendeur ne peut jamais perdre son privilége.
16. — La théorie s'écroule si la transcription fait défaut.

A. — Privilége pour la garantie des lots. Immeubles.

B. — Privilége pour l'éviction des créances.

C. — Privilége pour la garantie des soultes.

ÉTUDES

THÉORIQUES ET PRATIQUES

SUR LE CODE CIVIL.

GÉNÉRALISATION DU SYSTÉME DES PRIVILÉGES.
SON ORIGINE.

1. — On sait que le privilége est un droit réel que la faveur de la créance donne à un créancier d'être préféré aux autres créanciers, même hypothécaires (C. civ., art. 2095). Le privilége sur un immeuble n'est autre chose qu'une hypothèque légale privilégiée. Comme les caractères de ce droit réel seront exposés ultérieurement (1), il est inutile, quant à présent, de nous arrêter sur des définitions toujours contestables. Jetons donc de suite un coup d'œil général sur le système de publicité organisé par la loi.

2. — Tout le système de la publicité des priviléges

(1) *Vide infrà*, nº 10.

sur les immeubles, réside dans les art. 2106 et 2113 du Code civil. Ces textes ont leur origine dans les art. 2 et 39 de la loi du 11 brumaire an VII.

La règle générale est posée dans l'art. 2106, dont la rédaction, un peu obscure, a tant embarrassé les interprètes. Elle peut se formuler de la manière suivante :

« Pour pouvoir se produire utilement avec toutes
« ses prérogatives, le privilége sur un immeuble
« doit être notifié au public suivant les formes éta-
« blies, et cette notification doit avoir lieu, au plus
« tard, au moment même de la transmission qui lui
« donne naissance. En un mot, il faut que le signe
« public du privilége accompagne l'entrée de l'im-
« meuble grevé dans le domaine absolu de celui au-
« quel il est transmis. »

Les articles suivants contiennent l'application de ces principes aux priviléges du vendeur (art. 2108) et des entrepreneurs (art. 2110). Puis viennent deux exceptions : l'une est relative aux coparta-geants (art. 2109), et l'autre aux créanciers du défunt qui veulent user du bénéfice de la séparation des patrimoines (art. 2111).

A l'égard de ces derniers, la loi se relâche de la rigueur de la règle, posée dans l'art. 2106, et cela, par des motifs particuliers. Elle leur permet, dans des délais déterminés, de mettre au jour leurs privi-

léges, même après la transmission. Ainsi, ces priviléges doivent toujours être notifiés au public pour
produire leurs effets; mais ils ont, pour se produire,
un délai que n'ont pas les autres priviléges soumis
à la publicité. C'est en ce sens qu'ils forment une
exception à la règle.

Le système est complété par la pénalité que doit
entraîner l'infraction aux mesures de publicité précédemment établies. C'est l'objet de l'art. 2113.

Telle est la théorie des priviléges sur les immeubles d'après le Code civil. C'est au fond celle de la loi
du 11 brumaire an VII, augmentée de deux nouveaux
priviléges (art. 2103, 3°, 2109, 2111).

3. — Cette théorie que nous venons de réduire
à sa plus simple expression, a reçu l'atteinte la plus
grave, dès qu'il a plu à l'interprétation et à la
jurisprudence de décider, en dépit des art. 1140,
1583, 2106, 2108, 2180, 2181, 2189 et 2198, que
la transcription avait été abolie *comme moyen de
transmission à l'égard des tiers.* Il est résulté de là un
désordre complet dans l'économie du système. Cependant, pour bien saisir les dispositions de la section qui nous occupe, il faut nécessairement se ré-
porter par la pensée à l'époque où elle a été faite, et
rechercher ensuite si l'idée qui lui a servi de base
fondamentale a été réellement modifiée et même
abandonnée, comme on le prétend généralement.

4. — J'ai dit que la théorie du Code civil sur les priviléges des immeubles était au fond celle de la loi du 11 brumaire an VII : cela résulte évidemment de la comparaison des art. 2106, 2108, 2110, 2107 et 2113 avec les art. 2, 26, 14 n° 3, 29, 12, 13, 11 et 39 de la loi précitée. Cela résulte également de la discussion au conseil d'État sur l'art. 2108 jusqu'à la dernière évidence, et enfin de l'exposé des motifs du titre hypothécaire au corps législatif.

Il est donc certain que les bases de la loi de brumaire ont été celles de la section des priviléges du Code civil, et que cette section a été rédigée sous l'influence de la transcription considérée comme moyen de transmission à l'égard des tiers. Le doute disparaît et tout s'explique lorsqu'on voit qu'avec le secours du principe fondamental de la loi de brumaire, le système se déroule avec une logique parfaite, et atteint de la manière la plus complète le résultat que se proposaient surtout les rédacteurs du Code civil, à savoir : que les tiers ne fussent jamais surpris ; tandis que, si on explique les art. 2106 et 2108, comme des textes nouveaux qu'on aurait fait entrer dans un système de transmission ayant pour base la clandestinité de la vente, on s'aperçoit bien vite des incohérences et des résultats bizarres que ce mode d'interprétation entraine à sa suite. Il suffit, pour se convaincre de cette vérité, d'examiner avec indépendance la jurisprudence des arrêts et les ouvrages qui l'ont préparée, tels que ceux de Grenier, Tarrible, MM. Persil, Duranton et Troplong, nos meilleurs interprètes d'ailleurs sur la matière que nous traitons. Quel résultat déplorable! Quelle théorie, ou plutôt quelle absence de toute théorie (1)! La faute capitale de ces auteurs vient de ce qu'ils ont voulu, bon gré mal gré, faire marcher la publicité du privilége de vendeur avec la clandestinité de la vente ; tandis que le privilége, n'étant qu'une dépendance de l'aliénation, est nécessairement clandestin, dès que l'aliénation est clandestine, à moins que la loi ne fixe un court délai pour son apparition sur les registres du conservateur. Dès lors, étonnés eux-mêmes du résultat de leurs travaux, ils s'en sont allés critiquant la loi qu'ils interprétaient en se plaçant à un faux point de vue, quand la loi, à part quelques

(1) Pour comprendre jusqu'à quel point la théorie des priviléges sur les immeubles a été généralement peu entendue en France, il faut lire les documents relatifs au titre des hypothèques qui viennent d'être publiés par la chancellerie. C'est un monument qui servira à écrire l'histoire interne du droit hypothécaire français dans la première partie du dix-neuvième siècle. Cette critique, du reste, ne s'adresse pas à toutes les cours et facultés. Ainsi, le rapport de la faculté de Paris est certainement un chef-d'œuvre de logique et de haute raison, qui aura sur la loi qui s'élabore toute l'influence qu'il doit avoir ; il en est de même des rapports de quelques autres facultés.

imperfections de détail, ne méritait que des éloges. Ils ont rendu l'intervention du législateur nécessaire où il n'avait que faire. Quiconque voudra se créer des idées rationnelles sur toutes ces matières, devra d'abord, et avant tout, mettre la plupart des interprètes et la jurisprudence de côté, et se borner à l'étude des textes conférés avec la législation antérieure et les discussions au conseil d'État sur le titre des priviléges et hypothèques.

5. — Cela posé, quel était le système de la loi de brumaire an VII?

Cette loi reconnaissait trois priviléges sur les immeubles.

1° Les priviléges énumérés en l'art. 11 correspondant à nos priviléges de l'art. 2101, et de l'art. 2107. Comme sous le Code civil, ils n'étaient pas soumis à la publicité;

2° Le privilége du vendeur, terme générique qui comprenait tous les aliénateurs à titre onéreux. *Les précédents propriétaires,* dit la loi (art. 14, n°s 3 et 29).

Ce privilége se conservait par deux formalités nécessaires. L'une était la transcription qui, en même temps qu'elle transportait la propriété à l'égard des tiers, les avertissait de ce qui était dû encore à l'aliénateur. L'autre était une inscription faite à la même date et d'office par le conservateur. Cette inscription avait pour objet d'éviter au public la longueur des recherches dans des transcriptions souvent fort étendues. Elle mettait en relief, dans un cadre resserré, ce que le public avait besoin de connaître. De cette manière, les frais d'un état de charges étaient moins considérables et le moyen de publicité plus commode.

3° Le privilége des ouvriers sur la plus value résultant des travaux (art. 12, 13, 14 2°). Ce privilége était réglé comme il l'est encore aujourd'hui (C. civ., art. 2103 4°, 2110).

6. — Tels étaient les priviléges sur les immeubles dont le Code civil s'est occupé ensuite. Les copartageants et les créanciers du défunt n'étaient pas privilégiés. Ces derniers avaient toutefois une protection dans le système vicieux de l'ancienne jurisprudence sur le bénéfice de séparation des patrimoines (art. 14, n° 4); mais elle était bien insuffisante.

7. — D'après ce qui précède, il est facile de saisir le mécanisme qui produisait la publicité des priviléges : publicité qu'on voulait surtout éclatante et complète. En effet, la mutation n'existant au regard des tiers que par la transcription, si la transcription est l'inscription elle-même du privilége, il est évident que la publicité du privilége accompagne l'aliénation. Les droits du vendeur sont ainsi *maintenus* jusqu'au payement du prix, par l'observation des formes établies (art. 14, n° 3), c'est-

à-dire au moyen de la transcription complétée par l'inscription d'office.

Rien de plus logique que cette doctrine ; car, dès qu'on admet la publicité comme base fondamentale d'un régime hypothécaire, il faut que cette publicité soit utile , et, pour que cette publicité soit utile, il faut qu'elle avertisse le plus tôt possible les tiers qui viendront traiter avec l'acheteur, de l'existence des droits réels grevant l'immeuble du chef des précédents propriétaires. Or, le seul moyen d'avertir le public de la *maintenue*, entre les mains du vendeur, de la fraction du domaine appelée privilége, est que cette *maintenue* s'opère par l'acte même de mutation à l'égard des tiers. Si le privilége, si cette rétention de la propriété sous certains rapports ne se produit que plus tard, les créanciers qui auront traité avec l'acheteur dans le temps intermédiaire, depuis l'aliénation jusqu'à la mise au jour du privilége, n'auront pas été avertis par les registres publics de son existence, et dès lors ils auront été fondés à penser que l'acheteur était libéré et que, par conséquent, l'immeuble à eux offert en gage était libre de tout privilége.

Cette théorie était appliquée avec plus d'éclat encore, sous certains rapports, au privilége des ouvriers sur la plus value résultant des travaux. La notification au public de ce privilége était faite par

une inscription *antérieure* aux travaux, c'est-à-dire avant la transmission elle-même de la plus value (art. 13) (1).

Arrivons au Code civil.

8. — Le Code civil adopte tous ces principes. Il suit pas à pas le législateur qui lui sert de guide. Il n'innove pas où il n'est nullement besoin d'innover. Apparemment que si le conseil d'État eût voulu, soit lors de la discussion de la section des priviléges, soit dans le cours des discussions sur le titre des hypothèques, abroger le principe qu'une foule de dispositions supposent existant, il serait resté quelque trace de cette abrogation dans les publications de M. Locré, et cependant il n'existe rien de positif à cet égard. On y voit bien les protestations de quelques esprits imbus des anciens principes; mais les idées de MM. Tronchet et autres n'ont pas eu d'écho en définitive, et la nécessité de la transcription est à peu près reconnue par les procès-verbaux des discussions du conseil d'État sur le Code civil (2). Dans tous

(1) Il faut voir sur toutes ces matières une excellente brochure de M. Valette, qui a pour titre : *De l'effet ordinaire de l'inscription en matière de priviléges sur les immeubles.* Ce travail, qui contient autant de choses que de mots, est incontestablement le meilleur qui ait été publié sur les priviléges du vendeur et des ouvriers. Paris, Joubert, 1843.

(2) M. Persil, adversaire de la transcription, et qui a beaucoup contribué à la faire rejeter par la jurisprudence, le reconnaît lui-même dans ses commentaires des art. 2181, 2182, XIII.

les cas, les attaques de Tronchet contre le principe fondamental sont postérieures à la section des priviléges, et cette section, qui n'a pas été modifiée pour le fond des idées lors de son adoption par le conseil d'État, qui est ensuite restée telle qu'elle avait été définitivement conçue, se trouvait dans le projet qui renfermait la transcription translative (art. 91 du projet).

L'art. 2106, créé sous l'empire de la loi de brumaire, copié même dans l'art. 2 de cette loi, a donc nécessairement la même signification qu'il avait dans la législation de l'an VII. Seulement, et pour appuyer encore plus sur le principe, les rédacteurs du Code ont ajouté ces mots : *et à compter de la date de l'inscription*, c'est-à-dire au moment même de la transmission à l'égard des tiers, puisque le signe public du privilége se révèle par l'acte même qui transporte là propriété à l'égard des tiers, et qui vaut inscription pour le vendeur suivant l'art. 2108. Dans l'esprit et dans la lettre de la loi, la date de l'inscription et la date de la transmission sont deux choses qui se confondent.

Si le législateur s'est servi de ces expressions : *à compter de la date de l'inscription*, au lieu de celles-ci : *à compter de la transmission*, c'est parce qu'il a voulu comprendre dans une même phrase tout à la fois le privilége des vendeurs qui se révèle au public au moment même de la mutation et le privilége des ouvriers qui se produit par une inscription *antérieure* à la transmission de la plus value. Alors, il était plus exact de dire : *à compter de l'inscription*, c'est-à-dire, pour le vendeur, de la transcription qui vaut inscription, et pour l'ouvrier, de l'inscription du premier procès-verbal. La pensée, de cette manière, était généralisée. Du reste, il faut en convenir, la loi eût pu être plus explicite. Son intention, plus développée sur ce point fondamental, aurait donné à la jurisprudence une direction tout autre que celle qu'elle a prise au grand détriment de la sécurité publique. On n'aurait pas, avec tant de peines, élevé un échafaudage de publicité qui, en définitive, se réfère au passé!...

Ces principes étant connus, examinons chacun des priviléges soumis à la publicité. L'application que la loi fait elle-même des idées que nous avons émises sera la meilleure démonstration de la vérité de notre système.

§ Iᵉʳ. — PRIVILÉGE DE L'ALIÉNATEUR.

(C. civ., art. 2103, 2108, 2113.)

9. — Suivant l'art. 2103, le vendeur est privilégié sur l'immeuble vendu pour le prix non payé. Cette expression, *vendeur*, doit être prise, comme sous la

loi de brumaire, pour tout aliénateur à titre onéreux. Ainsi, nous pensons que l'échangiste avec
soulte, celui qui se libère par une dation en payement avec retour en sa faveur, le donateur avec
charges sont privilégiés comme le vendeur proprement dit. Ils sont tous membres d'une même famille. Il ne peut y avoir de doute qu'à l'égard du
donateur avec charges, mais il ne faut pas équivoquer avec des subtilités de langage. Le donateur
avec charges est un aliénateur à titre onéreux, jusqu'à concurrence de ce qu'il retient par devers lui
comme condition de sa libéralité. La loi a voulu
protéger les précédents propriétaires qui retiennent
quelque chose des immeubles par eux aliénés, et
le donateur avec charges appartient évidemment
à cette catégorie (L. de brum., art. 14, n° 3).

10. — Cela posé, qu'est-ce que le privilége de
l'aliénateur ?

Le privilége est ce qui tient lieu au vendeur de
la propriété qui vient d'être transmise ; c'est pour
lui la propriété conservée sous certains rapports ; il
reste propriétaire de ce qu'il n'a pas aliéné ; il retient
le démembrement nécessaire pour assurer son prix
de vente (1). Voilà ce que c'est que le privilége du

---

(1) On verra souvent dans le cours de notre travail ces expressions : *le privilége est une propriété fractionnaire ; l'hypothèque est
un démembrement du domaine.* Cela est certain. En effet, le domaine, *plena in rem potestas,* se compose de *usus, fructus* et *abu-*

vendeur. Dépendance de l'aliénation, il ne prend naissance qu'avec elle au regard du public, en face duquel il doit se poser. Il est inutile du vendeur à l'acheteur, parce que, entre créanciers et débiteurs, les priviléges et les hypothèques ne servent à rien. Ce n'est donc que les tiers qu'il doit obliger; or, pour les obliger, il faut qu'ils le connaissent. Suffira-t-il qu'il se révèle à eux, quand ils auront contracté dans l'ignorance de son existence? évidemment non : car leur

sus. L'*usus* peut être distrait de la propriété, et il y a alors en quelque sorte un propriétaire de l'*usus* (je me sers du mot propriétaire dans un sens impropre, mais c'est pour mieux faire saisir ma pensée) et un propriétaire du *fructus-abusus*. L'*usus-fructus* peut être également distrait de la propriété, et alors aussi il y a un propriétaire de l'*usus-fructus* et un propriétaire de l'*abusus*, c'est-à-dire du droit de disposer de la chose, moins ce qui appartient à l'usager et à l'usufruitier. Maintenant l'*abusus* lui-même peut être modifié, restreint par les servitudes, par l'hypothèque ou le privilége qui n'est qu'une hypothèque privilégiée. Lorsque mon immeuble est grevé d'une hypothèque ou d'un privilége, le droit de libre disposition est altéré dans mes mains. Je ne puis transmettre ma chose qu'avec le droit qui l'affecte et qui appartient à un tiers; par suite, je ne puis toucher le prix au mépris de l'hypothèque. En un mot, je n'ai plus l'*abusus* entier; et, par conséquent, l'*abusus* a été démembré à mon préjudice. L'hypothèque privilégiée, celle qui a la prérogative de primer la simple hypothèque, est donc un droit réel, une propriété fractionnaire obligeant les tiers comme le droit de propriété lui-même, un droit exclusif de sa nature, à la différence du droit de créance qui n'est que relatif, c'est-à-dire qui n'existe que contre telle personne déterminée, et auquel, par conséquent, le public peut porter atteinte en contractant avec le débiteur : ce qui entraîne la diminution et quelquefois même la mise au néant de ce droit relatif. C'est la base fondamentale de la théorie si importante du *jus ad rem* et du *jus in re*.

engagement ne serait fondé que sur une erreur que
la clandestinité du privilége aurait pourtant rendue
bien légitime. C'est donc le plus tôt possible qu'il
doit frapper le public. A quel moment ? eh bien!
d'après la théorie admirable du Code civil, c'est au
moment précis de sa naissance. En effet, au regard des tiers, le vendeur reste propriétaire, malgré la convention, jusqu'à la transcription translative. Il n'a pas besoin d'un privilége, du contrat à
la transcription, puisqu'il reste propriétaire au regard des tiers et qu'on ne peut avoir un *jus in re
alienâ* sur sa propre chose. L'immeuble n'étant pas
encore dans le domaine de l'acheteur au regard de
ses propres créanciers, qui sont des tiers en ce qui
touche l'aliénateur, et qui, dans tous les cas, ne
peuvent avoir plus de droits que leur débiteur, ne peut
être appréhendé par eux à son préjudice; ils appréhen-
deraient la chose d'autrui. Mais arrive l'instant de
la mutation à l'égard de tous, et alors, de même que
la convention avait transporté une propriété relative,
la transcription transporte la propriété absolue; de
même que le prix fixé par la convention n'existait
qu'entre les parties, puisque entre elles seules, il y
avait vente (art. 1583), de même le prix va apparaître au public, parce que la transmission se con-
somme à son égard. Le vendeur est dessaisi du domaine *ergà omnes*, et, à la place de sa propriété, il

acquiert un privilége. Ce privilége doit nécessairement se révéler à l'instant même ; car tous les créanciers de l'acheteur vont saisir l'immeuble par leurs inscriptions, puisque cet immeuble entre au regard de tous dans le domaine de leur débiteur.

Si on lui permet de se révéler à une époque postérieure à la transmission, alors, de deux choses l'une : ou il faudra lui donner un effet rétroactif pour lui faire primer les hypothèques inscrites avant son apparition sur les registres du conservateur, et dans ce cas, c'est perdre tous les bienfaits de la publicité qui, de sa nature, ne peut se référer qu'à l'avenir; ou bien, il faudra ne lui donner d'effet qu'à la date de son apparition sur les mêmes registres, et alors, ce n'est plus protéger utilement le droit de créance le plus favorable qui puisse exister.

Si, au contraire, il se révèle au moment de l'entrée de l'immeuble dans le domaine de l'acheteur aux yeux du public, alors ce public, créancier de l'acheteur, n'apprendra la mutation que par l'instrument même qui lui révélera le privilége ; et cet instrument, la transcription translative, lui dira en même temps jusqu'à concurrence de quelle somme l'aliénateur a entendu retenir la propriété, c'est-à-dire, le démembrement appelé privilége qui en tient lieu entre ses mains.

11. — Voilà le système de l'art. 2108 : le privilége se révèle par le signe public qui transporte la propriété à l'égard de tous. Il n'était pas possible de le produire plus tôt ; il n'était pas né vis-à-vis de ceux en face desquels il aura à se poser un jour. C'est le beau idéal d'un système de priviléges publics. Le privilége n'a pas d'effets rétroactifs ; il ne peut pas en avoir : ce serait le faire rétroagir avant sa naissance. Maintenant, il prime naturellement toutes les inscriptions des créanciers de l'acheteur, et parce qu'il est privilége, et parce qu'il est nécessairement inscrit le premier. Il conserve sa nature de privilége en ce qu'il l'emporte sur toutes les inscriptions d'hypothèques faites ou censées faites le jour même de son apparition (1). Il n'a donc pas de concurrence à redouter de la part des créanciers de l'acheteur.

Il est facile de comprendre, d'après cela, que l'art. 2106 a dit une chose profondément exacte, lorsqu'il a disposé que le privilége n'avait d'effet qu'à compter de la date de son inscription, c'est-à-

---

(1) L'hypothèque légale ou judiciaire, inscrite avant l'acquisition du débiteur, frappe seulement en expectative les biens à venir. Ce n'est que quand l'immeuble est entré dans le domaine du débiteur qu'elle l'appréhende réellement. Quant au rang des créanciers de l'acheteur entre eux, l'inscription conserve bien la priorité de l'ancienneté ; mais cela ne porte aucune atteinte au privilége de l'aliénateur. Cette difficulté, qui, du reste, n'en est pas une, n'existait pas dans la loi de brumaire an VII ; elle ne reconnaissait pas d'hypothèques sur les biens à venir.

dire, en ce qui touche le privilége du vendeur, de la transcription qui, d'après la loi, vaut inscription de ce privilége.

12. — Ainsi, en résumé, le privilége du vendeur qui n'est que la rétention, *la maintenue,* d'une fraction du domaine, se produit naturellement par l'acte même qui transporte la propriété à l'égard des tiers, c'est-à-dire par la transcription (art. 2108). L'acheteur ne devient propriétaire que moins le privilége réservé au vendeur pour le prix non payé. Les droits du précédent propriétaire sont maintenus jusqu'au payement en suivant les formes établies (L. de brumaire, art. 14 3°). Personne ne peut être trompé, puisque le signe public du privilége accompagne l'entrée au regard des tiers, de l'immeuble vendu dans le patrimoine de l'acheteur. Dès lors les créanciers de ce dernier, qui ne peuvent avoir plus de droits que leur débiteur, sont nécessairement avertis qu'ils n'ont à compter sur l'immeuble que distraction faite de ce qui est dû au vendeur. Il n'y a pas de surprise possible, et d'un autre côté le vendeur ne peut jamais perdre son privilége.

13. — Le privilége étant ainsi porté à la connaissance du public, il semble que le but est atteint.

Toutefois le Code civil, afin de mettre la transcription en relief, exige, comme la loi de brumaire,

une inscription que le conservateur prendra d'office
à côté de la transcription et à la même date (Code
civil, art. 2200). Mais comme la loi de brumaire
faisait de cette inscription (art. 29) une formalité
indispensable , le législateur de 1804 trouve beaucoup trop sévère la pénalité attachée à l'inobserva-
tion de cette formalité accessoire.

« M. Cambacérès veut que l'effet du privilége con-
« servé par la transcription ne dépende pas de l'in-
« exactitude du conservateur.

« M. Threilhard propose de déclarer que la tran-
« scription vaut inscription pour la partie du prix
« non payée.

« Enfin, M. Jollivet demande que néanmoins ,
« *afin que le registre des inscriptions soit complet*,
« la loi oblige le conservateur d'y porter la créance
« du vendeur, *sans que cependant l'omission de cette*
« *formalité nuise à la conservation du privilége.* »
L'art. 2108 est adopté avec ces amendements
(séance du 3 ventôse , an XII).

Ainsi, la transcription de la loi de brumaire est
conservée. On ne pense guère à l'abroger, puisque
le principe est écrit en toutes lettres dans l'art. 91
du projet. On ne modifie donc la loi existante qu'en
un seul point. L'inscription sous le Code ne sera plus
qu'une formalité accessoire; la formalité essentielle
est la transcription. Cependant si l'inexactitude du

conservateur auquel la loi donne le mandat de prendre l'inscription d'office a été la cause de quelque
erreur, et par suite, d'un préjudice pour les tiers,
il sera passible de dommages-intérêts suivant·les
circonstances (art. 2108) (1).

14. — Mais il peut arriver que la transcription
ait été incomplète, et que le vendeur ou l'acheteur
ou même le copiste du conservateur, soit par erreur, soit à dessein, n'aient pas fait connaître au
public toute l'étendue des droits retenus. Alors apparaît l'art. 2113. Ce que la loi veut avant tout,
c'est que les tiers ne soient point induits en erreur.
Il faut que chacun sache que l'immeuble transmis
est grevé, et jusqu'à concurrence de quelle somme
il est grevé. Il faut qu'il n'y ait pas de surprises ,
disait M. Cambacérès. Si donc la transcription est

---

(1) Cette théorie si simple a été singulièrement appliquée. On
est allé jusqu'à décider que le vendeur conservait son privilége
par une simple inscription, et qu'il n'avait pas besoin de transcrire
son contrat ; tandis que la transcription était la formalité indispensable, l'élément de la vente elle-même, la condition de son
existence au regard du public, et, par voie de conséquence, la
signification à tous de la rétention du privilége. Mais on a interverti
le sens de toutes les formalités dans ces matières. L'inscription,
qui n'était qu'une affaire d'ordre, qui n'avait aucune influence
sur la conservation du privilége, d'après la volonté positivement
exprimée du législateur, a été substituée à la transcription! Tout
cela, il faut l'avouer, cadre bien mal avec les paroles du véritable
auteur du titre des hypothèques, qui proclamait au Corps Législatif, que les bases du système hypothécaire étaient, dans le Code
civil, celles de la loi de l'an VII (*Voy.* ci-après, nᵒˢ 143, 144, 192).

incomplète dans la partie que les tiers ont surtout intérêt à connaître, si, par exemple, ils ont été induits en erreur sur l'étendue de la créance révélée par une transcription qu'ils étaient autorisés à regarder comme complète, le vendeur, tout vendeur qu'il est, ne pourra plus revendiquer un privilége pour ce qu'il n'a pas fait connaître. En effet, il n'a retenu de l'immeuble que ce qu'il a porté à la connaissance de tous. Dès lors, au regard des tiers, la propriété est transmise d'une manière incommutable. Ce qui peut arriver par la suite ne peut leur enlever les droits qu'ils ont acquis de bonne foi, sans être avertis à temps de l'étendue des rétentions de l'aliénateur. Ce serait les surprendre, et ils ne doivent pas l'être. La loi ne veut pas de fausse sécurité. Mais alors, dira-t-on, le vendeur va être victime d'une erreur ou d'un fait de l'acheteur qui a intérêt à déguiser une partie des droits retenus et garantis par le privilége (1). Sans doute; car, il n'y a pas à hésiter entre celui qui peut requérir, et, dans tous les cas, surveiller la transcription, et celui qui doit la considérer comme complète. Toutefois on peut concilier tous les intérêts par un moyen ingénieux qui ne fait pas déchoir entièrement le vendeur des droits atta-

---

(1) Il serait bon de donner un court délai au vendeur, pour qu'il eût le temps de collationner la transcription et de requérir la rectification des erreurs ou omissions qui pourraient s'y rencontrer.

chés à son origine. Il ne pourra plus revendiquer un privilége pour ce qu'il n'a pas fait connaître; mais ce privilége dégénérera en simple hypothèque, et l'inscription qu'il pourra faire encore pour la partie de la créance omise dans la transcription, sera régie par le principe de l'art. 2134 (C. civ., art. 2113). Dès lors il sera primé par les créanciers de l'acheteur inscrits avant lui : créanciers qu'il n'a pas suffisamment avertis quand il devait le faire. L'équité la plus scrupuleuse ne peut s'alarmer d'un résultat qu'il n'a pas su prévenir.

Au reste, l'art. 2113 s'appliquera rarement au privilége de vendeur. Il pourrait s'y appliquer plus souvent, si l'inscription d'office était essentielle pour la conservation du privilége; mais, comme nous l'avons dit, l'inscription n'est qu'une affaire d'ordre et de commodité, et dès lors l'oubli du conservateur ne peut nuire au créancier privilégié, une fois la transcription opérée.

15. — Reste la question des intérêts. On sent bien que nous ne suivrons pas la jurisprudence dans la voie inexplicable qu'elle a prise. Le privilége du vendeur n'étant qu'une hypothèque privilégiée soumise à la publicité, l'art. 2151 lui est évidemment applicable. S'il en pouvait être autrement, les tiers ne sauraient jamais à quoi s'en tenir sur l'étendue de la créance de l'aliénateur. Ce serait organiser une

publicité qui ne publierait rien. Ce serait publier une créance et n'en pas publier le chiffre !... Tenons donc pour constant que le vendeur n'est privilégié au rang de son capital que pour deux ans et l'année courante, suivant l'art. 2151 du Code civil.

15 *bis*. — Avec le système qui vient d'être exposé, toutes les aliénations sont transcrites et transcrites dans leur ordre de dates (1). Dès lors, on ne voit pas de cas dans lesquels l'aliénateur pourrait être exposé à perdre son privilége ; ce qui est un avantage immense (2). Les transcriptions, comme on le sait, ne sont pas soumises au renouvellement décennal. Quant aux inscriptions d'office, il est utile de les renouveler afin de tenir complet le registre des inscriptions. Il y a même un avis du conseil d'État du 22 janvier 1808, qui impose cette obligation au créancier privilégié. On n'a pas voulu perpétuer le mandat que l'art. 2108 donne au conservateur ; mais comme, en définitive, l'existence ou la non existence de l'inscription d'office sur les registres n'affecte en rien la conservation du privilége publié par la transcription, cet avis ne peut avoir pour objet qu'une affaire d'ordre. La péremption de l'inscription ne fait donc pas périr le

---

(1) *Voy.* ci-après, n°s 156, 157.
(2) *Voy. Revue du Droit français et étranger*, t. II, p. 828 (11e livraison).

privilége qui subsiste jusqu'à son extinction suivant l'art. 2180 du Code civil. Ainsi disparaissent les difficultés sans nombre qui ont fait le tourment des interprètes. Il est inutile de nous y arrêter.

Quant à l'action résolutoire, elle se trouve naturellement publiée avec le privilége, et, par conséquent, personne ne peut ignorer la position des choses qu'il lui importe de connaître pour contracter avec le propriétaire actuel.

16. — On sent que toute cette théorie s'écroule si la transcription n'est plus considérée comme moyen de translation de la propriété au regard des tiers. Nous verrons plus tard les conséquences de l'abrogation prétendue ou réelle du principe fondamental de la loi de brumaire an VII : principe qui a été incontestablement la pensée intime du rédacteur de l'art. 2108 du Code civil.

§ II. — PRIVILÉGE DES CONSTRUCTEURS, ENTREPRENEURS, OUVRIERS.

(C. civ., art. 2103 4º, 2110, 2113.)

17. — Qu'est-ce que le privilége des ouvriers ? C'est un véritable privilége de vendeur. Les ouvriers vendent leur création, et la retiennent à titre de privilége jusqu'à concurrence de la plus value qu'ils ont donnée à l'immeuble. Comme cette création qu'ils transmettent s'incorpore matériellement au bien amélioré, et comme les créanciers hypothécaires doivent profiter de l'accroissement de leur gage (C. civ., art. 2133), il importe de prendre des mesures pour tenir, sous certains rapports, cette création distincte de l'immeuble auquel elle s'applique. Il faut, comme au cas de vente, que la création ne passe dans les mains du propriétaire de l'immeuble qu'avec le signe public de la rétention au profit des créateurs. De cette manière, le vendeur lui-même qui a conservé son privilége, en suivant les formes prescrites, et à plus forte raison les créanciers hypothécaires antérieurs et postérieurs aux travaux, sont bien avertis qu'ils n'ont à compter sur les améliorations que moins le privilége de celui qui les a transmises à leur débiteur. Tel est toujours le principe fondamental qui sert de point de départ à la loi.

18. — Cela posé, voyons les formalités à remplir. C'était assurément un problème délicat à résoudre que d'organiser, en ce qui concerne ce privilége, un système de publicité qui pourvût à tous les intérêts sans léser personne. Imposer à l'ouvrier l'obligation de révéler au public chaque résultat partiel de ses travaux journaliers et successifs au moment même de la création, est évidemment une chose impossible. La transmission de la création ne peut donc être embrassée que dans son ensemble.

C'est cet ensemble composé de parties qui forme la plus value donnée à l'immeuble ; c'est donc sur cet ensemble qu'il faut opérer.

Si on laisse les travaux s'exécuter, sans avertir le public que leur résultat est grevé d'un privilége, et si on permet à l'ouvrier de ne s'inscrire qu'après leur achèvement, il est évident que l'ensemble de la création aura passé dans le domaine du propriétaire, sans le signe destiné à publier ce que l'ouvrier en a retenu pour assurer son payement, et que, par conséquent, les créanciers hypothécaires inscrits avant le commencement des travaux, et même ceux inscrits en cours d'exécution, n'auront pas été avertis de la rétention au profit de l'ouvrier et auront pu valablement appréhender les améliorations successivement incorporées à l'immeuble (C. civ., art. 2133) ; améliorations qu'ils auront été fondés à considérer comme payées, et, dans tous les cas, comme libres de tout privilége.

Si, au contraire, on oblige l'ouvrier à s'inscrire seulement avant le commencement des travaux, les tiers auront été avertis que la plus value qui sera créée ne passera dans le domaine du débiteur que moins le privilége de l'ouvrier. Cela est bien sans doute ; mais cela ne suffit pas. Une créance privilégiée indéterminée est de nature à ruiner le crédit du débiteur, et à tenir tous les créanciers dans l'incertitude et l'anxiété. Il faut donc nécessairement déterminer le maximum de la créance privilégiée ; or, cette fixation ne peut avoir lieu qu'après l'achèvement des travaux.

19. — Que faire alors ? Il existe, pour sortir d'embarras, un moyen que les auteurs de la loi de brumaire ont inventé, et que le législateur de 1804 s'est empressé de s'approprier. Il est seulement à regretter que l'idée n'ait pas été poussée jusqu'à ses dernières conséquences. Ce moyen consiste à *porter* à la connaissance du public deux procès-verbaux d'expertise; l'un, constatant l'état des lieux, doit être dressé et inscrit avant le commencement des travaux (C. civ., art. 2110. Comparez art. 13 de la loi de brumaire an VII). Par cette inscription, l'ouvrier dit aux intéressés : « Je vous avertis que le « résultat des travaux auxquels je vais me livrer ne « passera dans le domaine de notre débiteur com- « mun, que moins le privilége que la loi me donne « jusqu'à concurrence de la plus value. Vous ne « devez donc pas compter sur une valeur qui, sous « certains rapports, restera encore dans mes mains, « puisqu'en la transmettant au propriétaire, j'en « retiendrai la portion nécessaire pour assurer mon « payement. Je ne puis, quant à présent, fixer le « chiffre de ma créance privilégiée; mais tout in- « déterminée qu'elle est aujourd'hui, cette créance,

« lorsque le *quantùm* en sera connu, vous primera
« nécessairement. Je serai dans la position d'un
« vendeur qui a conservé utilement son privilége.
« De même que le vendeur est privilégié sur l'im-
« meuble par lui vendu, de même je serai privi-
« légié sur la création que je vais transmettre.
« Ainsi considérez cette création, dans les limites
« assignées à mon privilége, comme ne s'incorpo-
« rant à l'immeuble, que moins ce que j'en re-
« tiens. Considérez-la comme détachée de l'im-
« meuble, jusqu'à ce que j'aie reçu la valeur qu'elle
« aura produite dans le prix total que nous aurons
« à distribuer un jour. »

Voilà la première opération consommée. Le public est averti qu'il y aura une créance privilégiée,
mais il en ignore le chiffre. C'est ce chiffre qu'il faut
déterminer le plus tôt possible. Il ne peut l'être évidemment qu'après que la création est consommée.

20. — Les travaux exécutés, l'expert réapparaît
pour les recevoir. C'est l'objet d'un second procès-
verbal qui doit être dressé dans les six mois de leur
achèvement (C. civ., art. 2103, n° 4). Il constate la
valeur des travaux. Cette valeur détermine le maximum de la créance privilégiée. Elle ne peut jamais
le dépasser, mais elle peut se réduire plus tard; car
une expertise n'est jamais qu'une probabilité, et

cette probabilité doit faire place à la réalité. Or la réalité de la plus value n'apparaît bien certaine qu'au moment de la vente de l'immeuble amélioré. La valeur des travaux au moment de l'expertise se réduira donc à la plus value qu'ils auront produite dans le prix que présentera l'aliénation (C. civil, art. 2103, n° 4.)

21. — C'est ici qu'un reproche peut être adressé à la loi.

Le législateur exige bien que les travaux soient reçus dans les 6 mois de leur achèvement; il veut aussi que le procès-verbal de réception soit porté à la connaissance du public (art. 2110). Mais ce qu'il n'exige pas, et ce qu'il eût fallu exiger encore, c'est que l'inscription du second procès-verbal fût faite dans un délai déterminé à partir de sa clôture.

On a sans doute pensé que les tiers étaient suffisamment avertis par l'annonce du premier procès-verbal, et qu'ils pourraient facilement connaître le chiffre de la créance privilégiée nécessairement déterminée dans les six mois de l'achèvement des travaux; que, dès lors, il était inutile que le second procès-verbal fût inscrit dans un certain délai sous peine de l'application de l'art. 2113. Peut-être aussi, a-t-il été dans l'esprit de la loi que le second procès-verbal fût porté à la connaissance du public dans les six mois de l'art. 2103, n° 4, et

que la lacune que nous signalons est le résultat
d'un oubli que l'interprétation pourrait réparer.
Un arrêt de la cour suprême rendu dans ce sens
serait assurément, si non dans la lettre de la loi,
au moins dans l'esprit général du système, et pré-
viendrait les inconvénients que cette omission peut
présenter.

Quoi qu'il en soit, les tiers ont des moyens si simples de connaître ce second procès-verbal, lors
même qu'il serait dispensé d'inscription, qu'il est
impossible qu'il y ait surprise, à moins d'incurie de
leur part.

Ainsi, les créanciers privilégiés et hypothécaires
antérieurs aux travaux, et qui sont primés par la
créance de l'ouvrier, peuvent prendre au greffe
connaissance du procès-verbal de réception, et savoir ainsi le maximum de la créance privilégiée
dont l'existence leur a été révélée par l'inscription
du premier procès-verbal d'expertise. Rien ne s'oppose à ce qu'eux-mêmes fassent l'inscription du
procès-verbal de réception aux frais de qui de droit
(art. 1166).

Les créanciers hypothécaires postérieurs, en traitant avec le propriétaire, peuvent exiger de lui la
représentation du dernier procès-verbal, s'il n'est
pas encore inscrit, ou la justification de sa libération envers l'ouvrier. Ils sont avertis par la

première inscription qu'il y a une créance privilégiée ; la prudence la plus ordinaire leur com-
mande d'en rechercher le chiffre et de ne traiter
que quand il leur sera connu. S'ils se méfient du
débiteur, l'expertise est au greffe, il est facile de la
consulter.

Le propriétaire a le plus grand intérêt à mettre
au jour le second procès-verbal pour que son crédit
ne soit pas altéré.

Et enfin, il faut bien que l'ouvrier lui-même,
quoique la loi ne lui fixe aucun délai, fasse apparaître le maximum de sa créance privilégiée. Car,
sommé de produire à l'ordre, il doit régulariser sa
demande en collocation et fournir l'inscription qui
en est l'élément indispensable (art. 2110).

Voilà, sans doute, les considérations qui ont déterminé le législateur à ne pas exiger, sous des
peines sévères, l'inscription du second procès-verbal, dans un délai déterminé (1).

22. — C'est ainsi que la loi a réglé la publicité
du privilége des ouvriers sur la plus value résultant
des travaux.

Cette publicité est en définitive suffisante ; mais
on ne peut se dissimuler qu'il eût fallu bien peu de
chose pour la rendre plus éclatante.

---

(1) *Voy.* M. Valette, p. 19.

23. — Passons maintenant aux conséquences des infractions aux prescriptions de la loi.

Il faut les diviser en deux catégories. Elles ont rapport aux éléments sans lesquels le privilége ne peut exister, ou seulement aux moyens organisés pour la publicité.

PREMIÈRE CATÉGORIE.

24. — Le privilége des ouvriers n'existant que sur la plus value des travaux, il fallait nécessairement imposer à l'ouvrier l'accomplissement de certaines formalités pour reconnaître cette plus value d'une manière certaine. L'intérêt de l'ouvrier ne doit pas être seul consulté, car il peut y avoir des tiers qu'il ne faut jamais priver de leur gage légitime. La loi doit donc se montrer susceptible sur l'observation de ces formalités protectrices. Aussi sont-elles substantielles, et sans leur accomplissement le privilége ne peut exister (art. 2103 n° 4, *pourvu,* etc.).

Si donc l'ouvrier ne fait pas constater l'état des lieux dans les termes de la loi avant les travaux, et si ces travaux ne sont pas reçus dans les six mois de leur achèvement, il ne peut prétendre à aucun privilége, encore que ses travaux aient donné une plus value évidente à l'immeuble amélioré. Dès lors il est un simple créancier cédulaire, auquel il ne reste que la ressource d'une condamnation contre le débiteur et d'une acquisition d'une hypothèque soit judiciaire, soit conventionnelle, soumise aux règles ordinaires. Il ne peut évidemment prétendre à l'hypothèque légale de l'art. 2113, puisque la base de cette hypothèque est un privilége, et que ce privilége n'a jamais été réalisé.

Passons maintenant aux infractions de la 2ᵉ catégorie.

DEUXIÈME CATÉGORIE.

25. — Les mesures prescrites par la loi comme conditions d'existence du privilége ont été prises. L'ouvrier a fait dresser un état des lieux dans les termes de l'art. 2103 n° 4. Il a fait recevoir ses ouvrages dans les six mois de leur achèvement. Il a acquis un privilége jusqu'à concurrence de la plus value résultant de sa création.

Dans un régime hypothécaire non public, ce privilége se produirait ainsi avec toutes ses prérogatives.

Mais la publicité ayant pénétré dans notre législation par l'un des bienfaits de notre révolution, l'accomplissement des formalités suffisantes sous un régime non public, ne suffit plus aujourd'hui. Il faut donc, *pour produire effet*, que le privilége se révèle à la société qui a intérêt à le connaître et qu'il se révèle de manière que personne ne puisse être surpris un jour. S'il ne se manifeste pas en temps utile et avec les formes prescrites, il dégénère en simple hypothèque (Code civil, article 2113).

26. — Cela posé, à quelle époque doit se révéler le privilége que l'ouvrier entend conserver?

Le privilége, sous peine d'anéantir toute l'utilité de la publicité, ne peut en général se révéler qu'au moment même de la transmission, à moins que le législateur n'accorde un délai de faveur pour qu'il se produise plus tard. Telle est la règle générale de l'art. 2106 rapprochée des exceptions des art. 2109 et 2111. Tel est aussi le sens de l'art. 2110; il y a même ici cela de remarquable que le signe public de la rétention précède la transmission. En effet, l'inscription du premier procès-verbal doit avoir lieu avant le commencement des travaux (1).

Parce que : 1° l'ensemble des ouvrages se composant de résultats partiels et journaliers, il était impossible d'astreindre l'ouvrier à prendre des inscriptions successives. Il fallait donc que l'inscription se révélât avant les travaux, autrement la création aurait passé dans le domaine du débiteur sans le signe public destiné à avertir les tiers de la rétention du privilége.

____

(1) *Voy.* M. Valette, p. 52.

2° Parce que c'était le seul moyen de rendre la publicité utile, cette publicité ne pouvant, de sa nature, se référer qu'à l'avenir.

3° Parce que le législateur de 1804, loin d'avoir abandonné la théorie de la loi de brumaire, l'a, au contraire, suivie pas à pas (*Voy.* art. 13, loi de brumaire an VII). Si l'art. 2110 ne dispose pas d'une manière aussi précise que l'art. 13 précité, que l'ouvrier est tenu d'inscrire son procès-verbal d'état des lieux avant le commencement des travaux, il le prescrit cependant d'une manière implicite et non douteuse, puisqu'il exige deux inscriptions, dont la dernière vient se confondre avec celle antérieurement prise. Or, cette inscription antérieurement prise ne peut être que celle antérieure aux travaux. S'il eût été permis à l'ouvrier de s'inscrire comme privilégié, à une époque quelconque, après l'achèvement des travaux, il est évident que le législateur n'eût exigé qu'une seule inscription, donnant connaissance au public tout à la fois et de l'état des lieux constaté avant les travaux, et du *maximum* de la créance privilégiée résultant du procès-verbal de réception. Et cependant, il exige deux inscriptions qui sont faites à des dates différentes (C. civ., art. 2110). Il est clair aussi qu'il n'eût pas manqué, si telle eût été son intention, de fixer un délai dans lequel cette inscription unique eût dû se produire, autrement la publicité eût été un non sens, et cependant il n'en a fixé aucun!...

4° Enfin, parce que l'art. 2110 rapproché des art. 2103 et 2113, suppose manifestement que le premier procès-verbal dressé préalablement aux travaux, doit être inscrit avant le commencement de ces travaux. Autrement l'art. 2113 n'aurait jamais d'application au privilége qui nous occupe, tandis que son texte et son esprit s'y réfèrent comme aux autres de la manière la plus évidente. Dans tous les cas, il n'y avait rien à dire à cet égard après ces mots de l'art. 2106 : *à compter de la date de l'inscription.* Il était dès lors inutile de s'expliquer plus catégoriquement dans l'art. 2110.

27. — Si maintenant nous nous plaçons à un autre point de vue, et si nous exigeons, comme le veut la règle générale de l'art. 2106, que le privilége se produise, au plus tard, au moment de la transmission, tout s'explique alors de la manière la plus raisonnable, et le Code civil est en harmonie avec la tradition historique. La publicité du privilége a la plus grande utilité. Tout le monde est averti, et les surprises sont impossibles : ce qui est incontestablement le but que la loi s'est proposé dans la section qui nous occupe.

Il faut donc regarder comme constant que l'inscription du premier procès-verbal doit se révéler au public avant le commencement des travaux, et que l'infraction à cette règle est punie par l'art. 2113. L'ouvrier qui s'inscrit ensuite, n'est plus qu'un simple créancier hypothécaire. L'intérêt de la publicité le veut ainsi, car d'une part il ne faut pas qu'il y ait de surprise, et il y aurait surprise pour les créanciers qui auraient traité avec le propriétaire, soit dans le cours des travaux, soit après leur achèvement, s'ils étaient primés par un privilége qui pourrait se révéler ensuite; d'autre part, les créanciers antérieurs ont dû compter sur les améliorations survenues à l'immeuble (art. 2133), à moins qu'on ne leur ait notifié l'intention que l'on avait de tenir séparées de l'immeuble sous certains rapports les améliorations que l'on se proposait de faire, ce qui n'a pas eu lieu. Alors la loi satisfait à tous les intérêts par la théorie la plus ingénieuse. L'ouvrier négligent est déchu du privilége; mais ce privilége renfermait une hypothèque qui ne cesse pas d'exister et qui pourra encore se produire comme toute autre hypothèque régie par l'art. 2134 du Code civil.

28. — Quant au second procès-verbal, la loi ne fixe aucun délai, pour que l'ouvrier le fasse apparaître; cette lacune a été l'objet d'une critique de notre part.

Concluons, en l'absence de texte à cet égard,

que l'ouvrier est toujours à temps d'inscrire son second procès-verbal, et que cette inscription rétroagit au moment même de la transmission. En effet, la première inscription annonçait une créance conditionnelle, *s'il y a des travaux et s'ils produisent une plus value ;* la seconde inscription annonce *qu'il y a des travaux* et *qu'il y a une plus value qui en résulte ;* dès lors la condition accomplie produit son effet ordinaire (art. 1179), et l'inscription qui publie cet accomplissement vient se confondre avec celle qui attendait le complément qui lui manquait (C. civ., art. 2110).

29. — Cette théorie, si rationnelle et si claire, a été singulièrement torturée dans la pratique et dans les ouvrages de la plupart de nos jurisconsultes. Si on eût conféré la loi de brumaire an VII avec le Code civil, en n'admettant que des modifications bien constatées, on ne serait pas arrivé aux résultats bizarres et je dirai même déraisonnables que présentent la jurisprudence et la doctrine des auteurs. Mais on n'a pas saisi le véritable sens des art. 2106 et 2110. On n'a pas vu qu'ils n'avaient eu pour but que de proclamer ce grand principe à savoir : que, *pour que la publicité du privilége soit utile, il faut qu'elle se produise au plus tard au moment même de la transmission.* Dès lors on est allé décider que le vendeur pouvait s'inscrire utilement, dix ans, vingt ans après la mutation de la propriété ; que l'ouvrier pouvait aussi utilement s'inscrire pour la première fois même après l'achèvement des travaux et jusqu'à la quinzaine de la transcription de la vente ; que ces inscriptions ainsi faites avaient des effets rétroactifs, comme si la publicité pouvait se référer au passé ! Puis, comme l'art. 2113 ne recevait aucune application dans cette étonnante théorie, on l'a mis de côté. Il n'est pas applicable, a-t-on dit ! Toutes ces belles choses se justifient ensuite par des confusions de principes. Les raisons qui ont servi de base à la création du privilége, on les invoque pour en régler l'effet, sans s'occuper de la publicité. Ainsi, en ce qui concerne l'ouvrier, l'inscription faite dix ans après l'achèvement des travaux prime les créanciers hypothécaires antérieurs aux ouvrages ; car, dit-on, ces créanciers n'ont pas dû compter sur la plus value créée par l'ouvrier, tandis qu'ils doivent compter sur cette plus value (art. 2133), à moins que l'ouvrier ne les avertisse qu'il entend la retenir par privilége (art. 2110).

C'est ainsi que l'on confond la base du privilége avec sa publicité. Puis, comme la raison donnée pour faire préférer l'ouvrier inscrit après les travaux aux créanciers hypothécaires antérieurs, ne peut s'appliquer aux créanciers hypothécaires inscrits après les travaux, puisqu'ils n'ont pas été avertis, on décide..., oui, on décide... que l'ouvrier ne l'emporte pas sur ces derniers, parce qu'ils ont dû compter sur la plus value incorporée à l'immeuble. En sorte que l'ouvrier prime les créanciers inscrits avant les travaux, lesquels priment eux-mêmes ceux inscrits après les travaux, et il ne l'emporte pas sur ces derniers (1) ! Et les créanciers inscrits après les travaux, avant l'ouvrier, l'emportent sur cet ouvrier qui l'emporte sur les créanciers inscrits avant les travaux, et cependant les créanciers inscrits après les travaux ne priment pas ces derniers (2)! Qu'est-ce que c'est que tout cela? Et pourtant, rien n'est plus simple que la théorie de la loi. L'ouvrier doit inscrire son privilége avant le commencement des travaux (Loi de brumaire art. 13., C. civi₁ 2103 4°, 2110). S'il ne l'inscrit qu'après l'achèvement, il n'est plus privilégié. Son droit qui lui aurait donné la préférence sur toutes les hypothèques, est dégénéré en un simple droit hypothécaire, faute d'avoir été produit en temps utile (art. 2113); et, par conséquent, le créancier privilégié n'est plus qu'un créancier hypothécaire ordinaire venant à la date de son inscription. Il est donc primé par tous

____

(1) *Voy.* M. Persil, art. 2110, n° 3.—M. Troplong, n° 312. Il est assez difficile de saisir la pensée de ce dernier auteur.

(2) Ainsi, voilà un privilége relatif ! Il existe vis-à-vis de certains créanciers, mais il n'existe pas vis-à-vis des autres ! Et la théorie des droits réels, que devient-elle ?

les créanciers inscrits avant lui, de même qu'il prime tous les créanciers inscrits après lui.

30. — Remarquons que la transformation du privilége en simple hypothèque, n'est autre chose que le résultat d'une soustraction, d'un retranchement. Le privilége est une hypothèque qui a une prérogative particulière, celle de primer la simple hypothèque (1). Le privilége est donc une hypothèque privilégiée, une hypothèque-privilége. Eh bien! retranchez le privilége, et l'hypothèque reste seule (art. 2113. Le créancier privilégié *ne cesse pas d'être hypothécaire*). Concluons de là que l'hypothèque de l'art. 2113 ne peut garantir une créance plus considérable que celle qu'elle eût garantie, si elle fût restée unie au privilége. L'inscription de cette hypothèque ne conservera donc, à sa date, la créance de l'ouvrier que jusqu'à concurrence de la somme pour laquelle il aurait pu être privilégié, c'est-à-dire, jusqu'à concurrence de la plus value résultant des travaux au moment de l'aliénation.

31. — Ici se présente une question qui me paraît très-délicate. C'est celle de savoir si l'ouvrier qui inscrit son premier procès-verbal en cours d'exécution des travaux est privilégié, ou bien s'il n'est

____

(1) Il n'est pas nécessaire pour cela de lui donner un effet rétroactif (*Voy.* ci-dessus, nᵒ 11).

qu'un créancier hypothécaire, ou bien s'il n'a ni privilége ni hypothèque?

Pour rechercher la solution de cette question, il faut nous placer dans les deux hypothèses qu'elle fait naître :

Ou l'ouvrier a fait dresser un état des lieux avant de se mettre à l'œuvre, et n'a inscrit cet état que dans le cours des travaux ;

Ou bien il n'a fait dresser aucun état des lieux avant les travaux, comptant sur la solvabilité du propriétaire qui l'emploie ; mais craignant ensuite pour le payement de ses ouvrages, il fait dresser un état des lieux, en cours d'exécution des travaux, et il se hâte de l'inscrire.

32. — Voyons d'abord la première hypothèse.

L'ouvrier a fait, avant les travaux, constater l'état des lieux par un expert nommé d'office. Il se met à l'œuvre, et lorsqu'une partie des travaux est exécutée, il s'inscrit. Qu'inscrit-il? un privilége? non ; car les travaux exécutés ont passé dans les mains du propriétaire, sans le signe public de la rétention au profit de l'ouvrier, et par conséquent, incorporés à l'immeuble, ils sont devenus le gage des créanciers antérieurement inscrits (C. civ., article 2133). L'inscription tardive de l'ouvrier ne peut plus retenir le résultat des travaux à titre de privilége, puisqu'il les a transmis sans opérer cette rétention au regard des tiers. On ne retient qu'au moment où on donne et ce moment est passé. Il y a des droits acquis qu'il faut respecter! Ils n'inscrit donc qu'une hypothèque (art. 2113) qui ne viendra sur les travaux antérieurs qu'à la date de son inscription (1).

33. — Mais *quid juris* à l'égard des travaux postérieurs à l'inscription?

Le résultat de ces travaux ne passe au propriétaire qu'avec le signe public qui avertit les tiers que l'ouvrier entend le retenir à titre de privilége. Il semble dès lors que la plus value résultant de ces ouvrages doit être attribuée à l'ouvrier par privilége sur les créanciers antérieurement inscrits. Malgré tout ce que cet argument a de spécieux, je pense que l'ouvrier ne peut prétendre à un privilége, même sur les travaux à venir. La raison en est qu'il n'est pas possible, par la comparaison des deux procès-verbaux d'état de lieux et de réception des ouvrages, de déterminer la plus value résultant de la création postérieure à l'inscription, et que, par

---

(1) *Quid*, si l'ouvrier s'inscrit après quelques travaux insignifiants, aura-t-il perdu son privilége? La rigueur du droit l'exige. Pourtant, on pourrait appliquer la règle *de minimis non curat prætor*. Mais les tribunaux doivent se montrer sévères dans ces matières, les priviléges ne produisant leur effet comme priviléges qu'autant que le créancier privilégié suit ponctuellement toutes les prescriptions de la loi.

conséquent, l'une des conditions nécessaires pour fonder le privilége ne se rencontre pas ici.

En effet l'expertise de l'immeuble, antérieure aux travaux, ne détermine plus son véritable état au moment de la prise d'inscription, puisque, dans le temps intermédiaire, des ouvrages ont été exécutés et se sont incorporés à l'immeuble libre de tout privilége.

Ils n'ont pu évidemment être compris dans l'expertise, ils n'existaient pas encore. Dès lors il est clair que le procès-verbal d'état des lieux ne peut servir de fondement à un privilége sur la plus value à résulter des travaux postérieurs à l'inscription, puisqu'il n'y a pas de base pour apprécier cette plus value. — Or, pour que le privilége existe avec effet, il faut non-seulement qu'il soit dressé un procès-verbal d'expertise préalable, mais il faut de plus que l'état des lieux constaté par ce procès-verbal n'ait pas été changé avant la prise d'inscription, puisque la loi exige 1° cette expertise avant les travaux, et 2° la prise d'inscription également avant le commencement des travaux. Il me paraît donc que, même sur les travaux postérieurs à l'inscription, l'ouvrier ne peut revendiquer qu'une simple hypothèque.

Mais alors, c'est le mettre dans une position bien fâcheuse. Il sera lié par un marché qu'il aura consenti, parce qu'il comptait sur un privilége qui lui assurerait la plus value résultant des travaux à faire ; et voilà que, parce qu'il a posé quelques pierres avant de prendre inscription, il ne pourra prétendre à un privilége pour les travaux qui restent à exécuter, et pour le retard d'un jour, il sera mis dans une position telle que, quoi qu'il fasse, il sera certain d'être ruiné, s'il existe un grand nombre de créanciers hypothécaires antérieurs ! Qu'il n'ait pas de privilége à raison des travaux antérieurs à son inscription, cela se conçoit ; mais lui enlever le privilége même sur les travaux futurs, c'est le punir d'une négligence à la manière de Dracon.—Que cette négligence influe sur le passé ? Oui... mais que, quand elle est réparée, elle s'étende à l'avenir ? Non.

Ces raisons sont spécieuses, et si on ne consultait que l'équité, on pourrait bien les admettre. Mais la réponse est : que tout cela ne nous donne pas l'état des lieux avant les nouveaux travaux pour lesquels l'ouvrier entend acquérir un privilége ; que les priviléges n'ont d'effet qu'autant que le créancier privilégié s'est conformé à la loi ; que la loi lui imposait l'obligation de s'inscrire avant de se mettre à l'œuvre ; qu'en ne le faisant pas, il a manqué à la règle fondamentale de la publicité des priviléges, et que, par conséquent, il s'est rendu passible de la pénalité écrite dans l'art. 2113.

Dans tous les cas, il est faux de dire que l'ouvrier

n'a plus aucun moyen d'obtenir un privilége sur la plus value à résulter des travaux à venir. Il peut, au contraire, agir de telle sorte qu'il acquerra un privilége sur cette plus value.

Je m'explique par un exemple.

Le 1er janvier, procès-verbal d'état des lieux avant le commencement des ouvrages. Le 1er mars, l'ouvrier se met à l'œuvre, et il inscrit son procès-verbal, le 1er avril. Les travaux effectués du 1er mars au 1er avril ayant passé dans le domaine du propriétaire sans le signe public de la rétention, ont été valablement appréhendés par les créanciers hypothécaires antérieurement inscrits (C. civ., art. 2133). L'ouvrier qui devait s'inscrire avant le 1er mars, n'a plus de privilége ; ce privilége qu'il eût pu acquérir est dégénéré en simple hypothèque (C. civ., art. 2113).

Maintenant de deux choses l'une : ou il se contente de cette simple hypothèque , et la plus value résultant des travaux tant antérieurs que postérieurs à son inscription, lui sera attribuée à son rang hypothécaire : ou, ne se croyant pas suffisamment en sûreté , il veut obtenir un privilége sur la plus value à résulter des travaux à venir, et alors il a un moyen très-simple d'y parvenir. Qu'il suspende les travaux commencés ; qu'il fasse liquider ceux précédemment exécutés par le moyen d'un procès-verbal d'expertise qui en déterminera la valeur ; qu'il inscrive ce procès-verbal qui viendra se confondre avec son inscription du premier procès-verbal ; qu'il détermine le maximum de sa créance *hypothécaire ;* qu'il reprenne ensuite les choses, comme si rien n'avait encore été fait ; qu'il procède en conséquence à une nouvelle visite des lieux, dans les termes de l'art. 2103, n° 4 ; qu'il inscrive le nouveau procès-verbal de visite avant la reprise des travaux ; et alors il pourra travailler avec l'assurance d'obtenir un privilége sur la plus value résultant de sa nouvelle création. En procédant ainsi, la confusion de la plus value résultant des travaux antérieurs au nouveau procès-verbal d'état des lieux, avec la plus value à résulter des travaux qui suivront ce procès-verbal et son inscription est impossible, et la loi n'en demande pas davantage. Ce qu'elle veut, c'est qu'il ne se passe rien de contraire aux droits acquis à des tiers ; or, en agissant ainsi, personne ne peut éprouver de préjudice.

Il y a là deux opérations distinctes et séparées qui ne peuvent se nuire l'une à l'autre.

L'ouvrier de notre espèce se trouve dans la position d'un entrepreneur qui, après que des travaux auraient été abandonnés par un autre entrepreneur, viendrait s'offrir pour les continuer et les continuerait en effet en s'assurant, par l'observation des formalités prescrites, un privilége sur la plus value résultant de sa propre création.

Il n'est pas possible que la loi qui favorise les constructions, et qui, par conséquent, doit donner aux intéressés les moyens de ne pas les laisser inachevées, ne permette pas la réalisation d'un privilége sur la plus value à résulter des travaux nécessaires pour leur achèvement.

34. — Voyons maintenant la seconde hypothèse. L'ouvrier avant le commencement des travaux n'a fait dresser aucun procès-verbal d'état des lieux ; mais dans le cours de leur exécution, il s'aperçoit que le propriétaire se ruine en constructions, ce qui arrive souvent, et alors il veut acquérir un privilége, sinon sur les travaux qui sont déjà exécutés, au moins sur les travaux à venir. Peut-il acquérir ce privilége ?

D'après la solution de la question précédente, il est facile de pressentir notre opinion.

La cour suprême (arrêt du 20 novembre 1839, *J. Pal.*, t. II, 1839, p. 499), se fondant sur ce que le procès-verbal d'état des lieux doit être nécessairement dressé avant le commencement des travaux, refuse dans ce cas à l'ouvrier le moyen d'acquérir un privilége sur la plus value à résulter des travaux qui restent à faire. Cette interprétation judaïque de la loi ne me paraît pas fondée. Je dirai même qu'elle est aussi contraire au texte de l'art. 2103, 4° qu'à son esprit.

En effet, la loi veut que le procès-verbal d'état des lieux précède les travaux. Elle exige plus, suivant nous, puisqu'elle exige l'inscription du procès-verbal avant la mise à l'œuvre, ce que n'exige pas la jurisprudence et ce qu'elle a tort de ne pas exiger; mais quels sont les travaux qui doivent être précédés d'un procès-verbal d'état des lieux et de son inscription? Ce sont évidemment les travaux pour lesquels l'ouvrier entend acquérir un privilége. Or, dans notre espèce, l'ouvrier n'entend pas acquérir un privilége sur les travaux consommés. La création résultant de ces travaux a passé au propriétaire sans aucune rétention au profit de l'ouvrier. Il ne peut même, en ce qui concerne la plus value qui en a pu résulter, obtenir l'hypothèque de l'art. 2113, puisqu'il n'a rien fait pour acquérir un privilége, et que, par conséquent, le privilége n'existant pas n'a pu dégénérer en simple hypothèque; mais, à l'égard des travaux à venir, est-ce qu'il peut en être de même? Est-ce que l'ouvrier, en faisant dresser un procès-verbal d'expertise constatant l'état des lieux, en inscrivant ce procès-verbal avant le commencement des nouveaux travaux sur lesquels il entend acquérir un privilége, en faisant recevoir ces travaux dans les six mois de leur achèvement, n'a pas donné au public tous les éléments nécessaires pour reconnaître la plus value qui en est résultée? Est-ce que la transmission de cette plus value n'a pas eu lieu avec le signe public de la rétention au profit de l'ouvrier? Est-ce que, par conséquent, toutes les formalités prescrites par la loi, ne sont pas remplies? Qu'importe qu'il y ait une création antérieure au procès-verbal d'état des lieux, et que cette création se soit incorporée à l'immeuble! Est-ce que le procès-verbal d'état des lieux n'est pas dressé en conséquence? Est-ce qu'au moment où l'expert visite l'immeuble, il ne tient pas compte de tout ce que cet immeuble lui présente? Comment dès lors les tiers pourraient-ils être trompés? Sur quoi ont-ils dû compter? Sur l'immeuble qui leur est affecté, avec tout ce qui peut s'y incorporer, sans doute; mais, les travaux à venir, ceux qui suivent le procès-verbal inscrit, ne s'incorporent à l'immeuble que moins la rétention au profit de l'ouvrier, lorsque l'ouvrier remplit les conditions exigées par la loi. Or, ici, il les remplit évidemment, puisqu'il a fait dresser un état des lieux et a inscrit le procès-verbal d'expertise avant de se mettre à l'œuvre. Il travaille sur un immeuble nouveau, qui n'est plus l'ancien immeuble, en ce qui concerne le privilége qu'il veut acquérir. La plus value résultant des travaux postérieurs à son inscription lui est donc acquise ; car il a satisfait à toutes les prescriptions des art. 2103 n° 4, et 2110.

Remarquons les conséquences désastreuses de la jurisprudence de la cour suprême, si cette jurisprudence pouvait se maintenir.

Lorsqu'un propriétaire commence à faire construire, il est toujours riche, et quand il arrive à la fin de ses constructions, souvent il est pauvre. Que l'ouvrier dise au propriétaire, avant de se mettre à l'œuvre : je veux avoir un privilége ; le maître refusera de l'employer. Est-ce que vous doutez de ma solvabilité, lui répondra-t-il? Alors l'ouvrier, auquel il faut avant tout de l'ouvrage, se mettra à l'œuvre sans faire dresser l'état préalable des lieux et sans s'inscrire, suivant l'art. 2110 ; puis, dans le cours de l'exécution des travaux, lorsqu'il verra que le propriétaire ne le paye pas, il désertera l'atelier, à moins qu'on ne vienne à son secours et qu'on ne l'autorise à assurer le payement des travaux futurs. Il faut donc lui donner le moyen d'acquérir un privilége, sinon sur les travaux exécutés, au moins sur les travaux qui restent à faire. Si l'ouvrier abandonne les travaux, qui voudra les continuer avec la décision de la cour suprême? Qui prêtera des fonds pour les achever, si la plus value à naître n'est pas garantie par un privilége et ne peut pas l'être? Evidemment cette jurisprudence tendrait à laisser les constructions inachevées et à ruiner entièrement le crédit du débiteur. Repoussée par la lettre de l'art. 2103 qui n'entend parler que des travaux sur lesquels l'ouvrier veut acquérir un privilége, elle doit aussi l'être par les conséquences qu'elle entraîne. Elle me semble aller directement contre la lettre et l'esprit de la loi.

§ III. — PRIVILÉGE DES COPARTAGEANTS.
(C. civ., art. 2103, 3º, 2109, 2113.)

35. — Les deux priviléges précédents se révèlent au public, l'un en même temps que la transmission, l'autre avant même cette transmission. On sent que ce mode de publicité est impraticable pour les priviléges qui prennent leur origine dans les partages. En effet, les partages n'ont jamais été soumis à la transcription.

36. — Dans notre législation, le partage est déclaratif de droits préexistants. Chaque héritier devient propriétaire de son lot, comme s'il le tenait directement du défunt (art. 883). Il semble, dès lors, que le copartageant ne peut jamais obtenir, sur le lot de son copartageant, un privilége pour assurer le payement des soultes ou des indemnités auxquelles il peut avoir droit par suite des nécessités de la division, ou des évictions procédant de causes antérieures au partage ; car, s'il ne vend rien, s'il est censé n'avoir jamais eu aucun droit dans les objets composant le lot de son cohéritier, il est clair qu'il ne peut *retenir* sur ce lot une fraction de la propriété telle qu'un privilége. Évidemment il y a là quelque chose d'incohérent. Oh ! c'est qu'en effet la règle de l'art. 883 reçoit bien des atteintes dans notre législation.

37. — Lorsque je médite sur le principe de nos partages et sur la manière dont notre législation l'a envisagé ensuite, je ne puis m'empêcher de faire cette réflexion : c'est une abstraction fondée sur une fiction contraire à la réalité, que les auteurs du Code civil ont d'abord posée pour l'abandonner ensuite, et rentrer bien vite dans le vrai. Dès lors, ils ont accepté ou rejeté les conséquences de cette abstraction, suivant les besoins du moment ; en cela, ils ont été merveilleusement servis par les interprètes qui, au lieu de reconnaître que la théorie des partages est encore à créer, se sont ingéniés à concilier, tant bien que mal, des principes incompatibles. A quoi, en effet, aboutit la doctrine de nos jurisconsultes sur cette matière? A ce qui suit : « le « partage est déclaratif de propriété.... » Et aussitôt les hypothèques et autres droits réels, consentis pendant l'indivision, s'évanouissent comme une fumée devant cette abstraction. Cela se comprend, l'intérêt des copartageants l'a emporté sur l'intérêt des tiers.

La loi a pu choisir entre la famille et le public. Elle a choisi la famille. Le partage est donc déclaratif de propriété. « Oui... sans doute, le partage est dé-« claratif de propriété ; mais cela n'empêche pas... » écoutons bien ce qui suit : « Cela n'empêche pas qu'il « ne renferme une véritable aliénation. » On n'en dit pas davantage ; il est, en effet, difficile de s'exprimer autrement avec le Code. Dès lors, le partage est tantôt considéré comme déclaratif, et tantôt comme attributif de la propriété ; puis on marche ainsi livré à des tiraillements contraires, faisant prévaloir tantôt le caractère déclaratif, et tantôt les conséquences du caractère attributif, suivant les circonstances.

37 *bis.* — Une législation de cette nature peut avoir des avantages, je dirai même qu'elle en a beaucoup ; on évite, de cette manière, les inconvénients qui résulteraient des deux principes, si l'un ou l'autre était seul exclusivement consacré ; mais, il faut avouer, que c'est aux dépens de la logique, et que, pour être sainement appliquée, une loi ainsi faite exige une connaissance bien approfondie de ce principe coutumier, qu'on aurait peut-être aussi bien fait de rejeter de nos Codes. Aussi, la jurisprudence actuelle l'étreint-elle de manière qu'il sera bientôt réduit à l'état d'exception. A mon sens, la cour suprême est, sous ce rapport, dans la voie du progrès ; car, en définitive, si cette règle coutumière de l'art. 883 rend les partages plus faciles, évite les recours en garantie, si, en un mot, elle favorise la famille, on ne peut se dissimuler qu'elle sacrifie les intérêts du public pour le plus grand avantage de quelques-uns de ses membres. Tôt ou tard, cette partie de nos institutions subira des modifications. Il n'existe aucun auteur, à ma connaissance, qui ait pu donner nettement les caractères du partage. Eh bien ! un pareil état de choses prouve qu'il n'y a pas de système véritable dans la loi.

37 *ter.* — Le peu de logique qui se rencontre dans la théorie de nos partages provient, ce me semble, du fait historique suivant. Dans le droit romain, comme chacun le sait, le partage était un acte tenant de la vente et de l'échange ; il était attributif de la propriété. Cette doctrine, au moins sous le rapport civil, avait été admise en France. Les interprètes du droit romain étant d'accord sur le principe, les coutumiers reconnaissaient également ment le partage comme attributif, quoique sous le rapport fiscal on l'envisageât autrement (1). Dès le seizième siècle, Dumoulin (2) s'élevait contre la tendance des idées, qui commençaient à se faire jour

(1) *Voy.* Loysel, *Inst.*, l. 4, tit. 2, XIII. De partage, licitation et adjudication entre cohéritiers et comparçonniers (ceux qui vivent en communauté), ne sont dus lods et ventes.

(2) *Traité des fiefs*, § 1, nᵒˢ 44, 45 et suiv., glose 9.

pour dépouiller le partage du caractère attributif.

La règle adoptée alors, au moins parmi les auteurs, était : *Dominus rei communis pro indiviso possessæ, dominus est et verè dominus, potuit igitur partem suam creditori suo obligare : hypotheca autem semel quæsita jus tribuit in re, nec per divisionem extinguitur.* On ne peut se dissimuler que cette doctrine ne soit profondément logique ; cependant elle entraîne bien des inconvénients à sa suite, et l'ancienne jurisprudence française, qui voit surtout l'intérêt de la famille, finit par faire prévaloir une règle contraire, qui consiste à dire : *Qui rem communem pro indiviso possidet non est dominus incommutabilis, sed dominus ad tempus donec hœreditatis divisio facta sit.*

Il est résulté de là ce qui devait nécessairement arriver. On a conservé une foule de conséquences du système primitif, tout en abandonnant l'idée fondamentale qui lui avait servi de base. Dès lors, la théorie des partages, déjà assez compliquée dans le droit romain, l'est devenue bien davantage d'abord dans le droit coutumier, et ensuite sous le Code civil, qui l'a copié (1).

---

(1) Il faut voir sur cette matière une dissertation de Louet, lettre *H*, sommaire 11, édit. de 1668, p. 489 ; et aussi un magnifique travail de M. Championnière, revue de M. Wolowski (t. VII, p. 405, et t. VIII, p. 161).

Cette réflexion me paraît donner la clef des tiraillements, que ceux qui ne veulent pas concilier les textes en dépit des textes, remarquent dans cette matière.

38. — Quoi qu'il en soit, déclaratif de la propriété en principe, le partage est à chaque instant considéré par la loi elle-même, comme opérant une aliénation du cohéritier à son cohéritier. C'est évidemment ce qui a eu lieu pour établir la garantie des lots, principe qui a son origine dans les lois 66, § 3, 70, ff. *de evictionibus*, et L. 1 Cod. *communia utriusque Jud...* sous l'empire desquelles l'éviction se réglait comme au cas de vente. Aussi, dans l'ancienne jurisprudence française, qui rejetait le principe du droit romain, fut-on bien embarrassé pour décider la question d'hypothèque tacite privilégiée qui a fini par amener le privilége de l'art. 2103 du Code civil. Il faut voir alors tout l'arsenal des lois romaines invoquées, et étendues bien au delà de leurs dispositions. « C'était, disait-on, « une chose rude, qu'entre cohéritiers un lot ne « fût point obligé et hypothéqué pour l'autre, que « *l'intention des parties y était ;* que l'usage et la « raison voulait qu'on ajoutât au droit romain... » Mais on se gardait bien alors de parler du caractère *déclaratif* du partage (1).

---

(1) *Voy.* Louet, lettre *H*, somm. 2.

Eh bien ! ce que l'ancienne jurisprudence n'osait reconnaître, nous devons le reconnaître sous le Code civil.

Les art. 2103, 3° et 2109 sont basés sur l'élément attributif de la propriété. Le copartageant, sous ces articles, est considéré comme un aliénateur en dépit de l'art. 883. Dès lors, on comprend très-bien l'origine et la base du privilége. Le copartageant cède, transmet à son copartageant, moyennant que ce dernier lui garantira ce qu'il reçoit en échange de l'abandon de sa portion indivise, et pour assurer cette garantie, il retient sur la chose transmise un démembrement de la propriété appelé privilége, qui maintiendra, au cas d'éviction, l'égalité entre eux.

Au cas de soulte, la position est encore plus simple. La soulte est le prix d'une vente que fait le copartageant à son copartageant, d'une chose ou d'une fraction d'une chose qui, d'après la division légale, n'aurait pu être comprise dans le lot auquel elle est attribuée. Le copartageant créancier de la soulte retient dès lors sur le lot de son copartageant un privilége pour le prix de la transmission. Il en est de même au cas de licitation pour payement du prix (C. civ., art. 2103, 2109).

39.—Telles me paraissent être les bases du privilége des copartageants. Ils sont assimilés à des vendeurs. Le partage est donc, sous les art. 2103 et 2109 du Code civil, considéré comme renfermant une aliénation ordinaire. Voilà où conduisent les fictions ; il faut toujours rester dans le vrai, et ne s'en écarter que le moins possible. Certes, je ne critique pas les art. 2103 et 2109. Ils ont à mon sens consacré une utile innovation, en ce qui concerne les soultes et les licitations ; mais on ne peut se dissimuler qu'elle est peu en harmonie avec la fiction des partages.

Cela posé, nous allons reprendre chacun des cas qui peuvent donner lieu au privilége, pour ensuite terminer notre travail sur l'art. 2109, par l'application du système de publicité adopté par la loi en ce qui touche ce privilége.

A. — PRIVILÉGE POUR LA GARANTIE DES LOTS.
(Art. 2103, 3°, 2109, 884, 885.)

40. — Une succession composée de trois immeubles d'égale valeur, est partagée entre trois fières.

L'immeuble *A* valant 50,000 fr., est attribué à *Primus*, les immeubles *B* et *C*, à *Secundus* et à *Tertius* pour chacun 50,000 fr.

Primus craint une éviction du lot qui lui est échu. Il inscrit son privilége suivant l'art. 2109 ; en quoi consiste ce privilége ? d'après les principes ci-dessus exposés, il a abandonné, cédé à *Secundus* son droit indivis dans l'immeuble *B* ; lequel droit con-

sistait dans le tiers de la valeur de l'immeuble,
ci. . . . . 16,666 f. 66 c.

A *Tertius*[1] le même droit dans
l'immeuble *C*, ci. . . . . 16,666 f. 66 c.

Total de son aliénation. . . . 33,333   32

En échange, il a acquis de ses cohéritiers, savoir :

La portion appartenant à *Secundus* dans l'immeuble *A*, c'est-à-dire le tiers valant la somme
de. . . . . 16,666 f. 66 c.

Et la même portion appartenant
à *Tertius* dans ledit immeuble,
ci 16,666   66

Total de son acquisition. . . 33,333   32

Primus vient à être évincé ensuite de l'immeuble
A qui n'appartenait pas au défunt. Qu'arrive-t-il?
Il exerce un recours en garantie contre ses cohéritiers qui se trouvent lui avoir abandonné, transmis
des droits qui ne leur appartenaient pas, pour un
prix qu'ils ont reçu en nature.

Pour assurer l'efficacité de ce recours, il a une
action personnelle réglée par l'art. 885 du Code civil et entraînant avec elle un privilége suivant les
art. 2103 et 2109. Ce privilége ne peut évidemment grever les immeubles *B* et *C* que jusqu'à
concurrence, chacun, de 16,666 fr. 66; car le privilége, comme nous ne cesserons de le répéter, est

la propriété conservée sous certains rapports, et il ne peut, par conséquent, exister sur chacun de ces immeubles que jusqu'à concurrence de l'importance de la portion indivise abandonnée par *Primus* en échange d'une valeur qui fait défaut entre ses mains par suite de l'éviction. Il résulte de là que *Secundus* et *Tertius* ne sont pas tenus hypothécairement pour la totalité de la garantie due à *Primus*; mais seulement chacun jusqu'à concurrence de 16,666 fr. 66. S'ils pouvaient être tenus hypothécairement pour le tout, ce serait aller contre la vérité des choses, et donner à *Primus* un privilége, c'est-à-dire lui réserver une fraction d'une propriété qu'il n'aurait pas transmise quant à l'excédant de sa portion indivise. On arriverait d'ailleurs à des involutions de procédure que le Code civil a précisément voulu proscrire.

41. — Il semble d'après cela que le privilége de la garantie doit toujours être déterminé au moment du partage, et que les immeubles qui en sont grevés, ne peuvent jamais, à raison d'un fait postérieur, être obligés au payement d'une somme plus considérable que celle correspondante au prix de chacune des aliénations réciproques; car on ne doit garantir en principe que ce que l'on a transmis. Tel serait sans doute le résultat qu'il conviendrait d'atteindre; cependant l'équité et la nécessité de rétablir autant que possible l'égalité des lots qui, par suite de l'éviction, se trouvent avoir été composés inégalement au moment du partage, ont fait introduire une extension aux règles que nous avons posées. Cette extension concerne le cas d'insolvabilité de l'un ou de plusieurs des copartageants survenue même après le partage.

Il y avait à choisir entre deux systèmes. Le premier consistait à limiter le privilége suivant la cause primitive qui lui donne naissance. Dans cet ordre d'idées, le copartageant évincé *ex causa antiqua* se trouvait réduit à recourir indistinctement contre tous les cohéritiers solvables et insolvables obligés envers lui, en proportion de leurs parts héréditaires. Avec ce système, il aurait en définitive supporté seul la perte résultant de l'insolvabilité de quelques-uns des copartageants. Cela n'eut pas manqué de logique dans une théorie, sous l'empire de laquelle le partage n'est pas refait après l'éviction sur des bases toutes nouvelles; car il ne faut pas perdre de vue que, sous le Code civil, l'éviction se règle par une indemnité divisible entre tous les héritiers, et que, dès lors, l'insolvabilité de l'un ou de quelques-uns des débiteurs, ne devait retomber que sur le créancier d'après le principe de la division ; mais cela eût été d'une rigueur excessive contre l'héritier évincé, alors cependant qu'aucune faute ne pouvait lui être imputée. Le partage aurait eu quelque chose d'aléatoire, quelque chose tenant de la spéculation ;

ce qui est évidemment contraire au but que se proposent les parties dans cette opération.

Le second système consistait à considérer, toujours au cas d'éviction, les copartageants comme redevenus en quelque sorte associés à nouveau; mais dans le but unique de rétablir autant que possible l'égalité rompue par l'éviction, c'est-à-dire que l'insolvabilité de l'un ou de plusieurs d'entre eux, étant un passif pour la société, devait retomber sur chacun des associés solvables : de telle sorte que sa part contributoire, dans le déficit produit par l'éviction, s'augmentait encore du dividende produit par la répartition de la perte résultant de l'insolvabilité de l'un ou de plusieurs des copartageants.

C'est ce dernier système que le Code civil a embrassé avec raison dans l'art. 885.

Il ressort de là que le privilége de la garantie est susceptible de variation quant au chiffre de la créance qu'il protége, en ce qui concerne le *quantùm* à la charge de chacun des copartageants dans l'obligation de garantie. C'est un inconvénient auquel il était difficile d'échapper.

Ainsi, en résumé, le principe général du privilége de la garantie peut se formuler de la manière suivante : « les immeubles partagés sont grevés d'un « privilége pour assurer la garantie du partage; tou- « tefois ce privilége ne frappe les immeubles échus

« aux divers copartageants que jusqu'à concurrence
« de la somme pour laquelle chacun d'eux peut être
« personnellement recherché, soit de son propre
« chef, soit à raison de l'insolvabilité d'autres co-
« partageants (1). »

42. — Mais remarquons bien : 1° que l'art. 885
opère la liquidation et la répartition de l'obligation
de garantie et que cette obligation ne peut exister
qu'à raison d'une éviction dont la cause est ancienne
(art. 884). En effet, dans ce cas, on a partagé des
choses qui ne devaient pas l'être, puisqu'elles n'é-
taient pas la propriété indivise des copartageants.
Alors, comme il faut reconstituer autant que possible le lot du copartageant évincé, sans porter
atteinte aux droits acquis sur les biens des autres
lots que le public a été autorisé à considérer comme
devenus, à charge toutefois du privilége, la propriété incommutable des héritiers non évincés; chacun des copartageants est appelé à contribuer utilement à cette recomposition, non pas en nature,
mais en argent. Ceux qui, à raison de leur insolvabilité, ne peuvent apporter leur quote-part, sont
comptés pour rien, et la perte devenant commune
se répartit entre les héritiers solvables.

Il résulte de là que l'égalité du partage n'est pas

____

(1) *Voy.* Zachariæ, § 263, 3°.

rétablie sous tous les rapports, puisque les insolvables ont dissipé la totalité de leurs lots qui, par le fait, ont été plus considérables que ceux des héritiers solvables ; mais, placée dans la nécessité de subir une inégalité plus grave, si les insolvabilités n'eussent pas été réparties, puisque dans cette hypothèse, l'héritier évincé, n'aurait pu souvent récupérer qu'une fraction minime de son lot et eût été ainsi exhérédé, la loi a adopté le système de la répartition comme plus équitable et comme entraînant des conséquences plus conformes à l'égalité qui doit toujours autant que possible exister entre copartageants.

43. — Remarquons 2° que l'obligation de garantie cesse dans certains cas :

Ainsi, les héritiers ne sont responsables, ni d'une éviction qui procède d'une cause postérieure au partage ; car les lots étaient égaux au moment de la division et les copartageants ne se doivent l'égalité des lots qu'à cette époque...

Ni même d'une éviction qui procède d'une cause antérieure au partage, si l'héritier évincé s'est laissé condamner faute de s'être défendu utilement quand il pouvait le faire ; en un mot, comme le dit l'art. 885, s'il a souffert l'éviction par sa faute.

Les copartageants peuvent aussi stipuler des clauses de non garantie (art. 884) ; le partage tient alors de la spéculation.

44. — Je pense, quoique cela soit susceptible de controverse à raison du silence de la loi, qu'il faudrait, *suivant les cas*, considérer comme une faute de nature à modifier l'obligation de garantie, le défaut d'inscription dans les 60 jours du partage sur les immeubles compris aux lots de ceux qui deviendraient insolvables. Car la circonstance que quelques-uns des copartageants sont devenus insolvables, ne fait pas qu'ils ne soient pas tenus personnellement de l'obligation de garantie. Les solvables ne supportent pas la perte *in terminis*. En répartissant entre eux le déficit résultant de l'insolvabilité, ils ne font qu'acquitter la dette d'autrui dont ils sont garants, et si le garanti, ici l'héritier évincé, n'a pas pris toutes les précautions nécessaires pour assurer son recours en garantie, et a laissé échapper les immeubles de ceux qui sont devenus insolvables ensuite, il a augmenté d'autant par son peu de prévoyance l'obligation des cohéritiers solvables. Il a placé la cohérie dans une position telle qu'elle ne peut plus tirer des biens qui la composaient toute l'utilité qu'elle pouvait en tirer pour rétablir l'égalité du partage rompue par l'éviction (art. 2037). C'est par son fait, en un mot, que l'insolvabilité a préjudicié à la cohérie. C'est donc là une faute personnelle au garanti, dont il doit, par conséquent, supporter toutes les conséquences. L'insolvabilité ne se répartira pas moins entre les héritiers solvables, mais seulement jusqu'à concurrence de ce que n'aurait pas protégé le privilége s'il eût été inscrit dans les délais de l'art. 2109.

Cette manière de voir serait certainement fondée s'il y avait crainte d'éviction pour cause connue au moment du partage, et si l'insolvabilité qui a éclaté ensuite était menaçante dans un avenir plus ou moins éloigné. Cette question doit, suivant nous, être décidée d'après les circonstances dont l'appréciation appartient aux tribunaux.

45. — On voit d'après cela quel intérêt les copartageants ont à s'inscrire suivant la loi.

Si les cohéritiers connaissaient tous les dangers de leur position avec le système généralisé que le Code civil, imbu des idées anciennes, a établi sur la matière, contrairement au législateur de l'an VII qui, effrayé des inconvénients du privilége de la garantie, l'avait repoussé avec raison, tous les immeubles de France seraient frappés d'inscriptions pour créances indéterminées au bout de quelques générations (*Voy.* art. 2257). Mais heureusement les évictions sont rares, et elles le deviendront encore davantage, lorsque la publicité des aliénations sera organisée sur ses véritables bases. De là vient que l'on recourt rarement à une protection dont on n'a pas besoin. De cette manière, le privilége de la garantie est relégué dans l'un des coins obscurs de la science du droit. Susceptible d'être dangereux, il ne l'est pas par le fait. Toutefois, comme il peut servir les passions mauvaises et entraver gravement la circulation des biens, c'est une raison pour nous de le restreindre autant que possible et de considérer les règles qui le régissent comme ne devant pas s'étendre à d'autres cas que ceux spécialement prévus par la loi.

B. — DE LA GARANTIE DES CRÉANCES.

46. — L'éviction d'une créance comprise au lot de l'un des copartageants lui donne, par les mêmes motifs que ci-dessus, un recours en garantie contre ses cohéritiers. Si donc il lui a été attribué une créance contre un tiers, et s'il vient à être établi que ce tiers n'était pas débiteur de la somme pour laquelle la prétendue créance a été comprise au partage, notre copartageant souffre une éviction *ex causa antiqua* et l'efficacité de son recours est assurée par le privilége de la garantie.

47. — Cela posé, quelle est l'étendue de l'obligation du copartageant envers le garanti?

Au cas de cession ordinaire d'une créance, le cédant doit seulement garantir au cessionnaire que la créance existe. Il ne répond pas de la solvabilité présente ou future du débiteur cédé (art. 1694-

1695). La cession qui s'opère par le partage, diffère sous un rapport du droit commun, parce que les héritiers, n'ayant en vue que de composer des lots égaux, ne veulent pas faire une spéculation.

Ils doivent, sans doute, comme le vendeur, garantir à l'héritier cessionnaire que la créance existe. Le principe de la division a fait d'une créance unique dans l'origine, autant de créances distinctes qu'il y a d'héritiers : dès lors l'attribution à l'un des cohéritiers de la créance entière ne peut être qu'une véritable cession, et on ne peut céder que ce qui existe. Il est donc clair que les copartageants ne doivent garantir sur les biens de l'hérédité que la créance existe.

Mais ce n'est pas tout, ils doivent quelque chose de plus que le vendeur ; car ils se doivent l'égalité des lots. Or, pour que les lots soient égaux, il faut non-seulement que la créance existe ; mais il faut encore qu'elle vaille, *au moment du partage*, la somme pour laquelle elle y figure.

Concluons de là, que les copartageants doivent garantir à l'héritier cessionnaire la solvabilité du débiteur cédé au moment du partage. La question de savoir, si le débiteur était ou non insolvable au moment où l'égalité est requise, dépend des circonstances de faits dont l'appréciation souveraine est laissée aux tribunaux.

48. — Nous pensons que ces principes donnent la solution d'une question vivement controversée et qui a trait aux rapports dus par les copartageants ainsi qu'aux restitutions de fruits perçus par l'un d'eux pendant l'indivision.

Il est incontestable que, ce qui peut être dû pour ces causes, forme des créances appartenant à la cohérie. Si elles sont attribuées au lot de celui qui les doit, la confusion les éteint par cela seul qu'elles lui sont abandonnées. Il ne peut alors s'agir de privilége pour des créances éteintes. Mais, si elles sont attribuées par le partage à l'un ou plusieurs des copartageants autres que le débiteur, toute la cohérie doit garantir à l'abandonnataire la solvabilité du débiteur au moment de la division, comme elle serait tenue de la garantie en cas de cession d'une créance contre un tiers. Le défaut de payement procédant alors d'une cause contemporaine au partage est assimilé à une éviction *ex causa antiqua*, et par conséquent, l'héritier cessionnaire peut exercer un recours privilégié contre ses copartageants d'après les principes précédemment exposés. C'est en ce sens seulement que les créances, pour rapports et restitutions de jouissances, peuvent donner lieu à un privilége suivant l'art. 2103.

49. — Les copartageants doivent-ils la garantie de la solvabilité future du débiteur, qu'il s'agisse d'une créance contre un tiers, ou d'une créance de la cohérie contre l'un des copartageants?

Non. Comme cédants ils ne la doivent pas. Comme copartageants tenus d'égaliser les lots, ils ne la doivent pas davantage. En effet, d'une part les lots étaient égaux au moment du partage, puisque la créance valait la somme pour laquelle elle y a été comprise. Or, pour résoudre les difficultés qui peuvent surgir à l'occasion de l'égalité ou de l'inégalité des lots, c'est toujours le temps du partage que l'on considère. On ne tient pas compte des faits postérieurs.

D'autre part, l'insolvabilité des débiteurs, pour donner lieu à la garantie, ne peut être assimilée qu'à une éviction, et ici cette éviction ne procède pas d'une cause antérieure au partage.

Ainsi donc, les héritiers ne peuvent répondre de l'insolvabilité postérieure au partage du débiteur qui doit la créance comprise au lot de l'un des cohéritiers. Du reste, on est d'accord à cet égard, au moins en ce qui touche les créances contre les tiers (1). Nous ne voyons pas de raison pour ne pas appliquer les mêmes principes aux créances de la cohérie contre l'un des copartageants et qui seraient attribuées au lot particulier de l'un d'entre eux.

(1) *Voy.* Chabot de l'Allier, art. 884, n° 6.—Delvincourt, t. II, p. 156, n° 7. MM. Duranton, t. VII, n° 543, et Vazeille, art. 884, n° 5.

50. — Ce qu'il y a de mieux à faire dans les partages, c'est de ne pas y comprendre les créances. Elles ne sont pas indivises suivant le Code civil qui a reproduit le principe de la division de la loi *des douze tables* (art. 1220), et dès lors on ne peut pas, à proprement parler, partager une chose qui n'est pas indivise. L'héritier ne peut en poursuivre le payement que *partim proprio nomine, partim procuratorio nomine* (1).

51. — Voilà pour le privilége de la garantie des lots. Passons maintenant au privilége pour la garantie des soultes ou retours des lots.

C. — PRIVILÉGE POUR LA GARANTIE DES SOULTES.

(C. civ., art. 2103 3°, 2109.)

52. — Ce privilége, comme celui de la garantie pour cause d'éviction, a pour objet d'assurer, sur tous les immeubles héréditaires, l'égalité des lots complétés par les soultes, au moment du partage.

Il a de plus pour objet de donner une sûreté hypothécaire, contre les chances de l'avenir, au créancier de la soulte sur le lot qui la doit.

Ces deux propositions qu'il faut bien se garder de

____

(1) *Voy.* Ulpien, l. 2, § 5.—Gaïus, l. 3, ff. Famil. *erciscundæ.* — *Voy.* aussi, l. 6, Cod. *eod. tit.* L'art. 832 n'est pas contraire à notre doctrine (M. Duranton, t. VII, n°s 163, 429, 519). — *Voy*. cependant Zachariæ, § 635, note 8.

confondre, aplanissent toutes les difficultés de la matière.

53. — Il est incontestable que les copartageants se doivent personnellement, en proportion de leurs parts héréditaires, garantir l'égalité des lots au moment du partage. C'est sur ce principe, qui découle de la nature de l'acte, qu'est fondé le privilége de la garantie pour éviction ; c'est aussi sur lui que repose le privilége pour les soultes que l'art. 2103 place sur la même ligne. Concluons de là que la soulte doit valoir, sous la garantie personnelle de tous les copartageants au moment du partage, la somme pour laquelle elle s'y trouve comprise. Si donc l'insolvabilité de l'héritier débiteur de la soulte existait déjà au moment du partage, si en un mot, à raison des circonstances dont l'appréciation appartient aux tribunaux, la soulte ne valait pas ce qu'elle devait valoir, il me paraît que les lots n'étaient pas composés d'une manière égale et que, par conséquent, la perte de la créance procédant d'une cause antérieure ou contemporaine au partage, doit donner lieu à un recours en garantie assuré par un privilége comme au cas d'éviction. L'égalité des lots est en effet une dette de la cohérie qui résulte de la nature même du partage, et sous ce rapport, la soulte attribuée à l'un des copartageants n'est autre chose qu'une créance contre un tiers dont la solvabilité actuelle doit être garantie à l'abandonnataire par tous ses cohéritiers. Délivrer une soulte sur un héritier insolvable, ce n'est rien délivrer du tout.

Voilà pour la première proposition qui explique l'art. 2103 3°, dans les rapports des héritiers non débiteurs de la soulte, avec l'héritier créancier de la soulte, en ce qui touche les faits antérieurs ou contemporains au partage. Notre théorie n'est autre chose que l'application de l'art. 884 du Code civil au privilége des soultes; seulement l'éviction *ex causa antiqua* est ici remplacée par l'insolvabilité ancienne du débiteur de la soulte.

Passons maintenant à la seconde proposition qui offre bien plus de difficulté.

54. — Le privilége que la loi semble par ces expressions assez vagues de l'art. 2103, *garantie des partages et des soultes*, accorder d'une manière indéfinie au créancier de la soulte, le protége-t-il contre les éventualités de l'avenir, par une sûreté hypothécaire sur les lots qui ne la doivent pas? Ou bien au contraire, en ce qui concerne les faits postérieurs au partage, le privilége n'est-il pas restreint au lot qui est grevé de la soulte?

Nous pensons qu'en ce qui touche les faits postérieurs au partage, le privilége doit nécessairement être restreint au lot qui doit la soulte; en d'autres termes, que les copartageants ne doivent pas garantir au créancier de la soulte la solvabilité *future* de celui qui en est chargé.

55. — Précisons d'abord la question : le privilége ayant toujours pour but de protéger une créance, ne peut évidemment exister qu'autant qu'il se rattache à une obligation personnelle. Si les copartageants pouvaient être tenus comme tiers-détenteurs, l'indivisibilité de l'hypothèque privilégiée conduirait à un dédale inextricable et au renversement de de l'égalité du partage (1). Mais un privilége sur tous les lots devient possible dès que l'on considère tous les cohéritiers comme obligés personnellement au payement de la soulte, parce qu'alors ce privilége se fractionne en autant de priviléges distincts qu'il y a d'héritiers. Dans cet ordre d'idées, on comprend très-bien que les immeubles attribués à chacun des copartageants puissent tous être grevés de priviléges restreints jusqu'à concurrence de chacune des obligations personnelles.

Il me paraît donc que toute la question aboutit à savoir, si la loi a entendu imposer aux cohéritiers qui n'en sont pas grevés spécialement l'obligation

---

(1) *Voy.* M. Duranton, t. XIX, n° 186, qui combat avec raison M. Tarrible, dans une espèce donnée par ce jurisconsulte et qui est contraire aux principes posés par lui-même.

personnelle de garantir le payement de la soulte, chacun pour sa part et portion héréditaire, si, en d'autres termes, la soulte est une dette commune.

56. — Cela posé, je me demande sur quoi on se fondera pour décider que les héritiers, non chargés de la soulte, doivent cependant en garantir le payement par un lien personnel entraînant à sa suite un lien réel sur les immeubles compris dans leurs lots.

Le créancier de la soulte pourra tenir ce langage :

« Je n'ai consenti à me dessaisir de mon droit in
« divis dans le total de l'hérédité, que sous la con
« dition d'obtenir un lot d'une valeur égale à la
« valeur des autres lots. Tous mes cohéritiers me
« doivent garantir personnellement l'égalité de mon
« lot ; or, ma soulte en faisant partie, je ne recevrais
« pas ma part, si l'héritier qui me la doit devenait
« ensuite insolvable sans ma faute. La soulte a sa
« cause dans la nécessité de la division, et, par
« conséquent, elle intéresse tous les copartageants.
« En leur demandant le payement de ce qui m'est
« dû, je ne fais que leur demander l'exécution du
« partage, dont les clauses forment les causes les
« unes des autres. Ce à quoi j'ai droit c'est à de la
« réalité, et la réalité de la soulte n'a lieu que lors
« qu'elle est payée. Je ne puis donc être censé avoir
« été rempli de ce qui me tient lieu de mon droit

« indivis, qu'autant que les espèces m'ont été comp-
« tées; et, comme l'abandon de mon droit indivis
« profite à tous mes cohéritiers, tous par conséquent
« doivent me garantir personnellement et propor-
« tionnellement le payement de ma soulte. En un
« mot, je me dessaisis sous condition, il faut m'as-
« surer l'accomplissement de cette condition par
« un privilége sur tous les immeubles de la suc-
« cession, ou bien me donner le droit de faire ré-
« soudre le partage. Faire résoudre le partage est
« chose impossible d'après les principes qui régis-
« sent la matière; j'ai donc, pour assurer l'accom-
« plissement de la condition par moi tacitement
« apposée à l'abandon de mon droit indivis, un
« privilége sur la totalité de l'hérédité. Voilà ce
« que la loi a voulu dans les art. 2103 et 2109,
« c'est avec intention qu'elle n'a pas fait la distinc-
« tion que vous voulez établir. »

57. — Toute cette théorie, quoique généralement
admise, ne nous paraît reposer que sur une fausse
intelligence du caractère de la soulte. Elle nous semble contraire aux principes généraux qui régissent
les partages. Est-ce que les héritiers qui ont reçu
leurs lots francs de soulte ne peuvent pas répondre
au créancier de la soulte?

«Nous ne vous devons pas la solvabilité future du
« débiteur de la soulte. Aucun texte ne nous rend

« ses cautions, et le cautionnement doit être ex-
« près (C. civ., art. 2015). Il ne peut résulter que
« de la loi ou de la convention. La loi ne nous rend
« pas responsables des faits postérieurs au partage
« (art. 884, 886). La convention? elle est muette,
« et une obligation onéreuse n'existe qu'autant
« qu'elle est stipulée. L'obligation que vous voulez
« nous imposer n'a pas de cause. Vous ne nous
« abandonnez rien en retour de cette obligation
« dont vous nous grevez gratuitement.

« Vous avez, dites-vous, abandonné votre droit
« indivis à charge par nous de vous garantir per-
« sonnellement le payement futur de votre soulte.
« Cela n'est pas exact. Vous supposez ce qui n'est
« pas. Vous avez abandonné votre droit indivis à
« charge par nous de vous délivrer un lot d'une va-
« leur égale à la valeur des nôtres, comme nous
« vous avons abandonné notre droit indivis à charge
« par vous de nous délivrer, en ce qui vous con-
« cerne, des lots égaux au vôtre. Vous ne nous
« avez abandonné que ce que nous vous avons aban-
« donné de notre côté ; voilà la vérité du fond des
« choses. Eh bien ! nous ne nions pas notre obliga-
« tion, nous nous reconnaissons tous tenus envers
« vous personnellement, lorsque la soulte ne valait
« rien au moment du partage. Nous satisfaisons
« ainsi aux nécessités de la division. Sous ce rap-

« port, la soulte est non pas une dette de la cohérie,
« mais une valeur active, considérée comme une
« créance dépendant de la succession et qui com-
« plète le lot de celui auquel elle est attribuée. Cette
« valeur nous devons vous la garantir, parce qu'elle
« fait partie de votre lot. Aussi, sommes-nous gre-
« vés de priviléges comme au cas d'éviction, lors-
« qu'une cause contemporaine au partage démontre
« que la prétendue valeur n'était pas une valeur et
« que, par conséquent, votre lot n'était réellement
« pas égal aux nôtres. Mais vous voulez plus, et
« vous rompez l'équilibre en exigeant de nous ce
« que nous ne pouvons exiger de vous. Vous éten-
« dez en votre faveur et à notre détriment les rè-
« gles rigoureuses de la garantie ; vous ne répon-
« dez pas de l'égalité *future* de nos lots, et vous
« voulez que nous répondions de l'égalité future du
« vôtre. Et pourtant, dans une opération où la
« spéculation n'est pour rien, où tout doit être égal,
« nous ne pouvons pas être tenus envers vous plus
« que vous n'êtes tenus vous-même envers nous :
« parce que la cause de notre obligation envers
« vous, c'est votre obligation envers nous et que
« l'obligation, résultat d'une cause limitée, ne peut
« être plus étendue que la cause qui lui donne
« naissance, *cessante causa cessat effectus.* Il est
« donc impossible que nous vous devions ga-

« rantie contre l'avenir , quand vous ne nous devez
« aucune garantie contre l'avenir ; nous ne devons
« vous garantir que l'égalité de votre lot au mo-
« ment du partage, de même que vous ne devez
« nous garantir que l'égalité des nôtres à la même
« époque. Or, nous avons accompli notre obligation
« dès que votre créance sur le bénéficiaire de la
« cause qui a produit votre soulte, valait, au mo-
« ment du partage, la somme pour laquelle nous
« l'y avons comprise ; tous les lots étaient égaux ;
« vous avez été rempli à proportion ; dès lors nous
« ne pouvons être obligés personnellement *in futu-*
« *rum* envers vous, à raison d'une opération parti-
« culière qui ne nous intéressait qu'en un point
« désormais sans objet, puisque nous y avons satis-
« fait. Or, si nous ne sommes pas obligés person-
« nellement envers vous au payement *futur* de la
« soulte, il est bien clair, que le privilége dont vous
« prétendez grever nos lots qui ne la doivent pas,
« manque de l'élément essentiel à son existence.

« Quant à ce que vous dites que votre soulte
« n'existe que dans l'entendement et que vous ne
« serez censé avoir reçu votre part qu'après le paye-
« ment effectif, nous vous répondons qu'une créance
« est un bien meuble qui a une valeur déterminée
« comme les autres biens compris dans nos lots , et
« que la loi l'a si bien entendu ainsi, que l'art. 886

« du Code civil ne rend pas même les cohéritiers
« responsables de l'insolvabilité du débiteur d'une
« rente survenue après le partage, c'est-à-dire dans
« un cas où le capital n'est pas exigible et ne peut
« être exigé par l'héritier au lot duquel la rente
« a été attribuée.

58. — Je ne sais si je m'abuse, mais il me semble que la réponse est victorieuse. Il serait, en effet,
bien extraordinaire que la loi n'eût pas imposé aux
copartageants une obligation personnelle de garantie, pour des faits postérieurs au partage, dans le
cas où le bien qui représente la soulte aurait été
attribué à l'héritier créancier de la soulte, et que
cependant elle leur eût imposé cette obligation,
parce qu'il aurait accepté, en concourant à la formation des lots, une soulte, c'est-à-dire une créance
qui représente précisément dans ses mains la partie
des biens qu'il aurait pu avoir et qui augmente le
lot du seul héritier qui la doit, comparé au lot du
copartageant créancier. Cela est impossible; la
théorie que nous combattons est d'une subtilité ex-
trême. Il est bien plus naturel de considérer le partage consommé au moyen de soulte, comme une
opération complexe, dressé d'abord par la pensée,
suivant la division légale, et de dire ensuite que la
soulte est le prix d'une aliénation consentie par l'héritier créancier à l'héritier qui en est chargé, et que

cette opération n'intéresse les copartageants qui n'en profitent pas en réalité, qu'en ce qui touche l'égalité des lots au moment du partage. Pour admettre la doctrine suivie, il faudrait des textes plus précis que ceux qui existent.

Quoi! Il est compris dans le lot de l'un des copartageants une maison qui est incendiée par la suite, une créance dont l'utilité périt par l'insolvabilité du débiteur survenue après le partage, la perte retombera sur l'héritier-propriétaire auquel ces objets ont été attribués; et l'insolvabilité future du copartageant débiteur de la soulte ne retombera pas sur le créancier!... Avec un tel système, il n'y aurait rien de définitif. Ce serait rendre les copartageants non grevés de soultes responsables des faits d'autrui, c'est-à-dire de faits qu'ils ne pourraient ni prévoir ni empêcher.

59. — Ajoutez à ce qui précède une foule d'inconvénients dans le système que nous combattons.

Le crédit de l'héritier détenteur d'immeubles par suite d'un partage opéré au moyen de soultes va être complétement anéanti. L'avenir est incertain quelque assurance que puisse donner le présent. Il n'y aura rien de stable. Les insolvabilités postérieures au partage se répartissant entre les cohéritiers solvables, les immeubles se trouveront grevés de charges imprévues. Dans les cas très-fréquents où les immeubles sont attribués à certains lots, les héritiers auxquels ces lots seront échus finiront par supporter à peu près seuls le déficit résultant des insolvabilités de leurs copartageants. Tous les inconvénients du privilége de la garantie d'éviction vont se produire ici, aggravés encore dès qu'on n'exige pas même que l'insolvabilité du débiteur de la soulte soit contemporaine au partage. Les acquéreurs ne seront en sûreté que difficilement. Ils ne pourront guère se libérer qu'en consignant leurs prix; car les créanciers de soultes ne manqueront pas de prendre les précautions nécessaires pour conserver leurs priviléges sur les biens des autres lots, bien qu'ils ne garantissent qu'une hypothèse, dans tous les cas qu'une créance dont le chiffre est susceptible de variation dans l'avenir, en ce qui touche le *quantùm* à la charge de chaque héritier. Il faudra donc recourir aux tribunaux, et faire des procès fondés sur les art. 2163 et 2164 du Code civil, à supposer qu'ils soient applicables à la matière!... Si les acquéreurs des biens non chargés de soultes veulent se libérer et purger leurs acquisitions, il faudra ordonner un emploi des fonds afin de mettre les créanciers de soultes à l'abri des insolvabilités qui pourront survenir, ou bien exiger des cautions de la part des créanciers colloqués qui ne pourront toujours recevoir ce qui leur sera dû qu'avec tous les inconvénients du provisoire. Dans tous les cas, les acquéreurs ne pourront se libérer amiablement qu'autant qu'il leur sera justifié du payement des soultes, étrangères pourtant aux biens qu'ils ont achetés. Il leur faudra conserver ou faire déposer dans des études de notaires, des quittances que leurs vendeurs ne pourront leur remettre puisqu'elles se trouveront dans les mains des copartageants, débiteurs des soultes et qui se seront libérés. De là, des embarras sans fin à raison de l'éloignement et du grand nombre des héritiers qui, souvent de mauvaise foi entre parents, pourront faire disparaître les traces de libération, et venir ensuite inquiéter un acquéreur qui, persuadé que les soultes étaient payées, se croyait à l'abri de toute atteinte.

Je le dis avec conviction, si le système que j'ai combattu était celui de la loi, il faudrait bien vite le changer. Il vaudrait infiniment mieux pour les héritiers et pour les tiers ne pas partager que de partager avec des soultes. Le partage, dans cette théorie, ne partage rien !...

60. — Quant aux arguments de textes que l'on tire des art. 2103 et du commencement de l'art. 2109, je réponds d'abord par un argument de texte, tiré de la fin de l'art. 2109, qui semble restreindre le privilége au bien chargé de soulte. J'ajoute ensuite qu'à la vérité l'art. 2103 donne un privilége sur

les immeubles de la succession, pour assurer l'exécution de l'obligation imposée à chaque copartageant de garantir les lots et, par conséquent, les soultes qui en font partie; mais que cet article n'a pas réglé et n'avait pas à régler le principe et l'étendue de cette obligation de garantie. Ce n'est pas au titre des hypothèques qu'il faut chercher ce que la loi entend par ces expressions, *garantie des partages et des soultes,* c'est au titre des successions. Or, au titre des successions, la loi, d'accord avec la raison, nous enseigne que l'obligation de garantie ne peut naître que d'une cause antérieure ou au moins contemporaine au partage (art. 884-886).

61.—Revenons donc à une vérité méconnue depuis trop longtemps, et décidons que le privilége ne peut exister pour assurer le payement des soultes contre les éventualités de l'avenir, que sur les lots qui en sont chargés. C'est au créancier privilégié à veiller à ce que son privilége ne devienne pas illusoire, ou à refuser dans le principe de concourir à un arrangement de lots qui n'offre pas aux créanciers des soultes une protection suffisante. Il ne faut pas perdre de vue que la division ne peut être faite que par des majeurs soit par l'âge soit par la loi : que, par conséquent, tous les copartageants sont capables de consentir les aliénations et abandonnements que comporte la nature même d'une opération dont la stabilité importe trop au bien public pour que des faits postérieurs, et qu'on ne peut prévoir, puissent lui porter atteinte. C'est déjà bien assez que les évictions pour causes anciennes nécessitent des recours en garantie, sans que l'on vienne encore faire dépendre le partage du caprice de l'avenir.

62. — Ces priviléges pour la garantie des partages et des soultes, méritent de fixer toute l'attention de la commission chargée de revoir le Code hypothécaire. Organisés comme on les entend généralement, ils ne peuvent subsister avec un régime hypothécaire destiné à fonder sur des bases solides le crédit foncier. L'art. 2103 est un vestige du droit ancien, sous l'empire duquel on s'occupait beaucoup plus de la famille que du public. Pour parer aux inconvénients signalés plus haut, j'estime que l'on devrait suivre l'exemple de la loi du 11 brumaire an VII, en conséquence, retrancher le privilége de la garantie des partages, tout en conservant l'obligation personnelle telle qu'elle est réglée aujourd'hui. Le système de répartition adopté par l'art. 885 du Code civil protége, ce me semble, suffisamment les copartageants évincés. Dès que la part des insolvables se répartit entre les cohéritiers solvables, le privilége n'a plus qu'un objet secondaire. Il ne faut pas que le législateur se jette

dans des embarras inextricables, parce que le besoin d'un privilége se fera sentir dans des cas très-rares (1).

Si cette manière de voir paraît hasardée, et si la nécessité du privilége de la garantie est reconnue, eh bien! qu'on l'admette; mais qu'on restreigne son exercice à un temps limité, 10 ans par exemple à partir du partage, sans préjudice de l'action personnelle qui restera ce qu'elle est aujourd'hui. Lorsque les copartageants ont joui pendant dix ans de leurs lots sans éviction, la loi doit présumer qu'il n'y en aura pas. Si, contre toute attente, un tiers vient évincer l'un des copartageants après ce délai, il restera à ce dernier pour refuge l'action personnelle en garantie et la répartition des insolvabilités suivant l'art. 885 du Code civil.

En ce qui touche les soultes, un privilége est nécessaire, mais seulement sur les lots qui les doivent. On ne manquera sans doute pas de s'expliquer catégoriquement à cet égard, en ne perdant pas de vue ce grand principe à savoir : *qu'on doit autant que possible restreindre l'assiette des priviléges et hypothèques.*

(1) *Voy. Documents du régime hypothécaire*, t. III, n° 416. Les observations de la Faculté de Poitiers nous semblent devoir être prises en haute considération, lors de la création de la loi nouvelle.

D. — DU PRIVILÉGE POUR LE PRIX DE LA LICITATION.

63. — Au cas de licitation de tout ou partie des immeubles de la succession, l'assimilation à la vente est encore plus palpable que dans les cas précédemment exposés. La loi dispose ici textuellement (article 2109) que le privilége pour le prix ne grève que l'immeuble ou les immeubles licités.

64.—Cela posé, ou l'adjudication est prononcée au profit d'un étranger ou au profit de l'un des copartageants.

Au premier cas, c'est une aliénation ordinaire dans toute l'étendue du mot, laquelle, par conséquent, doit être transcrite suivant les art. 2108 et 2181 du Code civil. Le privilége pour le payement du prix se révèle alors par la transcription elle-même, comme le privilége du vendeur.

Au second cas, la licitation produit les effets du partage (C. civ., art. 883). L'indivision a cessé entre tous. Chacun a cédé sa part à l'héritier adjudicataire moyennant de l'argent. Dès lors le prix de l'immeuble licité devient une espèce de soulte au profit des héritiers autres que le copartageant adjudicataire, et ce dernier, dont le lot se trouve augmenté de l'immeuble à lui adjugé, est grevé sur l'immeuble licité d'un privilége qui doit se révéler dans les délais de l'art. 2109.

65. — On voit par là combien est fondée notre théorie sur le privilége des soultes. Est-il possible d'admettre que la loi ait entendu donner au créancier de la soulte un privilége sur les immeubles qui n'en sont pas chargés, quand elle n'accorde de privilége, pour le payement du prix de la licitation, que sur le seul immeuble ou les seuls immeubles licités!.. Il y a même ici cela de remarquable que le lot du copartageant adjudicataire sur licitation n'est pas grevé en entier du privilége pour le prix de cette licitation lorsque l'immeuble licité n'est pas le seul qui compose ce lot; tandis qu'au cas de soulte ordinaire, il est certain que le lot qui la doit en est grevé en totalité. En bonne logique le privilége pour la soulte ne devrait grever que l'immeuble qu'elle représente, comme le privilége pour le prix de la licitation ne grève que l'immeuble licité : mais une soulte peut être la représentation d'un mobilier attribué à l'un des copartageants concurremment avec des immeubles et dès lors il était raisonnable de grever du privilége le lot entier de celui qui en est chargé. Aussi tenait-on pour maxime dans l'ancien droit, *que le privilége de la soulte est sur le total du lot qui la doit* (1).

---

(1) *Voy.* Lebrun, qui examine longuement cette question des soultes, *Traité des Successions*, l. IV, chap. i, n° 36. On était donc bien loin d'admettre, comme semble le faire Pothier (*Traité des*

66. — Après avoir exposé les principes qui sont la base du privilége des copartageants, nous avons maintenant à parler du système de publicité organisé par l'art. 2109 du Code civil.

E. — PUBLICITÉ DU PRIVILÉGE DES COPARTAGEANTS.

67. — La transcription ne concernant pas les partages, il est clair que les mutations de propriété qui en résultent sont clandestines. La propriété des biens attribués à chacun des copartageants, se trouve constituée à l'égard des tiers par un acte occulte légalement prouvé. Il y avait sans doute des motifs bien puissants pour notifier ces mutations au public, comme les aliénations ordinaires (art. 2108), puisqu'en ce qui concerne les priviléges, le partage est considéré comme une véritable aliénation. La publicité y aurait gagné soùs bien des rapports. On n'eût pas été placé dans la nécessité de faire une exception à la règle de l'art. 2106. On serait resté dans le beau idéal d'un régime de publicité des priviléges qui consiste à porter à la connaissance du public les démembrements du domaine retenus de la part de l'aliénateur par l'acte même de mutation à l'égard des tiers. Le mécanisme de la publicité du

Successions, chap. ıv, art. 3, § 4), que la soulte était privilégiée sur les autres lots, puisqu'on discutait la question de savoir si elle l'était même sur *la totalité* du lot qui la devait !...

privilége des copartageants eût été le même que celui de la publicité du privilége de vendeur. Mais plusieurs raisons, tirées surtout de la difficulté d'exécution, repoussaient cette organisation au cas particulier. Comment en effet imposer à des cohéritiers l'obligation de transcrire des liquidations de succession toujours très-volumineuses? Il eut fallu des édifices publics pour contenir au bout d'un certain temps tous les registres des transcriptions. Comment le public aurait-il pu aller chercher dans des actes aussi compliqués des priviléges que toute la sagacité d'un jurisconsulte consommé, a souvent de la peine à découvrir dans le silence du cabinet? Or, la publicité n'est vraiment utile qu'autant qu'elle apparaît simple et éclatante. Enfin, comment imposer à un conservateur la lourde responsabilité d'extraire d'office tous les priviléges résultant de telles transcriptions et de les renfermer dans un cadre resserré, destiné à compléter le registre des inscriptions que le public consulte avant tout? La loi a reculé, peut-être avec raison (1), devant ces difficultés d'exécution, et elle s'est tirée de la position d'une manière ingénieuse. Sans doute la publicité, qui de sa nature ne peut se référer qu'à l'avenir, y a perdu quelque chose; mais enfin on ne

_____

(1) Pour mon compte, je ne pense pas qu'on doive soumettre les partages à la transcription, lors de la révision de la loi.

peut se dissimuler que le but est atteint en définitive, et que les inconvénients signalés plus haut sont évités, sans que pour cela la publicité ait souffert un notable préjudice.

68. — Le moyen que les rédacteurs du Code civil ont inventé (car il n'y avait pas de précédents à cet égard dans la loi de brumaire, si ce n'est peut-être dans l'art. 39), consiste à imposer aux intéressés l'obligation de révéler au public les priviléges résultant du partage par une inscription qui doit être faite au plus tard dans les 60 jours qui le suivent. Ainsi, par exception à la règle de l'art. 2106, le privilége ne se révèle pas au moment même de la mutation, mais dans un délai voisin de l'aliénation. Ce délai est connu de tous puisqu'il est écrit dans la loi, et dès lors les créanciers du copartageant dont le lot est grevé de priviléges, sont avertis qu'ils ne doivent compter sur les immeubles attribués à leur débiteur par le partage, qu'autant que ces priviléges ne se révèlent pas dans le délai de faveur. Pendant ce temps le crédit du débiteur est en quelque sorte en suspens. C'est aux tiers à prendre leurs mesures en conséquence, à consulter les titres et à voir si le délai est expiré.

69. — Si le privilége est notifié au public dans les 60 jours du partage, le créancier privilégié se trouve absolument dans la même position que s'il eût été

notifié au moment même de la mutation. Dès lors il est clair qu'il doit primer tous les créanciers du copartageant dont le lot est grevé, bien que ces créanciers se soient inscrits avant lui. La raison en est simple : les immeubles tombés au lot du copartageant, ne sont dans son domaine que moins le droit de son cohéritier de retenir, en s'inscrivant dans le délai, la fraction de propriété nécessaire pour assurer le payement des soultes, ou des indemnités en cas d'éviction. Or, les créanciers des copartagés ne peuvent avoir pour gage que les biens de leur débiteur et les immeubles grevés de priviléges ne sont dans ses mains que moins la rétention au profit du précédent propriétaire, c'est-à-dire de son copartageant, toujours considéré dans la matière qui nous occupe comme un aliénateur jusqu'à concurrence de ses droits indivis dans lesdits immeubles. Le copartagé n'a donc pu transmettre à ses propres créanciers des droits qui ne lui appartenaient pas (1).

70. — Voyons maintenant les conséquences de l'infraction à la règle de la publicité prescrite par l'art. 2109.

Si le privilége ne se révèle pas dans le délai de faveur que la loi a accordé au copartageant pour lui

______

(1) *Voy.* ci-après, nᵒ 225.

donner le temps d'extraire d'opérations compliquées tous les priviléges qui peuvent en résulter, la pénalité de l'art. 2113 apparaît aussitôt comme pour les art. 2110 et 2108. Le copartageant qui eût pu être privilégié, dégénère en simple créancier hypothécaire, et dès lors, il est primé par tous les créanciers hypothécaires antérieurs à l'inscription qu'il peut encore prendre, comme il prime tous les créanciers hypothécaires inscrits après lui (art. 2134).

71. — Si plusieurs copartageants privilégiés se sont inscrits dans les 60 jours du partage, quoiqu'à des dates différentes, ils viennent en concurrence, le rang des priviléges se déterminant par les différentes qualités de priviléges (art. 2096). Or ici ils sont privilégiés au même titre, et ils se trouvent dans la même position que s'ils avaient pris inscription au moment même de la mutation, c'est-à-dire le même jour.

Si au contraire ils ne se sont inscrits qu'après le délai de faveur accordé à tous, il est clair que, dégénérés en simples créanciers hypothécaires, ils viennent aux dates de leurs inscriptions respectives.

72. — Au cas de partages successifs, il faut appliquer pour le rang des copartageants entre eux, la règle qui s'applique aux vendeurs (C. civ., article 2103, 1°).

73. — En ce qui touche les intérêts qui peuvent

leur être dus, nous pensons que la règle de l'article 2151 les limite comme ceux du vendeur à deux ans et l'année courante, et cela par les motifs exprimés n° 15 (1).

§ V. — PRIVILÉGE DES CRÉANCIERS ET DES LÉGATAIRES DU DÉFUNT.

(Art. 2111-2113.)

74.—La loi, en assurant le sort des créanciers du défunt par le régime hypothécaire, et en créant à leur profit un privilége, à charge par eux de le notifier au public dans les six mois du décès, les a placés absolument dans la même position que les créanciers privilégiés précédents ; elle les a fictivement considérés comme des vendeurs du patrimoine de leur débiteur. Copropriétaires de la fortune du défunt, sous certains rapports, ils vendent à l'héritier les immeubles provenant de son auteur, et ils retiennent, en se conformant aux prescriptions de l'article 2111, la fraction de propriété appelée privilége nécessaire pour assurer leur payement. C'est toujours la même idée qui dirige le législateur.

Ici, comme au cas de l'art. 2109, il était impossible que le privilége se produisit au moment même de la mutation, c'est-à-dire au moment du décès.

____

(1) *Voy.* ci-après, nᵒˢ 434, 435 et suiv.

Il ne restait donc d'autre parti à prendre que de faire un appel à tous les créanciers de la succession et de les mettre en demeure de s'inscrire dans un délai déterminé. C'est ce qu'a fait la loi, qui, dans toutes ces matières, ne mérite que des éloges, tandis qu'elle n'a essuyé que des critiques. Le délai est de six mois, à compter de la transmission. Pourquoi ce délai est-il plus long que celui accordé au copartageant? La raison en est simple. Le copartageant a concouru au partage, il connaît nécessairement le moment précis où son privilége a pris naissance. Soixante jours sont suffisants pour le mettre à même d'extraire du partage les priviléges qui peuvent en résulter à son profit. Les créanciers du défunt, au contraire, peuvent demeurer à de grandes distances. Il fallait bien leur donner le temps d'apprendre l'événement qui les a privés du débiteur de leur choix, et qui a investi l'héritier contre lequel ils doivent prendre leurs précautions. Un délai plus court eût trop favorisé les créanciers présents sur les lieux. On comprend dès lors facilement les motifs de ces différents délais.

75. — Ici, comme en ce qui concerne tous les autres priviléges soumis à la publicité, l'infraction à la règle de cette publicité est réprimée par l'article **2113**.

76. — Comme nous devons traiter spécialement

du privilége de la séparation des patrimoines, nous n'en dirons pas davantage, quant à présent, en ce qui le concerne.

CONCLUSION.

77.—Telle est la théorie générale des priviléges sur les immeubles d'après le Code civil. Nous n'avons pas parlé du privilége des art. 2104 et 2107, parce que nous nous en occupons sous l'art. 834 du Code de procédure (1).

On voit que les dispositions de la loi forment un tout homogène. La publicité avertit tout le monde. Le but que se proposaient surtout les rédacteurs du Code civil est atteint. Il serait bien extraordinaire qu'une théorie qui s'appuie ainsi sur les textes les plus précis ne fût pas celle de la loi !...

78.—Avant de reprendre le développement des principes posés, en ce qui concerne la séparation des patrimoines, nous devons rechercher si ce système a subi des modifications, et en quoi peuvent consister ces modifications.

79. — Et d'abord, a-t-il été véritablement modifié? Cela dépend du point de savoir si la transcription est encore aujourd'hui nécessaire pour transporter la propriété à l'égard des tiers. L'exa-

____

(1) *Vide infrà*, n° 222.

men des textes et des sources de la loi m'a conduit à penser que c'est à une déplorable interprétation que nous devons l'abandon du principe fondamental de la transmission.

Je sais tout ce qu'une pareille prétention peut avoir d'extraordinaire à l'époque actuelle; mais il faut toujours avoir le courage de son opinion. Tout homme qui étudiera la loi dans la loi, les textes éclairés par la volonté du législateur consignée à chaque pas dans les travaux préparatoires du Code civil, restera convaincu qu'il n'a jamais pu entrer dans son esprit d'abroger le principe de la loi de brumaire an VII. Lorsque la jurisprudence a déclaré abolie la transcription translative du domaine, elle a reculé de quarante ans l'intelligence du Code civil. Aujourd'hui on trouve la loi incohérente, et comme on ne veut pas retourner en arrière et reprendre les choses *ab ovo*, on appelle le législateur à son secours. Il n'est pas nécessaire que le législateur intervienne, ou, s'il doit intervenir, ce n'est que pour trancher une question controversée et qui, tôt ou tard, recevra la solution que nous lui donnons.

Nous allons donc nous livrer à l'examen du système de la loi sur la transmission de la propriété. C'est l'objet de l'étude suivante.

ÉTUDES
SUR LE CODE CIVIL.

Iʳᵉ SÉRIE. — IIᵉ PARTIE.

TRAITÉ

DE LA TRANSMISSION DE LA PROPRIÉTÉ

PAR ACTES ENTRE-VIFS.

DEUXIÈME ÉTUDE.

TRAITÉ GÉNÉRALISÉ DE LA TRANSMISSION DES BIENS

PAR ACTES ENTRE-VIFS.

SOMMAIRE.

80. — Plan de cette étude. Elle se divisera en trois sections.

La première section traitera de la transmission dans les législations antérieures au Code civil.

Dans la seconde section, nous verrons quel est le système du Code civil sur cette matière importante.

Et, dans la troisième, nous examinerons les conséquences de l'art. 834 du Code de procédure.

Ce travail se terminera par un résumé général de la question de transmission, et ensuite par la conclusion que l'on doit tirer des principes précédemment exposés.

PREMIÈRE SECTION.

Coup d'œil historique sur la transmission de la propriété dans les législations anciennes.

§ Ier. — CHEZ LES ROMAINS.

81. — Moyens d'acquérir la propriété à titre singulier chez les Romains.

82. — Leur système se modifie à mesure qu'on avance dans l'histoire.

83. — Critique du système de la tradition.

§ II. — TRADITION EN FRANCE.

§ III. — LOI DU 11 BRUMAIRE AN VII.

DEUXIÈME SECTION.
Code civil.

108. — La difficulté consiste à savoir, sous le Code civil, si la tradition et la transcription ont été conservées comme moyens d'acquérir.

109. — Transmission de la propriété entre les parties, d'après le projet de l'an VIII.

§ Ier. — TRANSMISSION DES IMMEUBLES AU REGARD DU PUBLIC D'APRÈS LE PROJET.

110. — Les auteurs du Code n'ont nullement entendu rompre avec le passé.

111. — En quoi consiste la différence du système consacré par le projet avec la théorie de la transmission par le simple pacte qui a prévalu parmi les interprètes du Code civil.

§ II. — TRANSMISSION MOBILIÈRE AU REGARD DES TIERS, D'APRÈS LE PROJET DU CODE CIVIL.

112. — Tradition réelle.

113. — Tradition des droits incorporels.

114. — Le projet n'innovait pas.

§ III. — TRANSMISSION DES DROITS INCORPORELS, SOUS LE CODE CIVIL.

115. — Preuves par lesquelle il est démontré que le Code civil a adopté l'ancien système.

116. — Suite.

117. — Suite.

§ IV. — TRANSMISSION DES MEUBLES AU REGARD DES TIERS.

118. — La possession réelle est nécessaire sous le Code pour l'acquisition des meubles au regard du public. — Preuves.

119. — Système contraire.

120. — Plus ingénieux que solide.

121. — Plusieurs arrêts critiqués.

SECTION PREMIÈRE.

Coup d'œil historique sur la transmission de la propriété dans les législations anciennes.

§ Ier. — CHEZ LES ROMAINS.

81. — Les moyens de constituer le droit absolu de propriété garanti par l'action réelle ont été différents suivant les temps. C'est surtout dans l'histoire interne de la jurisprudence romaine qu'il faut voir le soin avec lequel cette base fondamentale de toute société avait été organisée.

La mancipation, avec ses formes solennelles et l'assistance de cinq citoyens appelés à la mutation comme représentant le peuple entier : c'est le moyen éminemment civil d'acquérir et de transmettre la propriété du sol...

L'*in jure cessio*, l'*adjudication*, la *loi*, enfin la *tradition*, institution du droit des gens, qu'un droit civil jaloux ne tolère que par nécessité, et qu'il restreint autant que cela lui est possible, pour la rappeler bien vite à lui par une usucapion très-courte (1)...

____

(1) Je ne m'occupe ici que des manières d'acquérir à titre singulier.

Tous ces moyens, par lesquels on arrivait à constituer le *jus in re,* forment l'ensemble d'un système qui, il faut l'avouer, donne à la propriété une base inébranlable.

82. — Mais, à mesure qu'on avance dans l'histoire, les institutions se modifient. Le préteur d'abord, tout en paraissant respecter la loi civile, y porte les atteintes les plus graves. Le spiritualisme du Christ pénètre ensuite dans la législation. Les formes du droit civil sont abandonnées. Le domaine conserve bien son caractère absolu ; mais son acquisition et sa translation se règlent par un système dans lequel la pensée, et par conséquent le vague et la confusion commencent à dominer.

La distinction fondamentale des *acquisitiones civiles* et *naturales* disparaît. Il en est de même de la distinction des choses *mancipi* et *nec mancipi,* et la tradition, jugée d'abord insuffisante pour transférer le domaine du sol italique et des choses que la loi y assimile, devient la base du système. Le droit des gens absorbe le droit de la cité.

83.—Sans doute, la tradition apparaît tout d'abord comme le moyen le plus simple de commercer. Quoi de plus naturel, pour renoncer à ma propriété et en investir un autre, que de remettre la chose entre les mains de celui qui me succède ! Mais ce moyen, suffisant pour la propriété mobilière, qui n'a pas d'assiette fixe et pour laquelle la possession actuelle est tout, ce moyen, impossible à remplacer dans les besoins journaliers de la vie, est insuffisant par lui-même pour constituer aux yeux de tous la propriété du sol, de manière à éviter les surprises. Quelle sera l'époque précise où cette tradition, cette remise de la chose frappera le public, si elle ne s'annonce pas par quelque signe éclatant? La possession est quelque chose de matériel, dira-t-on. Oui, sans doute. La possession est de nature à se révéler un jour; mais au moment où elle prend naissance elle n'est pas encore publique: elle ne peut le devenir que par l'habitude qui est le produit du temps; et, ce qu'il importe surtout de notifier à la société pour l'admettre comme partie au contrat, c'est l'instant précis où la remise translative aura lieu. Aussi, le radicalisme de la révolution française ne pouvait-il accepter sans modification un système, pourtant consacré par les siècles, mais qui se ressentait de la confusion du Bas-Empire.

§ II. — TRADITION EN FRANCE.

84. — En France, la tradition forme, comme dans le dernier état du droit romain, la base du système de transmission. Les Capitulaires de Charlemagne exigent une tradition légitime, c'est-à-dire remplissant les conditions voulues par la loi : « *Si* *quis res suas cuilibet tradere voluerit, legitimam traditionem facere studeat* (1). »

Cette tradition légitime s'opère avec des formes solennelles et symboliques : *Per ostium de ipsa casa, per herbam, per terram, per ramum, per cespitem, per festucam atque andelagum* (2).

Ce n'est pas tout, la tradition ainsi faite dépouille bien le traditeur de son droit sur la chose ; mais pour que la transmission produise tous ses effets et soit protégée d'une manière utile, il faut de plus que l'acquéreur ou le donataire d'immeubles soit investi de fait : ce qui se pratique avec d'autres formalités également solennelles. Sous ce système, les vendeurs et donataires se dessaisissent des choses données ou vendues entre les mains des seigneurs, des juges. Ceux-ci saisissent, nantissent, investissent de la possession les donataires et acquéreurs.

La possession réelle d'un an et jour, appuyée sur cette saisine légitime, constitue le domaine d'une manière inébranlable, à tel point que le vendeur lui-

(1) *Voy.* chap. xix, liv. IV.
(2) *Voy.* les formules de Marculph et surtout celles de Lindenbrog, chap. clii, cliii, cliv, clv, clvi. — Baluze, t. II, p. 549, édit. de 1677. — *Voy.* aussi Ducange, *Glossaire*, v° *Andelangus.* Ce savant philologue n'est pas très-explicite sur cette expression. Tous les vieux auteurs en parlent, et aucun ne donne à cet égard des renseignements précis. Quand on voit Ducange ignorer la signification d'un mot, il est rare qu'on la trouve ailleurs.

même ne peut plus, le délai passé, réclamer légalement le prix de la chose vendue (1). Cette théorie, empreinte d'une énergie remarquable, a son origine dans les institutions germaniques.

85. — Cette institution se modifie ensuite comme toutes les autres, à mesure que l'on avance dans l'histoire; puis l'influence du droit romain du Bas-Empire, qui reprend tout à coup un nouvel éclat, d'abord en Italie, ensuite en France, se fait bientôt sentir. L'esprit empirique des glossateurs et surtout des Bartholistes, qui s'occupent spécialement de la pratique, fait irruption dans le droit national. La rédaction et la révision des coutumes se ressentent de l'élément romain, tel qu'il est interprété par les sommités de la science. Dès lors, on voit la théorie de la tradition se réduire peu à peu à une subtilité par l'introduction des possessions civiles qui peuvent

(1) Nos législateurs qui veulent établir le crédit foncier sur des bases solides pourraient méditer ce système, non pas pour en reprendre les formes surannées, mais pour arriver à son résultat définitif. *Voy.* sur tout cela Beaumanoir, chap. VIII, xxx, et surtout la magnifique étude de Klimrath sur les saisines, édit. de M. Warnkœnig, t. II, p. 359. — *Voy.* aussi *Histoire du Droit public et privé de la France*, même ouvrage, t. Ier, § 166. — M. Laferrière, *Histoire du Droit français*, t. Ier, p. 133, nº 5. — Le système des saisines est très-curieux à connaître. La nature de notre travail ne nous permet pas de l'exposer ici; mais le lecteur en aura une idée bien nette en voyant l'étude de Klimrath précitée. D'Hauthuile, Klimrath!... voilà deux perles irréparables pour la science!...

s'accomplir par voie feinte : « Au moyen de quoi,
« dit Ricard (*Donations*, n° 901), la tradition qui
« avait eu pour objet le bien public et la sûreté du
« commerce ne servit plus, dans la plupart des
« coutumes, qu'à grossir les clauses d'un contrat
« et ne dépendit plus que du style des notaires. »

Il est inutile de nous arrêter sur les difficultés
d'une matière que ce grand jurisconsulte regardait,
surtout dans les donations, « comme autant embar-
« rassée et aussi peu entendue qu'aucune de notre
« jurisprudence » (Même *Traité*, n° 899).

Quelques coutumes cependant restèrent fidèles
au système ancien. On les appela coutumes de nantissement.

86. — Hâtons-nous d'arriver à l'école d'associa-
tion si dignement représentée par Domat, d'Agues-
seau et Pothier. Son influence a été immense sur
les Codes qui nous régissent.

L'ancienne jurisprudence française, au moins généralement, suivit au fond la législation du sixième
siècle, quoique cependant il y resta toujours des
traces nombreuses du droit national. Elle accepta
les moyens d'acquisition et de transmission encore
en vigueur dans les compilations justiniennes. Ce
qu'il importe ici, pour nous, n'est pas tant de rechercher si les docteurs français ont ou non commis
des erreurs, que de résumer le système tel qu'ils

l'entendaient (1). Au surplus, en ce qui concerne la matière que nous traitons, et à part quelques points accessoires susceptibles de critique, ils étaient dans le vrai.

87. — Les manières d'acquérir la propriété se divisent en modes du droit naturel et des gens et modes du droit civil.

La première catégorie comprend :

1° L'occupation.

A l'occupation se rattachent comme espèces du genre la chasse, la pêche, l'invention.

2° L'accession.

A l'accession se rattachent au même titre l'alluvion, la spécification et la confusion (2).

____

(1) La science du droit romain a fait de nos jours des progrès dus à la découverte de nouveaux textes, et aux travaux de l'Allemagne. Bien des erreurs ont été relevées ; mais ces erreurs, admises par l'ancienne jurisprudence, n'en ont pas moins servi de fondement à notre Code civil. En sorte qu'au point de vue de notre législation, c'est moins le droit romain en lui-même que le droit des docteurs qu'il faut étudier avec soin, si on veut bien saisir la pensée intime des auteurs du Code. Mais, pour devenir jurisconsulte véritable, ce n'est pas le droit de Justinien qu'il faut étudier, c'est le droit des deuxième et troisième siècles : il faut pour cela se familiariser avec la langue et les textes des Romains, et le principe fondamental qui doit servir de point de départ, c'est qu'il ne faut jamais s'en rapporter qu'à soi-même.

(2) Cette théorie de l'accession n'a vraiment pas été comprise dans l'ancienne jurisprudence. Le Code civil, qui l'a ensuite copiée, est loin de satisfaire la raison sous ce rapport. On suivait Pothier : *magister ipse dixit ;* Pothier résumait les docteurs. Mais les docteurs n'avaient pas vu bien clair dans cette matière.

3° Et la tradition, réunissant les caractères voulus : manière d'acquérir le domaine dérivé, c'est-à-dire qui fait passer le domaine d'une personne à une autre.

C'est ce dernier moyen dont nous devons surtout nous occuper.

88. — La tradition se divise en :

1° Tradition proprement dite, c'est-à-dire appréhension corporelle de la chose remise à celui qu'on entend investir du domaine ;

2° Tradition symbolique, c'est-à-dire remise, non pas de la chose, mais d'un signe qui la représente : les clefs d'une maison. Pothier y ajoute les titres de propriété (1) ;

3° Tradition de longue main, qui consiste dans la montre, l'indication, la mise sous les yeux de l'objet, par le débiteur au créancier auquel est donnée permission d'enlever.

4° Tradition de brève main : fiction par laquelle celui qui est déjà en possession naturelle de la chose

Il me paraît que l'accession n'était pas une manière d'acquérir (Voy. *Inst. Just.*, *de rer. div.*, § 29. *Omne quod solo inædificatur*, *solo cedit*, *nec tamen ideò qui materiæ dominus fuerit desinit dominus esse*. — *Voy.* aussi *eod. tit.*, §§ 21, 31, 32). Quant à la spécification, à la confusion, au mélange, ils ne forment pas des cas d'accession proprement dite (*Voy.* M. Bonjean, *Traité des Actions*, § 278).

(1) Code civil, art. 1605 (*Voy.* sur toutes ces traditions M. du Caurroy, *Inst. expliquées*, nᵒˢ 401, 402, 403).

est censé avoir remis cette chose au traditeur, qui est censé à son tour la remettre à celui qu'il investit du domaine (1).

5° Tradition des choses incorporelles. Ce qui comprend : *a*. Les cessions de créances. La signification du transport au débiteur est le moyen de tradition qui oblige le public (C. civ., art. 1690). *b*. La constitution des servitudes. L'*usus*, au vu et au su du constituant qui se tait (*patientia*), forme la tradition en cette matière, l'acquisition du *jus in re*. Jusque-là le créancier de la servitude n'a que le *jus ad rem : Aliud est promittere, aliud est constituere (Voy.* C. civ., art. 1607) (2).

Les contrats de gage et de nantissement ne se forment que *re*, par la remise de la chose, par la tradition. La convention est ici, comme généralement, impuissante pour faire acquérir au créancier gagiste les droits, absolus sous certains rapports,

(1) Cette tradition est assurément de l'invention des interprètes. Dans ce cas, la simple convention valait tradition (*Voy.* Code civil, art. 1606).

(2) C'est une question fort controversée en droit romain de savoir comment au sixième siècle s'acquéraient les servitudes. Je pense que l'ancienne jurisprudence française était dans le vrai, lorsqu'elle décidait que la *quasi juris possessio* était nécessaire pour constituer le *jus in re* (*Voy.* cependant M. Ducauroy, n⁰ˢ 432, 433).

Quelquefois le mot *constituere* est pris dans une autre acception ; mais généralement quand on l'oppose à *promittere*, il a le sens que nous lui donnons.

que ces contrats ont pour objet de constituer (1).

L'hypothèque étant un *jus in re*, un démembrement de la propriété, participant, par conséquent, de son caractère absolu, ne devait également, pour compléter le système, s'acquérir que par une tradition ou quelque chose qui la remplaçât. C'est en effet ce qui avait lieu. L'hypothèque résultait non pas de la convention, mais d'un événement auquel l'autorité publique l'attachait : d'un acte authentique. C'est ce qui a fait dire à Pothier que la force de l'autorité publique suppléait en ce cas à la tradition.

89. — Ainsi, comme on le voit, tout en définitive était ramené à la tradition, c'est-à-dire à la possession, d'où est primitivement dérivé le domaine : *Dominium à possessione cœpit.* La tradition et la possession sont donc le *critérium* de l'acquisition et de la transmission des *jura in re* sous l'ancienne jurisprudence.

---

(1) Je ne parle pas du contrat de louage, parce que je pense que ce contrat ne donnait pas lieu à un droit réel, mais simplement à un droit de créance. Il me paraît qu'il en est de même sous le Code, quoique cependant la question peut être douteuse. Pour exprimer le fond de ma pensée, je dirai que le Code civil a fait du contrat de bail une théorie mixte, se rattachant principalement au droit de créance, et pourtant entachée de réalité sous certains rapports (*Voy.* art. 1743). La distinction du *jus ad rem* et du *jus in re* n'est pas assez tranchée dans le Code civil. C'est à mon sens l'une de ses grandes imperfections. Il faut voir, sur cette matière des droits absolus et des droits relatifs, deux articles de M. Blondeau (*Thémis*, t. VIII, partie étrangère, p. 1, et t. IX, p. 34).

90. — Du reste, pour arriver à ces fins, on sent que cette tradition devait réunir plusieurs conditions essentielles ; elles étaient au nombre de quatre :

1° La volonté de transférer et d'acquérir devait concourir au même but ;

2° Le traditeur devait être propriétaire ;

3° Il devait avoir la capacité d'aliéner ;

4° Il fallait que la tradition fut faite en vertu d'un juste titre, c'est-à-dire d'un titre dont le but fût la mutation.

Ces quatre conditions étant réunies, la tradition réelle, symbolique ou fictive, transportait au regard de tous le domaine absolu. La société était alors tenue de respecter le droit réel désormais assis sur la tête du nouveau propriétaire. Mais aussi, jusqu'à la tradition, le stipulant n'avait, par la convenion, acquis qu'un droit de créance contre telle personne déterminée, le *jus ad rem ;* en un mot, il n'était pas encore investi du *jus in re.* Le vendeur, malgré l'existence du droit relatif par lui concédé, restait toujours, au regard de tous, propriétaire de la chose jusqu'à la tradition, et par conséquent un second acheteur, mis en possession réelle, était préféré au premier, auquel la tradition n'avait pas été faite, bien que le titre de ce dernier fût antérieur au titre de son adversaire. Cette théorie avait sa base dans la loi 20, au Code *de Pactis (traditioni-*

bus dominia rerum, non nudis pactis transferuntur),
et dans une foule d'autres textes.

91. — La seconde catégorie des moyens d'acquérir le domaine comprenait ceux établis par la loi civile : ils n'exigeaient pas la tradition. Nous n'avons pas à nous en occuper ; cela nous éloignerait de notre sujet.

On sait qu'ils consistent dans les transmissions par décès, successions et testaments, adjudications en justice, et enfin l'usucapion, c'est-à-dire la prescription à l'effet d'acquérir.

92. — Les interprètes du Code civil, *généralement plus romanistes que coutumiers*, ont pris cette théorie de Pothier pour l'expression la plus exacte du système de transmission sous l'ancienne jurisprudence française. Partant de là, ils sont arrivés à voir dans le Code civil des modifications profondes à l'état de choses préexistant.

93. — Nous pensons qu'il ne faut pas regarder la théorie de Pothier sur la transmission par actes entre-vifs, comme l'expression la plus exacte de ce qui se passait dans la pratique des affaires au moment de la Révolution, ou tout au moins qu'il ne faut l'accepter qu'avec des restrictions importantes ; car cette théorie a subi des variations qu'il convient de signaler.

Sans doute, la tradition resta la base fondamentale du système; mais comment cette tradition, à laquelle étaient attachés des effets si importants, s'entendait-elle dans la pratique? Fallait-il une remise matérielle de la chose? Pour être considéré comme propriétaire au regard des tiers, la prise de possession était-elle indispensable? Nullement. Nous avons vu (nº 85) Ricard se plaindre de l'abandon de la tradition réelle que le style des notaires avait fini par rendre inutile. Écoutons maintenant Argou ; il résume les idées de son temps avec la netteté qu'on lui connaît.

Ou bien il s'agit de la transmission des meubles, ou bien il s'agit de la transmission des immeubles.

« L'acquéreur, en matière de meubles, n'a qu'une
« action personnelle contre le vendeur pour l'obli-
« ger à lui livrer la chose vendue, le simple con-
« trat ne donnant pas la propriété à l'acquéreur,
« s'il n'est suivi d'une tradition réelle....

« Il en était de même par le droit romain en
« matière d'immeubles. Mais comme parmi nous
« on met toujours une clause dans les contrats de
« vente, par laquelle le vendeur se dépouille et se
« démet de la propriété et de la possession de la
« chose vendue pour en saisir l'acquéreur, *ce qu'on*
« *appelle tradition feinte,* dès le moment que le
« contrat est parfait et accompli, tous les droits qui

« appartiennent au vendeur passent en la personne
« de l'acquéreur, de sorte que si le vendeur était
« propriétaire, l'acquéreur devient aussi proprié-
« taire (1). »

Ainsi il est évident que la tradition réelle ne
jouait plus qu'un rôle bien secondaire dans la vente
des immeubles. Dès qu'on admet l'acte authentique
comme pouvant renfermer une convention valant
tradition de la propriété *erga omnes,* que devient la
loi *quoties* en ce qui touche les immeubles.

Continuons : « La vente, ajoute-t-il (2), est par-
« faite et subsiste quoiqu'il n'y ait pas de contrat
« par écrit ; car l'écriture, en cette matière, n'est
« point de l'essence du contrat et ne sert que pour
« en faire la preuve......

« Il est vrai qu'à l'égard des tierces personnes, la
« vente des immeubles n'est prouvée, et par consé-
« quent n'a son effet que lorsqu'il y a contrat passé
« par-devant notaire. C'est pourquoi si je vous
« vends ma maison aujourd'hui, quoiqu'il n'y ait
« point de contrat par écrit, la vente est bonne et
« doit avoir son effet entre l'acquéreur et moi (3) ;
« mais si j'emprunte demain de l'argent par-devant

(1) *Voy.* Argou, *Institutes*, liv. III, chap. XXIII, p. 239.
(2) *Loc. cit.*, p. 213 et 214.
(3) Notons que, suivant l'auteur (p. 235), qui appuie sa doctrine de l'autorité de Henrys (t. Ier, liv. IV, t. VI, quest. 39), la

« notaire, ma maison, quoique vendue avant l'obli-
« gation, ne laisse pas d'y être hypothéquée, parce
« que nous sommes tellement accoutumés à faire
« tous les contrats de vente par-devant notaires,
« qu'on ne présume pas, au préjudice des tiers,
« qu'il y ait en effet contrat de vente, s'il ne paraît
« dans la forme dans laquelle on est accoutumé de
« les faire. »

Passons à Bourjon (1).

« Entre deux acquéreurs l'authenticité du titre
« l'emporte. C'est droit acquis à l'un que le droit
« de l'autre n'a pu affaiblir. »

Et remarquons bien que la tradition réelle est ici
sans objet. « S'il y avait, ajoute-t-il, deux acqué-
« reurs, l'autorité du titre, lorsqu'il est authentique,
« doit entre eux l'emporter SUR LA PRISE DE POSSES-
« SION (2). Mais si ni l'un ni l'autre n'avait titre au-
« thentique, la possession déciderait, suivant la loi
« 9, § 4, ff. *De publ. in rem act.* et la loi *Quotiès*, au
« Code *De rei vindicatione.* »

vente chez les Romains obligeait le vendeur à la tradition : chez
nous elle transfère la propriété. Il y a loin de là aux idées de
Pothier !...

(1) Liv. III, chap. II, t. IV, VII. Il s'agit des biens de rotures. A
l'égard des fiefs, la possession l'emportait.

(2) *Voy.* aussi *Instit. coutumières* de Loysel (liv. V, t. IV, VII).
« Dessaisine et saisine faite en présence de notaires et de témoins
« vaut et équipolle à tradition et délivrance de possession. »

94. — Telle était la théorie suivie dans la pratique au moment de la Révolution. Peu importe qu'elle s'éloigne des idées de Pothier. Le point capital est de savoir si les rédacteurs du Code civil l'entendaient ainsi. Or cette question ne peut être un instant douteuse, comme nous le verrons bientôt.

Ainsi, l'acte authentique renfermant toujours une clause de délivrance, constituait à lui seul ce que l'on appelait la *solennité de la tradition*. Restée intacte, en ce qui concerne les meubles, la loi *Quotiès* avait subi une modification profonde en ce qui touche la transmission des immeubles. Il est donc faux de dire et de répéter, sur la foi de plusieurs jurisconsultes modernes, que dans l'ancienne jurisprudence française la tradition *réelle*, au cas de doubles ventes, était nécessaire pour consommer l'aliénation au regard des tiers. Cela a subsisté longtemps à la vérité, mais le système avait fini par se modifier. C'est ainsi que le 17 juillet 1726, deux ans avant la mort de Eusèbe de Laurière, il y eut un arrêt du parlement de Paris qui me semble avoir eu une grande influence sur la jurisprudence postérieure. J'analyse une note de ce savant jurisconsulte sur la règle rapportée par Loysel : *Possession vaut moult en France ; encore qu'il y ait du droit de propriété entremêlé.* En l'année 1723, vente au nommé Barreau d'une maison située à Paris, par contrat sous seing privé, insinué le 24 avril 1724, après les trois mois accordés par l'édit de 1705.

Quelque temps auparavant, la même maison avait été vendue au sieur Biseau par contrat authentique contenant dessaisine au profit de l'acquéreur. Le sieur Biseau, plus diligent que Barreau, fit insinuer son contrat dans les trois mois, et *il se fit ensaisiner par les religieux dans la mouvance desquels se trouvait la maison*. Procès entre les deux acquéreurs. Le Châtelet, fidèle à la loi romaine, *in pari causa melior est causa possidentis*, donne gain de cause à Biseau. Appel, et, le 17 juillet 1726, arrêt qui infirme la sentence!...

On sent bien que l'annotateur de Loysel, l'homme le plus profondément versé dans le droit coutumier qui ait peut-être existé en France, critique cet arrêt; Mais il n'en est pas moins vrai qu'il paraît avoir été le signal d'un nouvel ordre d'idées adopté ensuite par la pratique (1).

Pour exprimer toute ma pensée sur ce point important, je dirai que dans le dernier état de la juris-

(1) Voy. *Institutes coutumières* de Loysel (édition de MM. Dupin et Édouard Laboulaye, n° 740). L'espèce de l'arrêt n'est pas exposée clairement. Il faut supposer que l'acte sous seing privé contenant vente au profit de Barreau, avait acquis date certaine avant le contrat authentique de Biseau; mais que ce dernier avait été mis en possession avant son adversaire : autrement, le procès n'aurait pas eu lieu. Peut-être, au lieu du mot *auparavant*, devrait-on lire *après*... : *quelque temps après, ce particulier*, etc.

prudence, les difficultés résultant des cas de doubles ventes étaient réglées par les tribunaux, qui se prononçaient suivant les circonstances. Il n'y avait rien d'absolu à cet égard (1). Toutefois la tradition faite par acte authentique était prise en grande considération, et la tradition réelle ne reprenait ses anciennes conséquences que lorsque ni l'un ni l'autre des deux acquéreurs ne pouvait rapporter un titre authentique à l'appui de ses prétentions.

95. — Tel est le système de l'ancienne jurisprudence française. Il faut avouer qu'il est bien loin de répondre à la notion du droit de propriété, qui doit toujours se poser d'une manière éclatante. Le spiritualisme y domine, quoiqu'il cherche à s'y cacher sous ces traditions douteuses que ne révèle aucun acte solennel capable de frapper le public. C'est un ensemble de demi-mesures qui veulent atteindre deux buts et qui les manquent tous deux. Il sent que la pensée seule ne suffit pas à la constitution du domaine, et, à cet égard, il est dans le vrai; mais il craint de gêner le commerce par des formes publiques, et, sous ce rapport, il n'arrive pas à ses fins. Il veut avertir... sa timidité fait qu'il n'avertit pas. Et pourtant le caractère principal du domaine

____

(1) *Voy.* le discours de M. Tronchet, à la séance du conseil d'État des 5 et 10 ventôse an XII.—Discussion de l'art. 2182 du Code civil.

et de ses démembrements est l'exclusion. Or, qui dit exclusion, dit publicité; car ces deux idées exclusion et publicité sont essentiellement liées comme l'effet à la cause.

Comment puis-je acquérir sur une chose un droit exclusif au regard de tous, si cette acquisition ne se révèle pas à tous? N'est-il pas évident que la société, dont je veux obtenir la reconnaissance du droit que j'entends lui imposer, ne peut reconnaître ce droit qu'autant qu'il se produit à ses yeux? Si je garde le silence, si mon droit reste caché dans l'ombre, comment sera-t-elle tenue de respecter ce qu'elle ne connaît pas?

96. — Sans doute, c'est un problème difficile à résoudre que celui de rechercher les moyens qui porteront les droits absolus à la connaissance de tous les citoyens. La loi, souvent impuissante, est obligée de réputer publics certains événements, clandestins de leur nature, et qui pourtant ont pour conséquence l'acquisition du domaine; mais si le beau idéal du système ne peut être rigoureusement atteint, le législateur peut approcher du but, et il manquerait au premier de ses devoirs s'il ne mettait pas la société qu'il régit à même de s'éclairer et de s'éclairer à temps.

La meilleure théorie sera donc celle qui constituera le *jus in re* avec la publicité la plus éclatante :

mais ici un écueil est à éviter. La publicité entraîne avec elle le formalisme, et le formalisme est gênant dans les transactions humaines. La meilleure théorie sera donc celle qui tout à la fois constituera le *jus in re* de manière à prévenir les surprises, et qui pourtant n'entravera pas le commerce par un luxe de formalités gênantes.

Telle est la base fondamentale de la théorie de la transmission du domaine.

97. — Nous avons vu, en indiquant seulement les moyens, comment les Romains l'avaient organisée dans le premier état de leur droit. Nous avons ajouté ensuite que leur système s'était singulièrement modifié. On a pu s'en convaincre par l'exposé de la théorie de Pothier, qui au fond est celle du sixième siècle. Dans notre opinion, cette théorie a longtemps marché en reculant, bien différente en cela d'une foule d'institutions qui se sont développées au contact des siècles. Mais il était réservé à la Révolution française de produire une idée qui finira par changer la face d'une partie notable du droit dans les sociétés modernes. Je veux parler de la transcription.

§ III. — LOI DU 11 BRUMAIRE AN VII.

98. — La pensée qui, au fond, est le principe de l'acquisition et de la transmission de la propriété n'étant quelque chose qu'autant qu'elle se produit au dehors, il est clair que la question se réduit à organiser les instruments qui serviront à constituer aux yeux de tous le domaine des choses. C'est donc par un ensemble de formalités, éclatantes autant que possible, que le *jus in re* doit se révéler au public. Le système précédemment exposé ne pouvait évidemment satisfaire la Révolution française. Cependant tout n'était pas à refaire dans un passé plein d'erreurs. On pouvait mettre à profit l'expérience des siècles. Aussi les réformes ne furent-elles que partielles. Et d'abord, en ce qui touche la propriété mobilière, la tradition, réunissant ses conditions essentielles, avait constamment suffi pour la constituer (1). La nature des meubles, leur circulation dans le commerce, les besoins journaliers de la vie, tout se réunissait pour consacrer ce qui existait. La tradition fut donc conservée, comme elle devait l'être. Seulement, la loi eût pu repousser toute espèce de traditions fictives et n'admettre que les traditions réelles, c'est-à-dire la possession matérielle et éclatante de manière à éviter les surprises.

---

(1) Au moins généralement; car quelques meubles étaient considérés comme chose *mancipi*, en droit romain. Sous le système des saisines, au moyen âge (*Voy.* Klimrath, *loc. cit.*, p. 347), la tradition réelle suffisait pour transmettre un meuble en particulier; mais pour les universalités de meubles, il fallait l'investiture, l'ensaisinement.

Il y avait là matière à perfectionner et non pas à détruire.

99. — Mais la Révolution, au milieu des convulsions politiques qui l'agitaient, n'avait guère le temps de s'occuper des détails ; sa mission était de courir au plus pressé. Elle laissa donc la propriété mobilière, du reste assise sur ses bases naturelles, ce qu'elle était dans la jurisprudence française, se réservant d'organiser un vaste code dans lequel les institutions anciennes seraient épurées au flambeau d'une critique radicale et philosophique en rapport avec la société qu'elle était appelée à constituer.

100. — Les vues se portèrent vers la propriété du sol. Il y avait là beaucoup à faire. Des plaintes s'étaient élevées de toutes parts contre le système de clandestinité et de généralité qui régissait la matière hypothécaire. Il fallait porter un prompt remède à un mal évidemment réel ; car c'est surtout pour les hypothèques que la publicité est utile.

On fit une expérience malheureuse en l'an III, en voulant, contre la nature des choses, mobiliser le sol. C'était demander à la propriété immobilière ce qu'elle ne peut donner. C'était prendre les choses au rebours. Aussi l'institution des cédules hypothécaires eut-elle un résultat tout contraire à celui qu'en attendaient ses auteurs. Des familles entières se trouvèrent tout à coup ruinées par la violence du système (1). De l'engourdissement, dit M. Grenier, on allait à la convulsion (2). L'idée de la loi, séduisante en théorie, mais déplorable en pratique, n'aboutit qu'à enrichir l'agiotage. Bientôt le crédit se trouva anéanti ; alors on résolut de prendre des mesures pour le relever. Le but une fois fixé, on arriva naturellement à reconstituer sur ses véritables bases la propriété immobilière ébranlée par les commotions politiques. Dès lors le grand mot de publicité devint à l'ordre du jour, et ce que Louis XIV avec toute sa puissance n'avait pu faire, la Révolution l'accomplit sans peine par la loi du 11 brumaire an VII !...

101. — Pour bien juger cette loi qui est la première pierre d'un édifice que le temps achevera, il faut se placer à l'époque qui l'a vu naître. On veut reconstituer le crédit, voilà le but. Pour cela il faut ramener la confiance, et, pour ramener la confiance, il faut prendre des mesures capables de rassurer le public. C'est donc dans la vue du public que le législateur se met à l'œuvre. Dès lors les considérations particulières doivent nécessairement disparaître devant le résultat qu'on veut atteindre. Il est

---

(1) *Voy.* le discours de M. Grenier, rapporteur du titre *des hypothèques* au Tribunat.

(2) Cette loi de messidor an III peint bien le caractère de l'époque. Du reste, il faut avouer que l'idée était bien ingénieuse.

possible que cet ordre d'idées conduise quelquefois à la rigueur, mais le législateur qui n'a souvent que le choix des inconvénients, consultera surtout l'intérêt général qui doit l'emporter sur l'intérêt particulier, et, en définitive, les avantages qui naîtront du système compenseront et bien au delà les atteintes dont une équité restreinte pourra parfois se plaindre.

102. — Cela posé, voyons les moyens employés.

L'expérience a démontré que la clandestinité et la généralité des hypothèques, n'aboutissaient qu'à surprendre le public et à ruiner le crédit du débiteur. Le législateur qui ne veut pas la ruine du crédit du débiteur et qui veut surtout rassurer le public, prendra une voie toute contraire (1).

---

(1) Il est remarquable que souvent les institutions civiles subissent l'influence des événements politiques, au moins sous le rapport du droit de propriété. Les annales historiques, embrassées dans leur ensemble, démontrent que le gouvernement qui succède à un autre fait à l'instant même le contraire de celui qui le précède; puis, peu à peu les idées se modifient, retournent en arrière et il faut une nouvelle révolution, qui est plus ou moins retardée suivant le plus ou moins d'habileté des gouvernants, pour d'abord reconquérir ce qu'on a perdu et ensuite faire des conquêtes nouvelles. Voilà l'histoire de la loi du 11 brumaire an VII. Nous verrons son idée fondamentale heurter de front l'ancienne jurisprudence, s'imposer à la France, encore trop peu avancée pour la bien comprendre, s'obscurcir ensuite sous le Code civil qui est à la loi de brumaire ce que le gouvernement impérial est à la Révolution, c'est-à-dire un temps de réaction. Des jurisconsultes éminents et la pratique à leur suite penseront même qu'elle a disparu. Ils seront

A la place de la clandestinité, surgira la publicité. A la place de la généralité paraîtra la spécialité ; et la publicité et la spécialité se prêtant un mutuel appui, formeront la base du système.

Le moyen d'exécution consistera dans des registres que le public sera mis à même de consulter à sa volonté et qui présenteront le bilan de la propriété immobilière. Dès lors ce public ne pourra plus prétexter cause d'ignorance, s'il se laisse surprendre, car les surprises seront désormais impossibles à moins d'incurie de sa part.

103. — Jusque-là la propriété n'apparaît pas encore soumise à la publicité, mais le système y conduit forcément. D'une part en effet la publicité de l'hypothèque, démembrement de la propriété, découle de la publicité de la propriété elle-même.

Comment comprendre un système hypothécaire public, si la propriété n'est pas publique ? C'est publier la conséquence et ne pas publier le principe. En vain on aura usé tous les moyens de publicité pour m'avertir de la situation d'un immeuble, si cet immeuble peut m'échapper par l'apparition d'un

dans l'erreur ; puis, le progrès marchant avec le temps, cette idée qu'on croyait éteinte, tandis qu'elle n'était qu'obscurcie, reparaîtra plus resplendissante que jamais. Alors les jurisconsultes qui en datent que d'hier seront dépassés, et leurs ouvrages n'auront pus! qu'une valeur d'enseignement historique. L'actualité leur aura été enlevée à toujours.

acte occulte que la loi ne m'aura pas mis à même de connaître (1).

(1) Ainsi l'action résolutoire qui se donne, d'après le Code civil et la jurisprudence fondée des arrêts, contre des tiers détenteurs, peut très-bien marcher avec le système de la transcription, parce que la transcription publie l'action résolutoire en même temps qu'elle publie le privilége. Sans la transcription, j'ose dire que c'est une monstruosité. En effet, dans le système de la transcription, toutes les aliénations étant nécessairement transcrites, le registre du conservateur fait nécessairement connaître la filiation de la propriété. Il n'est pas au pouvoir du débiteur de la faire disparaître. Tout est nécessairement connu. Le créancier qui voit dans les registres du conservateur que telle mutation n'a pas été liquidée par le contrat lui-même, exigera du débiteur la représentation de sa libération, et ne prêtera ses fonds que sur le dépôt des quittances entre les mains d'un officier public ou de toute autre personne qui a sa confiance, afin que le débiteur ne puisse s'entendre avec un précédent vendeur de mauvaise foi pour faire disparaître les traces de libération, et laisser exercer une revendication frauduleuse de la propriété au moyen d'une action résolutoire. Tandis que, sans la transcription, il faut que le prêteur compulse tous les titres sous seing privé et autres que peut avoir le débiteur; et voici alors les réflexions que cela fait naître. D'abord les titres non renfermés dans un dépôt public se perdent. La plupart du temps ils sont irréguliers ou incomplets; ce qui ne peut avoir lieu avec la transcription. Ensuite si quelques-uns de ces titres ne confèrent, par exemple, qu'un domaine révocable, ou s'ils sont de nature à éveiller la défiance du prêteur, que fera le débiteur? Et bien! Il ne les produira pas; et alors le créancier se trouvera dans l'alternative, ou de resserrer les cordons de sa bourse et par cela même de porter une atteinte au crédit foncier, ou de contracter sans sécurité pour l'avenir.

S'il prend le premier parti, les capitaux sont improductifs; ils sont enlevés au commerce et par conséquent la société en souffre. Si, voyant le débiteur en possession paisible de la chose en vertu d'un titre précédent qui lui transfère la propriété en apparence d'une manière valable, il pense qu'encore bien que la filiation du domaine ne soit pas parfaitement en règle depuis trente ans et

D'autre part, l'aliénateur a pu retenir quelque chose de la propriété. Peut-être le prix n'est pas encore payé. Et pourtant! il n'a consenti à se dessaisir que sous la condition du payement du prix. Il faut donc avant tout assurer ce payement, mais cela ne suffit pas : il faut encore dire en même temps au public, qui a le plus grand intérêt à le savoir, en quoi consistent les rétentions faites par l'aliénateur ; car celui qui m'offrira ensuite l'immeuble en gage, n'a peut-être sur cet immeuble qu'un domaine révocable. Il n'est peut-être pas propriétaire. C'est à moi, public, à rechercher tout cela ? Oui sans doute ; mais il faut bien que la loi me mette à même de faire ces recherches, et ces moyens ne peuvent consister que dans la publication des titres qui ont pour objet la constitution du domaine, c'est-à-dire dans la transcription.

Autrement je me trouve exposé aux fraudes de toute espèce, aux stellionats ; je suis contraint de suivre la foi de celui avec lequel je contracte, c'est-à-dire de l'homme intéressé à me céler les circon-

---

plus, (car avec les suspensions de prescription, il n'y a pas de raison pour que cela finisse) il peut prêter ses fonds.... Il est ruiné !... Tandis qu'avec la transcription tout cela est impossible.

L'existence de l'action résolutoire dans le Code civil concourant avec le système hypothécaire, est donc une preuve puissante que les auteurs du Code n'ont pas entendu abroger la transcription comme moyen de transmission à l'égard des tiers.

stances qui m'empêcheraient de contracter. Or, il ne faut jamais placer l'homme entre son devoir et son intérêt. De là, la réserve, la défiance, et par conséquent la perte du crédit foncier ; car, comme on l'a dit avec raison, je dois repousser un gage qui ne m'offre pas une garantie suffisante, ou ne l'accepter que comme complément d'une garantie personnelle ; ce qui est tout l'opposé du but d'un bon régime hypothécaire, dans lequel l'obligation personnelle ne doit être qu'une considération secondaire.

104. — Les rédacteurs de la loi de brumaire l'ont bien senti. Aussi, pénétrés de cette idée juste, que la propriété doit se révéler par un acte éclatant, ils décidèrent (art. **26** et suivants) que le *jus in re* ne pourrait obliger le public, c'est-à-dire se constituer avec tous ses caractères exclusifs, que par la notification de la convention à la société entière qui doit être partie au contrat.

Jusque-là l'acheteur, l'échangiste, le donataire, n'ont acquis qu'un droit relatif, un droit de créance contre une personne déterminée. La pensée continue à être regardée comme insuffisante à la constitution du domaine absolu. On ne détruit pas, on améliore. A la place d'une tradition, d'une possession toujours douteuse dans son principe, et qui n'établit qu'une ligne de démarcation occulte et insai-

sissable, on substitue un signe public, bien autrement puissant pour frapper les regards de tous.

C'est là, il faut l'avouer, un pas de géant fait
dans la science du droit. Mais il est arrivé au législateur de l'an VII ce qui arrive toujours. Lorsqu'une
idée est jetée dans le monde, rarement son créateur
la développe dans toutes ses conséquences; aussi le
législateur de l'an VII s'arrêta-t-il en chemin, et
cela tient à la méthode qui a dirigé sa marche.

105. — Je m'explique :

Voulant reconstituer le crédit par un régime hypothécaire public, il sentit que la publicité de l'hypothèque et des priviléges, qui ne sont que des
propriétés fractionnaires, ne pouvait arriver au but
qu'autant que la publicité pénétrerait aussi dans la
constitution du domaine. Mais cette publicité du domaine, il ne l'envisagea que dans ses rapports avec
le droit hypothécaire, et dès lors ce qui devait être
le point de départ, ne fut pour lui qu'une conséquence. C'est à cette circonstance qu'il faut attri-
buer l'abandon du principe de la transcription par
la jurisprudence, et par suite tous les embarras de
notre législation sur la propriété immobilière. Certes, si au lieu de dire : Les hypothèques seront publiques et par conséquent la propriété sera publique, on eût dit *a priori* : La propriété sera publique,
et comme conséquence les *jura in re aliena* seront

publics, on aurait plus tard dans le Code civil traité la transcription non pas au titre des hypothèques, mais au titre de la propriété. On serait arrivé alors à organiser un vaste système qui aurait dominé tout le Code. Toutes les manières d'acquérir le domaine dérivé se seraient révélées à la société qui a le plus grand intérêt à les connaître. Transmission par décès, partages, testaments, constitutions de servitudes, usage et habitation qui, dans notre droit, ne sont que des usufruits restreints, tout serait devenu public, tandis que cette partie notable du droit est encore régie par un système clandestin.

106. — Mais ne faisons pas le procès à la Révolution. Elle n'a pas eu le temps d'achever son ouvrage. Constatons seulement, en les résumant, les bases du système sous l'empire de la loi que nous venons d'examiner d'un point de vue général.

Les manières d'acquérir le domaine originaire restent ce qu'elles étaient. On ne voit pas trop, en effet, comment une publicité, autre que celle résultant de la possession, pourrait les atteindre. D'ailleurs l'occupation ne s'applique guère qu'aux meubles, puisque l'État est propriétaire des biens qui n'ont pas de maîtres. La possession remplit dès lors son rôle ordinaire (1).

---

(1) M. de Savigny ne veut pas que la propriété résultant de l'occupation soit produite par la possession. L'occupation est un fait

Quant à l'accession, la propriété à laquelle vient se rejoindre l'incorporation, étant publique par le système, il s'ensuit que l'accession devient par cela même publique.

A l'égard des manières d'acquérir le domaine dérivé, la théorie ancienne subit des modifications profondes dans la partie la plus importante, mais seulement en ce qui concerne les biens susceptibles d'hypothèques. La transcription des contrats qui ont pour but la mutation de ces sortes de biens, est le seul moyen de transférer le domaine absolu (art. 26).

Concluons de là :

1° Que la tradition est toujours nécessaire pour transporter la propriété des meubles ;

2° Qu'elle est encore nécessaire en ce qui touche les choses réputées immeubles et non susceptibles d'hypothèques par elles-mêmes, ce qui comprend la *quasi juris possessio* des servitudes ;

3° Qu'en ce qui touche les immeubles suscepti-

moins complexe que la possession. C'est l'appréhension qui, à elle seule, rend propriétaire. Cela est vrai, mais avec un système comme celui-là, où est-on conduit? A admettre autant d'événements investitifs différents qu'il y a de conditions dans la possession. Il vaut bien mieux généraliser et reconnaître diverses espèces de possessions, c'est-à-dire des possessions plus ou moins parfaites (*Voy.* M. Blondeau, *Chrestomathie*, p. 264, à la note, édit. de 1843).

bles d'hypothèques, la tradition dégénère en une simple délivrance de la possession déshéritée de sa prérogative ancienne. Elle n'intéresse plus en rien la translation du domaine;

4° Qu'entre deux acquéreurs successifs de cette espèce de biens, dont l'un a transcrit son contrat, et l'autre a été mis en possession réelle de la chose, le premier doit l'emporter sur l'autre, et cela sans qu'on doive avoir égard à la date des contrats qui par eux-mêmes ne donnent naissance qu'à un droit relatif et non pas à un droit absolu;

5° Que si, entre deux acquéreurs qui n'ont transcrit leur contrat ni l'un ni l'autre, la tradition peut encore donner la préférence à celui qui est mis en possession réelle de la chose, c'est là un effet, non pas d'une transmission que le public est tenu de respecter, car ni l'un ni l'autre n'est propriétaire absolu, mais un effet de la possession qui donne entre deux individus non propriétaires la préférence à celui qui possède, par cela seul qu'il possède. Aucun des deux ne pouvant prouver son droit absolu, il reste un possesseur de fait qui doit l'emporter ou tout au moins qui doit être maintenu en possession (1);

---

(1) Au surplus cette difficulté ne peut guère se présenter; car avant d'agir, le demandeur ne manquera pas de transcrire son contrat, afin d'acquérir le droit absolu et exercer par suite la *rei vindicatio* qui doit être admise, si l'usucapion n'est pas accomplie.

6° Que le *jus in re* ne commençant à s'asseoir sur la tête du nouveau propriétaire qu'à partir de la transcription, l'aliénateur reste propriétaire aux yeux du public jusqu'à l'accomplissement de la formalité.

D'où suit que les servitudes, usufruits constitués légalement dans le temps intermédiaire, et les hypothèques inscrites avant la transcription doivent être respectés.

Que par suite les hypothèques et autres démembrements absolus de la propriété consentis par le créancier de l'immeuble, depuis le contrat jusqu'à l'acquisition du domaine par la transcription, ne peuvent obliger le public. En effet, l'acheteur, n'ayant jusque-là qu'un droit relatif, ne peut transmettre un droit ou fraction d'un droit absolu qu'il n'a pas encore.

107. — En un mot, la transcription saisit l'immeuble tel qu'il est, et le droit exclusif de propriété avec toutes ses conséquences ne commence à exister pour l'acquéreur et ses ayants cause qu'à partir de l'accomplissement de la formalité translative (*Voy.* art. 26, 28).

A l'égard des acquisitions *lege*, la publicité n'y pénètre pas. Il n'est rien innové au système qui les régit, si ce n'est en ce qui concerne les acquisitions par suite d'expropriations forcées qui doivent aussi être transcrites (*Voy.* art. 22 de la loi complémentaire du 11 brumaire an VII).

C'est en cela que la loi est incomplète. Il est évident qu'un jour viendra où la publicité fera connaître à la société les héritiers du défunt, les acceptations de successions, ainsi que les testaments et les constitutions de servitudes, d'usage et habitation ; en un mot, tous les actes et événements desquels peuvent résulter des droits réels.

Telles sont les bases générales de la loi du 11 brumaire an VII. Il est inutile de dire que le système qu'elle consacre satisfait la raison. Il y a des lacunes, cela est vrai, mais tous les points touchés l'ont été de main de maître. Nous avons à voir maintenant le Code civil. Ses rédacteurs ont-ils accepté cet état de choses ? Quelle utilité y avait-il à le modifier ? Où sont les preuves de cette modification ? Telles sont les graves questions que nous devons nous poser en recherchant quelle a été la pensée du législateur de 1804.

DEUXIÈME SECTION.

Code civil.

108. — L'occupation, l'accession et les acquisitions *lege* sont conservées, sauf quelques modifications. Au fond, c'est le même système que celui de l'ancienne jurisprudence (1).

La difficulté est donc de savoir si les auteurs du Code ont entendu conserver la tradition et la transcription, comme moyens de transmission par suite des actes entre-vifs, ou si au contraire ces deux moyens, qui formaient la base du système de la translation du domaine au moment où la loi s'élaborait, ont été abolis par elle.

Suivons dans l'examen de cette question l'ordre du Code lui-même.

109. — D'après le projet de l'an VIII, la transmission de la propriété par actes entre-vifs est organisée de la manière suivante.

Entre les parties, la convention transporte la propriété mobilière et immobilière (art. 37 du titre *des Conventions en général*). On consacre ainsi la théorie que nous avons vue, au moins implicitement adoptée chez quelques auteurs de l'ancienne jurisprudence. Dans un système sous lequel l'obligation de donner doit s'exécuter en nature, il est vrai de dire que, du vendeur à l'acheteur, la propriété est transférée par la simple convention. L'art. 37 pré-

______

(1) Notons en passant, et comme fait dont nous tirerons plus tard des conséquences, que le Code civil exige parmi les acquisitions *lege* la transcription du jugement d'adjudication par suite d'expropriation forcée (art. 2189) : ce qui est reproduire l'art. 22 de la loi sur la saisie immobilière du 11 brumaire an VII.

cité ne fait donc que consacrer législativement une propriété relative dont le germe existait déjà avant lui. Jusque-là il n'est pas encore question des tiers ; voici maintenant ce qui les concerne.

§ Iᵉʳ. — TRANSMISSION DES IMMEUBLES AU REGARD DU PUBLIC, SUIVANT LE PROJET DU CODE CIVIL.

110. — Le projet, après avoir statué sur la transmission de la propriété entre les parties par l'art. 37 (aujourd'hui 1138), organise la transmission en ce qui touche le public. C'est l'objet de l'art. 38. La mutation résulte d'un événement auquel l'autorité publique donne le caractère translatif *coram populo*. Cet événement est un acte authentique qui vaut tradition de la propriété *erga omnes* (1). C'est la consécration formelle de la théorie d'Argou et de Bourjon, de ce dernier surtout qui a servi de guide aux rédacteurs du projet en ce qui touche la transmission des meubles et des immeubles.

« Dès l'instant, dit cet art. 38, que le proprié-
« taire a contracté par acte authentique, l'obligation
« de donner ou de livrer un immeuble, il en est ex-
« proprié, l'immeuble ne peut plus être saisi sur lui
« par ses créanciers. L'aliénation qu'il en fait pos-
« térieurement est nulle, et la tradition (réelle ou

______
(1) *Voy.* la note d'Eusèbe de Laurière sur Loysel, nᵒ 746.

« fictive), qu'il aurait pu faire à un second acqué-
« reur ne donne aucune préférence à celui-ci. »

Rapprochez maintenant cet art. 38 de l'art. 25 du
projet de la vente qui s'exprime ainsi : « La tradi-
« tion des immeubles s'opère par l'acte seul qui en
« transfère la propriété. »

Rapprochez enfin l'un des considérants de l'avis
du conseil d'État du 8 août 1805, que nous aurons
sous d'autres rapports occasion de critiquer plus tard,
mais qui n'est pas moins l'expression la plus positive
de la volonté primitive du législateur en ce qui concerne la tradition...

Ce considérant est ainsi conçu :

« Les principes qui ont régi la matière (la trans-
« mission des immeubles au regard du public) jus-
« qu'à la loi du 11 brumaire an VII, étaient que
« l'immeuble vendu n'était passible d'hypothèques
« provenant du chef du vendeur que jusqu'au jour
« où la *tradition avait été faite par acte authentique,*
« le vendeur ne pouvant plus grever le fonds qui
« n'était plus le sien. Ces principes ont subi un
« changement *momentané,* par suite de l'art. 26 de
« la loi de brumaire an VII... »

Et concluez de tout cela que les auteurs du Code
civil n'entendaient nullement rompre avec le passé.
Rejetant la tradition réelle du droit romain, ils ac-
ceptaient la tradition feinte de l'ancienne jurispru-

dence. En un mot, ils consacraient ce qui se passait dans la pratique avant la loi du 11 brumaire an VII. Seulement, ils rendaient inutiles toutes ces clauses de tradition qui, devenues de style, se retrouvent dans tous les contrats anciens. Pour eux, l'acte authentique remplaça la tradition ; mais l'exécution de l'obligation de donner, pour s'opérer par un acte authentique, au lieu de s'opérer par la remise matérielle, comme dans le droit romain, n'en resta pas moins une véritable aliénation en ce qui touche les tiers. Cela est si vrai que, pour payer valablement, c'est-à-dire ici pour faire la tradition d'un immeuble par acte authentique, il faut être capable d'aliéner (Projet, art. 132 du titre *des Conventions en général;* Code civil, art. 1248). Or, il est évident que, dans un système sous lequel le payement est une aliénation, le simple pacte qui le précède n'a pas consommé l'aliénation elle-même.

111. — Voilà pour les immeubles. Avant de dire quelques mots sur la théorie de la transmission des meubles, faisons une remarque bien importante. Ce système, emprunté à la pratique des affaires au moment de la Révolution, se rapproche singulièrement des idées admises parmi les interprètes du Code civil ; mais que l'on ne s'y trompe pas, il en diffère sous un rapport capital. Le simple pacte n'y transporte pas la propriété à l'égard des tiers sous la réserve de la preuve qui peut être administrée par tous les moyens reconnus par la loi. Rendons cela sensible par un exemple :

Primus vend à *Secundus* l'immeuble *A*. Il meurt avant d'avoir fait à l'acheteur la tradition par acte authentique. Toutefois, il résulte de ses registres, ou de lettres émanées de lui, un commencement de preuve par écrit qui permet à *Secundus* d'établir l'acquisition qu'il a faite au moyen de la preuve testimoniale et des présomptions. Un procès s'engage, et *Secundus* fait la preuve à sa charge de la manière la plus complète. Mais dans le temps intermédiaire qui s'est écoulé depuis le décès jusqu'au jour de la demande, les héritiers de *Primus* ont vendu l'immeuble à *Tertius*, qui en a accepté la tradition par acte authentique. *Quid juris?* Cette question doit en bonne logique se résoudre ainsi dans le système de nos adversaires : le simple pacte, constituant le *jus in re*, sous la réserve de la preuve qui est faite aujourd'hui, les héritiers de *Primus* n'ont pu transmettre à *Tertius* des droits qui n'appartenaient plus à leur auteur. La vente à ce dernier se trouve donc avoir été consentie *a non domino*, et *Secundus* obtient la revendication contre lui. Eh bien ! voilà qui est extrêmement dangereux. Avec un tel système, il n'existe pas en France une seule propriété assise d'une manière certaine, si ce n'est lorsque l'usucapion est accomplie.

Les rédacteurs du projet ont-ils eu cette pensée? Jamais. Pour dessaisir le vendeur et investir l'acheteur aux yeux du public, ils exigeaient au moins une tradition *par acte authentique.* L'instrument est, en effet, toujours postérieur à la convention, et rien n'était plus naturel que d'en faire résulter la tradition dans un système qui se souciait peu de la publicité et qui la repoussait même comme attentatoire au secret des familles et à la bonne foi qui est la base des contrats. C'était la clause de saisine et dessaisine qu'ils consacraient par le fait, et voilà tout (1).

§ II. — TRANSMISSION MOBILIÈRE, SUIVANT LE PROJET,
AU REGARD DU PUBLIC.

112. — Une tradition feinte résultant d'un acte authentique ne suffit pas pour cette espèce de biens, parce que, pour les meubles, la possession matérielle doit jouer un rôle important. La sûreté du commerce s'oppose à ce qu'un acte secret puisse constituer la propriété mobilière, qui, n'ayant pas d'assiette fixe, repose rarement sur des titres écrits. Le public est par conséquent dispensé de les rechercher. La règle générale est donc: « *En fait de meubles, possession*

______

(1) *Voy.* Loysel, *Instit. coutumières*, liv. V, t. IV, VII, 746. S'ils n'ont pas rangé la tradition parmi les manières d'acquérir, c'est parce qu'ils ne voulaient pas qu'on fît confusion entre la tradition de droit et la tradition de fait.

vaut titre. » Concluons que le titre ne vaut pas possession (1).

Le projet exige en conséquence une possession réelle. C'est l'objet des art. 39 du titre *des Conventions en général* (C. civ., 1141) et 40 du titre *de la Prescription* (C. civ., art. 2279). Cette possession réelle s'acquiert pour les meubles, suivant l'art. 26 du titre *de la Vente* (C. civ., 1606), comme le domaine absolu s'acquiert par la tradition de droit réglée pour les immeubles dans l'art. 25 qui le précède.

113. — Complétant le système en ce qui touche les droits incorporels, la tradition des créances s'opère au regard des tiers par la signification du transport. L'art. 111 du projet de la vente présente un équivoque qui disparaîtra dans la rédaction définitive. Ici encore, on consacre la théorie des anciens auteurs (2).

Enfin, fidèle jusqu'au bout aux idées admises avant la Révolution, le projet (titre *de la Vente*, art. 27) fait résulter la tradition d'une hérédité, d'une ser-

______

(1) *Voy.* Bourjon, liv. 3, t. ii, chap. ier, p. 458, t. Ier.

(2) *Voy.* notamment Bourjon, qui (liv. III, tit. iii, sect. 2, no 8, p. 465, t. Ier) s'exprime ainsi : « On entre en possession des droits incorporels cédés, par la signification du transport..... Telle mise en possession produit tous les effets d'une possession corporelle. »

vitude, *de la souffrance de celui qui la transporte à ce que l'autre en use* (1).

114. — Il demeure donc constant que les rédacteurs du projet n'ont entendu innover en rien. Ils consacraient tout simplement ce qui se passait avant la Révolution.

Nous avons à voir maintenant si toute cette théorie a été modifiée par la rédaction définitive du Code civil. Nous commencerons par quelques observations sur les points qui ne touchent à la question de la transcription que d'une manière indirecte.

§ III. — TRANSMISSION SOUS LE CODE CIVIL, EN CE QUI TOUCHE LES DROITS INCORPORELS.

115. — Il n'apparaît certainement pas que l'on ait voulu créer une théorie nouvelle en cette matière. Comme dans l'ancienne jurisprudence, l'art. 1690 ne saisit le cessionnaire à l'égard des tiers que par la signification du transport, ou par l'acceptation du débiteur par acte authentique.

L'art. 1607 reproduit la théorie de Pothier en ce qui concerne la vente d'une hérédité ou la constitution d'une servitude. Concluons de là que la servitude non livrée s'évanouit par la vente du fonds servant, si elle n'est pas déclarée par le contrat,

____

(1) Comparez Pothier, *Traité de la propriété*, nᵒˢ 214, 215, 216 et 217.

sauf une action en dommages-intérêts du créancier de la servitude contre le constituant de mauvaise foi. C'est ainsi que cela était entendu, au rapport de Voët (*titulo* : *Quem ad modum servitutes amittuntur*, n° 1) (1).

Jusqu'à la remise des titres, ou jusqu'à l'*usus* et la *patientia*, la *quasi jurispossessio* en un mot (C. civ., art. 2228), le créancier d'une servitude ou l'acheteur d'une hérédité n'ont pas encore acquis la puissance sur la chose (art. 1604). Ils ne sont propriétaires que relativement au vendeur et au constituant suivant l'art. 1138 du Code civil.

116. — N'est-il pas de la plus haute importance pour le public que l'acheteur s'annonce par quelques actes extérieurs comme étant désormais le véritable maître, — que les titres ne restent pas entre les mains du vendeur d'une hérédité, afin qu'il ne puisse faire des dupes en se posant vis-à-vis d'un second acheteur, comme étant toujours propriétaire ? Est-ce que les servitudes, l'usage et l'habitation, et tous ces droits réels qui, de leur nature, se révèlent difficilement par eux-mêmes, ne doivent pas être, autant que possible, portés à la connaissance de tous par quelque chose qui frappe les yeux ? Sans doute, le système ancien, qui est la base de l'art. 1607, est

____

(1) *Voy.* cependant Toullier, t. IV, n° 60.

loin d'atteindre le but d'une manière complète, et lors de la révision de la loi hypothécaire, on ne manquera pas de faire pénétrer la publicité dans toutes ces matières qui la réclament plus que les autres; mais enfin, la théorie de l'art. 1607 vaut encore mieux qu'un simple pacte, c'est-à-dire, une pensée qui n'avertit personne. Elle donne au moins quelque garantie contre la fraude, en exigeant une remise de titres ou une prise de possession. Il faut donc s'y attacher et reconnaître à cet article le sens que lui refuse la doctrine des interprètes. On perd de vue que les auteurs du Code, qui ont mis dans leur travail une précipitation extraordinaire (quatre mois), n'avaient guère le temps de chercher des théories nouvelles. Ils copiaient Pothier et les jurisconsultes anciens. Ils les ont suivis ici, comme presque toujours.

Dira-t-on qu'il résulte de l'art. 1605 que la délivrance des immeubles n'ayant plus pour objet que la mise en possession de l'acheteur et l'accomplissement de l'une des obligations du vendeur, n'intéresse pas la mutation de la propriété au regard des tiers; d'où suit que la tradition ne doit pas avoir plus d'effet en ce qui touche les transmissions et constitutions de droits incorporels !

La réponse est que l'art. 1605, qui ne se trouvait pas dans le projet, n'a été inséré dans la rédaction définitive qu'à cause de la transcription. Dès que le législateur considérait cette formalité comme remplaçant la tradition de l'art. 25 du projet de la vente, la délivrance des biens susceptibles d'hypothèque était nécessairement restreinte à une simple exécution du contrat entre les parties ; mais de ce que les idées du projet ont été modifiées sous un rapport afin d'éviter un double emploi, il ne suit nullement qu'elles aient été abandonnées pour le surplus, quand il apparaît, au contraire, de l'art. 1607, que l'art. 27 du projet a été formellement conservé.

117. — Si l'art. 1607 n'avait pas la signification que nous lui donnons , il faudrait dire :

La propriété mobilière s'acquerra au regard des tiers par la possession réelle (art. 1141 , 1606 , 2279).

La propriété des créances transmises par la signification du transport ou son équivalent (article 1690).

La propriété des biens susceptibles d'hypothèques, comme cela sera démontré plus tard, par la transcription (art. 1583, 2108, 2181).

L'hypothèque, par l'inscription (art. 2134).

Le droit de gage, par la tradition réelle (article 2076).

Mais les servitudes et autres droits incorporels seront les seuls droits réels qui s'acquerront par la simple convention, et cela , en présence de l'histoire qui nous apprend que le *jus in re* a toujours été soigneusement distingué du *jus ad rem,* la théorie du droit de créance de la théorie des droits réels.

Non, cela est impossible, tous ces systèmes nouveaux n'ont de fondement que dans l'esprit des spiritualistes de notre époque. Entraînés au delà de la vérité par quelques mauvaises rédactions de textes, ils ont réduit la partie la plus importante de la section *de la Délivrance* à peu près à néant, uniquement parce qu'elle contrariait leur doctrine.

Si, d'après la méthode qui sera éternellement la seule vraie en matière d'interprétation, ils n'avaient admis que des modifications bien constatées, ils seraient arrivés à un résultat tout autre que celui qu'ils ont laborieusement consacré, au grand détriment de la sécurité publique et de la propriété en France.

§ IV. — TRANSMISSION DES MEUBLES AU REGARD DES TIERS SOUS LE CODE CIVIL.

118. — La possession réelle continue d'être nécessaire pour constituer le domaine absolu (C. civ., art. 1141, 1583, 1606-2279). Un argument résulte même de la nouvelle rédaction de l'art. 1141 en faveur de notre manière de voir. Le mot *néanmoins* qui, dans l'art. 39 du Projet, indiquait une exception à l'art. 38 (supprimé) disparaît de l'article 1141 du Code civil. La raison en est simple.

L'art. 39 (aujourd'hui 1141) faisait exception à l'art. 38 du projet qui organisait la transmission des immeubles à l'égard des tiers. Ce dernier article a été supprimé et remplacé par l'art. 1140. Il est donc faux de dire que l'art. 1141 est une exception à l'art. 1138 (Projet, art. 37). Il ne pourrait être dans tous les cas qu'une exception à l'art. 1140, ou, pour parler plus exactement, l'art. 1140 annonçant la transcription comme nécessaire pour consommer la transmission des immeubles, l'art. 1141, règle la contre-partie du système en ce qui touche les meubles. Jamais l'art. 39 (1141 du C. civ.) n'a été une exception à l'art. 37 (C. civ. 1138) puisque, *entre les parties*, la possession réelle est inutile pour la mutation de la propriété, même mobilière (art. 1583) et que l'art. 37 (aujourd'hui 1138) n'avait pour but que de régler la transmission du débiteur au créancier, ce qui concerne les tiers étant régi pour les immeubles par l'art. 38 (C. civ. 1140) et pour les meubles par l'art. 39 (aujourd'hui 1141 du Code civil).

Ajoutez à ce qui précède les considérations suivantes : l'art. 1141 est placé au titre *des Conventions en général;* ce qui exclut l'idée qu'on puisse le restreindre à une espèce. Les observations du Tribunat révèlent d'ailleurs qu'on était bien loin de vouloir le considérer comme une exception, puisque le changement de rédaction qu'il a subi avait précisément pour objet de le rendre applicable à toutes les obligations indistinctement.

119. — Cependant, la plupart de nos jurisconsultes pensent que le législateur a abandonné toute idée de tradition ; que la convention, à elle seule, constitue sur la tête du créancier d'un corps certain la propriété même mobilière ; qu'à la vérité, au cas d'une double vente du même objet, la préférence appartient à celui des deux acheteurs qui le premier a été mis en possession réelle de la chose vendue ; mais que c'est là une exception au principe général de la transmission par le simple pacte, exception qui doit être restreinte au cas prévu et qui, loin de détruire la règle, lui prête, au contraire son appui ; que cette exception se justifie par ce principe particulier à notre droit français, à savoir, *qu'en fait de meubles, possession vaut titre ;* que si le second acheteur, mis en possession réelle, l'emporte sur le premier qui n'a pas reçu livraison de la chose, ce n'est pas que ce dernier ne soit légitime propriétaire par le fait seul de la convention, mais c'est que la vente d'un meuble émanée, même *a non domino,* et suivie d'une tradition acceptée de bonne foi suffit pour faire acquérir la propriété de cette espèce de biens, ou, ce qui revient au même, met l'acquéreur de bonne foi à l'abri d'une revendication qu'exercerait le maître légitime. Ainsi, ce n'est pas dans la personne du vendeur que le second acheteur trouve l'origine de son droit opposable à tous, puisque le vendeur était complétement dessaisi par la première vente, mais bien dans le fait seul de la prise de possession basée sur la bonne foi.

120. — Cette explication nous paraît plus ingénieuse que solide. Elle suppose la création d'une théorie toute nouvelle sans aucun précédent dans l'ancienne jurisprudence; et rien dans les travaux préparatoires du Code ne vient l'appuyer. Voici maintenant la véritable raison de décider : l'article 1141 est la reproduction de la célèbre loi 15, au Code *de rei vindicatione*, et cette loi n'a pu changer de sens en passant dans le Code civil. Tout le monde sait qu'elle était basée sur le principe général qui refusait à la simple convention le caractère translatif du domaine (l. 20 au *Cod. de pactis*). Je pense donc avec MM. Toullier et Troplong (1) que l'art. 1141, rapproché des art. 1583 et 1606, règle la transmission des meubles par la prise de possession réelle résultant d'une tradition *ex justa causa* ou de ce qui en tient lieu aux yeux de la loi dans certains cas : le tout émané du véritable

____

(1) Leur opinion est d'autant plus précieuse qu'ils pensent que le simple pacte suffit pour la transmission immobilière.

maître qu'une simple convention ne dessaisit pas au regard des tiers. Les articles 1141 et 2279 prévoient deux cas différents, quoiqu'au fond ils arrivent à la même conclusion. L'art. 1141 statue sur les transmissions consenties par le légitime propriétaire, et l'art. 2279 règle surtout une prescription qui s'opère à l'instant même. Ces articles sont pour les meubles, avec une conséquence cependant différente à raison de la nature des biens, ce qu'étaient pour les immeubles les art. 91 (supprimé) et 92 (Code civil, art. 2182) du dernier projet *des Hypothèques*. Si l'art. 91 du titre *des Hypothèques* qui prévoyait précisément le cas d'une double vente d'immeuble faite par le légitime propriétaire et qui donnait la préférence au contrat premier transcrit eut été conservé, il ne serait jamais venu à l'idée de personne de soutenir que le vendeur de meubles était dessaisi *erga omnes* par la simple convention et que la tradition réelle n'était plus nécessaire pour transmettre la propriété mobilière au regard du public.

Comment, dès lors, la disparition de cet article 91 a-t-elle pu donner aux art. 1138 et 1141, un sens qu'ils ne pouvaient avoir dans le dernier état du projet, alors surtout que la volonté du législateur se manifestait par l'art. 1140 en ce qui touche les immeubles ?

121. — D'après cela, nous regardons comme in-

admissible la théorie de cours royales (1) qui an-
nullent les saisies pratiquées sur des meubles vendus par le débiteur, mais non encore livrés, comme
faites *super non dominum*. Les arrêts que nous repoussons motivent tous la question par la question.
Ils supposent prouvé ce qui a besoin de l'être. Rom-
pant sans façon avec un passé unanime, ils établissent une distinction subtile entre des créanciers et
des acquéreurs, et cela sans rapporter la moindre
preuve d'un pareil changement. L'acheteur qui n'a
pas reçu livraison de la chose n'est qu'un créancier
du vendeur que rien ne doit faire préférer à d'autres
créanciers ses égaux. Qu'importe qu'il soit créancier d'un corps certain et même propriétaire au regard du débiteur. Le point capital est de savoir
s'il est propriétaire au regard des tiers, s'il peut
leur opposer son contrat. Or, la loi elle-même
nous apprend par le texte formel de l'art. 1583 du
Code civil qu'il n'est propriétaire que relativement
à telle personne déterminée, ce qui signifie que son
droit n'est qu'un droit relatif, un droit de créance
et non pas un droit réel dont le caractère distinctif
est de se poser *adversus omnes*.

122. — J'irai même plus loin et je dirai, qu'en
adoptant toute la théorie de nos adversaires et en

(1) *Voy.* Orléans, 8 août 1838, *Palais*, t. II, 1838, p. 272. —
Donai, 26 février 1840 ; *id.* t. Ier 1841, p. 307, etc., etc.

considérant l'art. 1141 comme une exception à l'art. 1138, il faudrait encore donner à cette exception toute l'étendue dont elle est susceptible; que, par suite, la conséquence tirée par les cours royales est vicieuse, parce que la saisie, plaçant les meubles sous la main de justice, constitue pour la masse des saisissants une position aussi respectable que celle résultant d'une tradition faite à un second acheteur et tout au moins plus respectable qu'un droit éventuel à une possession future et hypothétique qui dépend du caprice et même de la mauvaise foi d'un vendeur.

On perd de vue que la tradition réelle des meubles est nécessaire pour éviter les surprises et que, abandonnée sous certains rapports en matière d'immeubles, elle a été constamment conservée par l'ancienne jurisprudence comme étant d'ordre public en matière de meubles.

Il serait bien extraordinaire que ce qui était d'ordre public au moment de la rédaction de nos Codes ait cessé de l'être sous une législation dont l'objet était précisément de constituer la société civile sur des bases inébranlables. Est-ce que le créancier saisissant qui fait partie du public vis-à-vis de l'acheteur venant lui disputer son gage, n'est pas, tant que la chose est entre les mains du débiteur, autorisé à la croire sienne? Est-ce que dès lors il n'a pas juste sujet de regarder le possesseur comme propriétaire et de ne pas craindre d'exposer les frais d'une poursuite que lui garantit la maxime protectrice qui règle la matière ? Sans doute. Aussi l'ancienne jurisprudence était-elle unanime à cet égard et cela était fondé, dit Bourjon, qui a fourni au Code civil la théorie de l'art. 2279, sur la règle : *En fait de meubles, possession vaut titre* (1).

125. — Il est donc certain que la possession réelle, résultant d'une tradition matérielle ou de tout autre équivalent reconnu par la loi (art. 1606, § 2, 3) est encore nécessaire pour constituer la propriété mobilière au regard des tiers. L'art. 1141 ne donne qu'un exemple qui *a fortiori* comprend tous les autres cas. S'il a été rédigé sous forme d'exemple, c'est parce que le texte romain qui lui a servi de type est lui-même rédigé sous forme d'exemple, mais ce n'est pas une raison pour ne pas rechercher le véritable motif de la loi et ne pas admettre toutes les conséquences du principe consacré par les siècles. Comment est-il possible qu'un changement aussi capital que celui qu'on prétend avoir été consacré par le Code civil, ait été ignoré de l'un des rédacteurs de la loi, de M. Maleville qui, après avoir tergiversé sous l'art. 1138, conserve sous l'art. 1141

____

(1) *Voy.* Toullier, t. VII, n° 55, et les docteurs qui y sont cités.

la tradition comme nécessaire pour les meubles, puisqu'il renvoie à la loi *Quoties* où l'article a été puisé, et qui, chose remarquable! finit par la conserver pour la transmission des immeubles dans ses commentaires de l'art. 2182!...(1).

124. — Si la vente mobilière renfermait un bail au profit du vendeur par l'acheteur sans que le déplacement des meubles ait eu lieu en réalité, l'interversion de la possession vaudrait-elle tradition ?

La loi est muette sur cette question, pourtant bien importante. Il semble, d'après les principes qui ont dicté le § 3 de l'art. 1606, que le consentement de l'acheteur à ce que le vendeur conserve les meubles à titre de bail, vaille tradition *erga omnes;* car le preneur ne possède plus pour lui, il possède pour son bailleur. La subtilité du droit milite en faveur de cette manière de voir. Cependant, comme la loi a gardé le silence, il est plus juste de dire que le bail ne doit avoir d'effet qu'entre les parties contractantes, et que la rétention précaire du vendeur ne peut être opposée aux tiers. Le § 3 de l'art. 1606 est une exception à la règle de l'art. 1141. Il doit être rigoureusement restreint aux cas prévus. S'il était

----

(1) *Voy.* L'édition de 1805. Il paraît avoir modifié ses idées dans l'édition de 1822; mais ce qui est utile surtout à l'histoire, c'est de connaître la pensée des rédacteurs du Code au moment où il a été fait.

permis de laisser les meubles à titre de bail entre les mains du vendeur, et si un tel bail pouvait être un obstacle aux saisies pratiquées sur ce dernier, il n'existerait pas un seul débiteur qui ne pût avoir par devers lui de quoi soustraire son mobilier à ses créanciers légitimes. Tous les bienfaits de la tradition seraient perdus.

125. — Aussi les rétentions précaires en fait de meubles étaient-elles proscrites dans l'ancienne jurisprudence. Et le Code civil ayant sur toutes ces matières reproduit la théorie de Bourjon (1), on ne doit pas hésiter à considérer comme inefficace, à l'égard des créanciers du vendeur, la tradition fictive résultant d'une clause de bail, toujours suspecte par elle-même. L'acheteur de meubles n'étant, avant le déplacement, propriétaire qu'à l'égard de telle personne déterminée, ne peut concéder un bail au vendeur que dans les limites de son droit. Si on objecte qu'il sera toujours facile de déplacer les meubles pour consommer l'aliénation et de les réintégrer aussitôt dans les mains du vendeur à titre de bail, que par conséquent, nous exigeons une pantomime inutile, nous répondrons d'abord que cela est toujours une entrave à la fraude, et enfin que les tribunaux ap-

______

(1) *Voy.* Toullier, t. VII, n° 41. Bourjon, *Droit commun de la France*, t. Ier, de l'achat des meubles, tit. II, chap. Ier, liv. III. *Voy.* sur la question de déplacement, liv. II, chap. VI, t. I, sect. 3.

préciateurs des faits ne manqueront pas d'annuler un bail qui ne présenterait pas tous les caractères de la bonne foi.

Quelle source de procès ne tarirait-on pas, si on adoptait notre manière de voir (1)?

126. — On sent, du reste, qu'il n'est pas toujours nécessaire qu'il y ait déplacement matériel pour constituer la tradition réelle de la chose vendue.

Ainsi, j'achète de mon fermier sortant les meubles qui lui appartiennent; un autre fermier en prend possession en mon nom. Il est bien certain que, si le déplacement des meubles ne se rencontre pas ici matériellement, il n'existe pas moins par le changement de détenteur. Les tiers ne peuvent être induits en erreur; d'où suit que l'objet de la tradition est rempli et que par conséquent, la transmission est légitimement consommée au regard des créanciers du vendeur.

§ V.—TRANSMISSION DES IMMEUBLES AU REGARD DES TIERS.

127. Le projet de l'an VIII a-t-il été modifié en ce qui touche la mutation des immeubles suscep-

(1) La statistique des demandes en revendication ou distraction d'objets saisis serait la meilleure réponse au système de nos adversaires. On ne se figure pas la multitude de procès que fait surgir cette théorie de la transmission mobilière par le simple pacte.

tibles d'hypothèques? Cela à nos yeux ne peut être l'objet d'un doute.

En effet, l'art. 37 qui, au titre *des Conventions en général*, statuait sur la transmission mobilière et immobilière entre les parties, est conservé (C. civ., art. 1138). Il n'est rien innové en ce point. Plus tard la loi s'en expliquera d'une manière formelle et fera application de la théorie au cas de vente (art. 1583), comme déjà elle l'a appliquée au cas de donation (art. 938, combiné avec les art. 939-941).

L'art. 38, qui statuait sur la transmission de la propriété immobilière au regard du public, disparaît! Et il est remplacé par l'art. 1140 qui nous dit que nous apprendrons au titre *de la Vente* et *des Hypothèques* comment l'on deviendra propriétaire des immeubles au regard des tiers. Le législateur abandonne donc son premier système, ou tout au moins il veut conserver la question entière, se réservant de la résoudre aux titres *de la Vente* et *des Hypothèques*. Au titre *de la Vente* revient-il à sa première idée, qui consistait à donner le caractère translatif à une tradition fictive résultant d'un acte authentique constatant une convention préexistante et dont l'effet était jusque-là restreint entre les parties? Loin de là, il crée l'art. 1583 qui ne se trouvait pas dans le projet. Cet article nous apprend que la convention qu'il suppose prouvée (puisqu'autrement ce ne serait pas une convention) ne peut avoir à elle seule l'effet de transmettre le domaine vis-à-vis du public. Bien plus ! il supprime l'art. 25 du projet *de la Vente,* qui, combiné avec l'art. 38 *des Conventions en gé- néral,* consacrait l'ancienne tradition faite par acte authentique comme moyen de transmission à l'égard des tiers, de peur que l'on ne s'imagine que la convention, constatée par acte authentique, ne vale translation du domaine *erga omnes!*... Pourquoi donc tous ces remaniements ? C'est parce que la ma- jorité du conseil d'État repoussait avec raison le sys- tème de clandestinité que les rédacteurs retarda- taires du projet de l'an VIII avaient adopté dans leur régime hypothécaire. C'est que, dès le titre *des Do- nations,* les idées s'étaient fixées sur la transcription de la loi de brumaire, comme les discussions au conseil d'État et tout le titre hypothécaire le prouvent. C'est que par conséquent un remaniement était de- venu nécessaire dans les art. 38 du projet *des Con- ventions en général* et 25 du projet *de la Vente* qui ne pouvaient marcher avec la publicité des trans- missions adoptée comme base du système hypothé- caire nouveau, ainsi que cela résulte de l'art. 91 du dernier projet *des Hypothèques.*

Ainsi donc le projet de l'an VIII a été incontesta- blement modifié. Maintenant, dit-on, la transcription a été rejetée au titre *des Hypothèques.* C'est un point

que nous examinerons plus tard. Mais admettons
que la transcription ait été rejetée au titre *des Hypo-*
thèques; faut-il conclure de cette circonstance que
les art. 38 du titre *des Conventions en général* et 25
du titre *de la Vente* ayant disparu, la simple convention transporte la propriété immobilière par la force
du simple pacte, et cela *erga omnes,* sous la réserve
toutefois de la priorité résultant d'une preuve qui
peut être administrée par tous les moyens reconnus
par la loi (1)? Nullement. Le raisonnement est vicieux ; car la circonstance que le législateur aurait
éludé la promesse des art. 1140 et 1583 ne peut
donner à l'art. 1138 un sens qu'il n'a jamais eu. A
quoi bon nous dire par l'art. 1140 qu'il reste quelque
chose à régler, si l'art. 1138 règle tout!.... Et
qu'on le remarque bien ; il n'y a pas à se méprendre
et à équivoquer sur la portée de l'art. 1140. On a
voulu réserver la question fondamentale entière pour
la trancher aux titres *de la Vente* et *des Hypothèques.*
Cela ressort jusqu'à l'évidence de cette circonstance,
que cet art. 1140 a été substitué à une disposition
du projet qui organisait la transmission au regard
des tiers. Il est donc démontré que l'art. 1138 n'a

---

(1) *Voy.* M. Zachariæ, § 180, 5°. La théorie de la transmission
des biens a été exposée par cet éminent jurisconsulte avec une netteté remarquable. On peut regarder sa doctrine comme l'expression
la plus exacte des idées admises aujourd'hui.

statué que sur une propriété relative, et qu'il doit être écarté de la discussion en ce qui touche la question de transmission du domaine absolu (1). Dans notre opinion cet art. 1138 n'est que le résultat d'une déplorable confusion entre la maxime assez peu comprise, *res perit domino*, et cette autre maxime, que *la chose périt pour le créancier d'un corps certain*.

128.—Cela posé, nous arrivons à cette conclusion inévitable ; de deux choses l'une :

Ou la loi, comme l'histoire le prouve, a fait disparaître les art. 38 du projet *des Conventions en général* et 25 du projet *de la Vente*, parce qu'elle jugeait la tradition par acte authentique insuffisante dans un régime hypothécaire public.... Et alors la transcription est nécessaire pour transporter la propriété immobilière à l'acquéreur au regard des tiers. De cette manière, la disparition des articles du projet précités et la création nouvelle des art. 1140 et 1583 sont expliquées. Le législateur a rempli sa promesse solennellement annoncée.

Ou bien les titres *de la Vente* et *des Hypothèques* ne contiennent aucune disposition qui soit l'exécution de l'art. 1140.... Et alors le législateur a éludé

----

(1) C'est aussi l'opinion de M. Duranton, t. X, n° 429. Nous verrons plus tard si l'argument que ce jurisconsulte tire de l'article 2182 qui, suivant lui, a tranché la question, est réellement bien concluant.

sa promesse. Il a omis de statuer sur la transmission des immeubles en ce qui touche les tiers, d'où suit que la matière n'étant pas réglée par le Code civil, la loi abrogatoire du 30 ventôse an XII, n'a pu atteindre l'art. 26 de la loi de brumaire, an VII. En sorte que, de quelque manière que l'on raisonne, la transcription apparaît toujours comme nécessaire à la translation du domaine à moins de retourner à la tradition de l'ancienne jurisprudence avec M. Maleville.

129. — Tout cela se résume en quelques mots. La convention n'ayant le caractère translatif qu'entre les parties (art. 1165), la transmission de la propriété, en ce qui touche les tiers, ne peut résulter que d'une formalité extrinsèque. Pour les meubles, c'est la tradition réelle ou ses équivalents reconnus par la loi ; pour les droits de servitude, c'est la tradition de l'art. 1607 appuyée sur juste, titre et pour les biens susceptibles d'hypothèque, c'est la transcription.

130. — Cependant on tient en France pour maxime aujourd'hui, que la propriété est transférée par le simple pacte légalement prouvé (1). Les partisans du système s'appuient surtout : 1° sur l'arti-

(1) Par le mot *pacte* j'entends ici toute convention non encore exécutée par la tradition, ou ce qui la remplaçait vis-à-vis du public en 1804, pour certains biens, la transcription.

cle 711 qui dispose que la propriété des biens s'acquiert et se transmet par *l'effet des obligations;* 2° sur l'art. 1138 qui, placé sous la rubrique *des effets des obligations*, déclare le créancier d'un corps certain propriétaire par le fait seul de la convention. L'abrogation du principe ancien (l. 20 au Code *de pactis*) annoncé par l'art. 711, se trouve ainsi, dit-on, textuellement prononcé par l'art. 1138.

La théorie reçoit son application au cas de donation dans l'art. 938, au cas de vente dans l'article 1583.

A l'appui du système, on invoque le second alinéa de l'art. 2182, qui dispose que le vendeur ne transmet à l'acquéreur que la propriété et les droits qu'il avait lui-même sur la chose vendue.

Du reste, les partisans de cette doctrine admettent qu'elle s'applique diversement suivant que la convention a pour objet des meubles ou des immeubles. Pour les meubles, elle souffre des exceptions (article 1141); mais pour les immeubles, elle reste dans toute sa pureté; d'où suit qu'entre deux acquéreurs de cette espèce de biens, la préférence appartient nécessairement au plus ancien, que le contrat ait été ou non transcrit.

On leur répond : 1° Que l'art. 711 se trouvait dans le dernier projet du Code civil d'après lequel le système de la loi de brumaire était formellement conservé; que par conséquent cet article ne prouve rien sur l'innovation qu'on prétend avoir été apportée aux anciens principes;

2° On se demande quels sont les cas dans lesquels s'appliquera l'art. 1138. D'abord il est clair qu'il ne s'applique pas aux immeubles, puisque l'article 1140 dispose que les effets de l'obligation de donner et livrer un immeuble sont réglés aux titres *de la Vente* et *des Hypothèques.*

S'applique-t-il aux meubles? pas davantage. L'art. 1141, en donnant la préférence au second acquéreur mis en possession réelle, sur le premier acheteur même par acte authentique, fait bien voir que ce dernier n'avait par la convention acquis qu'un droit relatif, qu'un droit de créance contre telle personne déterminée et non pas un droit absolu comme le droit de propriété que le public est tenu de respecter (1).

A quoi dès lors peut s'appliquer l'art. 1138?

131.—Je ne sais si je m'abuse, mais il me semble qu'on a donné à cet article une portée qu'il n'avait pas dans l'esprit des rédacteurs du Code. Il ne veut dire qu'une chose, c'est que la convention donne au créancier du corps certain une propriété relative. Il est propriétaire, oui; mais à l'égard de qui? à l'égard

____

(1) *Voy. Thémis,* t. V, p. 373.

du débiteur, et non pas à l'égard des tiers dont s'occupent les art. 1140 et 1141 qui le suivent dans la même section.

Qu'on remarque en effet l'économie de cet article 1138 et des dispositions qui l'entourent.

L'art. 1136 dispose que l'obligation de donner emporte celle de livrer la chose et par conséquent de la conserver jusqu'à la livraison. Que signifient ces mots : *Obligation de donner?* Ils signifient obligation de *transporter la propriété*, car le mot *donner* ne peut avoir que le sens du verbe *dare* qui en droit a toujours signifié *transporter la propriété*. Eh bien ! Si la promesse de donner ne signifie rien autre chose que d'obliger le débiteur à transporter la propriété, elle ne la transporte donc pas par elle-même. Il y a là nécessairement deux événements successifs. L'un est l'obligation de transférer la propriété, et l'autre est la translation elle-même de la propriété. Par l'obligation, l'acheteur n'acquiert qu'un droit relatif contre telle personne déterminée. Le public n'est pas encore tenu de respecter son droit qu'il ignore. Il ne sera tenu de le respecter que lorsque le droit relatif, le *jus ad rem* se sera transformé en droit absolu, en *jus in re*, soit par la tradition s'il s'agit de meubles, soit par la transcription s'il s'agit d'immeubles susceptibles d'hypothèques. Maintenant, qu'à l'égard du vendeur, l'acheteur soit, par la puissance du pacte seul, réputé propriétaire; soit. La loi peut bien faire, entre les parties, abstraction de l'un des événements constitutifs du droit de propriété, mais cette propriété ne sera qu'une propriété relative, c'est-à-dire un lien entre deux parties, et non pas un droit absolu imposant au public l'obligation négative de ne pas y porter atteinte (comparez art. 1583).

152. — Si l'art. 1138 eut dit : « Elle (l'obligation de livrer la chose) rend le créancier propriétaire à *l'égard du débiteur...* » toute discussion eût été impossible. Et parce que la loi n'a pas ajouté ces mots, on s'est jeté dans un système tout nouveau sans précédents dans le droit de l'Europe et des peuples anciens ! Mais ce que la loi n'a pas dit dans l'art. 1138, elle l'a dit dans l'art. 1583 auquel elle renvoie par l'art. 1140. Elle l'a dit implicitement dans les art. 1165, 1141, 1604, 1689, 1690, 1238, 1303 (1), 1867, 1589 et un grand nombre d'autres articles que j'aurai à examiner plus tard.

Puis enfin ! comment admettre qu'un principe aussi fondamental que celui que nous combattons,

---

(1) L'art. 1303 parle d'une cession d'actions qui n'aurait aucun sens, si la convention seule transférait le droit absolu de propriété, puisque le propriétaire trouverait en lui-même le principe de son action à l'égard des tiers, et n'aurait aucunement besoin d'une cession de la part de celui qui ne serait plus propriétaire si le système que je combats était vrai.

aussi désastreux, comme l'expérience l'a prouvé, ait pu s'introduire furtivement dans nos lois, sans que les discussions au conseil d'Etat fassent mention d'un pareil changement, alors que tous les précédents lui étaient contraires !...

133. — Non, le simple pacte ne transfère pas la propriété absolue au regard de tous. Le pacte n'a jamais pu donner qu'un droit de créance qu'un droit relatif, et il faudrait autre chose que les quelques expressions peu méditées de l'art. 1138 pour décider que les auteurs du Code, en 1804, aient entendu rompre avec le passé. C'est leur supposer une audace dont, avec tout le respect que je leur porte, je ne les crois pas capables. Ils ont tout simplement consacré ce qui existait, et ils ont eu raison.

134. — Un système comme celui que nous repoussons a pu séduire les spiritualistes de notre époque. Il ne les a malheureusement que trop séduits. Mais il ne satisfera jamais les utilitaires; il présente trop d'inconvénients; il ouvre des portes trop larges à la fraude. Oui, c'est une prétention déraisonnable que de vouloir donner à la pensée seule le pouvoir de constituer le domaine. Il faut qu'à cette pensée vienne se joindre quelque chose de matériel, quelque chose qui frappe les yeux, quelque chose de public, pour imposer à la société l'obligation de respecter la transmission que la pensée commence, mais qu'il ne lui est pas donné de consommer.

Il faut bien que la société soit avertie de l'obligation qu'elle va contracter envers le nouveau propriétaire. Or, cette obligation ne peut lui être imposée avec justice qu'autant que le nouveau maître lui révèle le moment précis où il entend se poser au regard de tous comme propriétaire absolu de la chose transmise, et que le silence du public le reconnaît comme tel. Jusque-là le droit qui résulte pour lui de la convention ne peut être qu'un droit relatif. Il est, si on le veut, propriétaire, comme le dit improprement l'art. 1138, mais il n'est propriétaire que relativement à telle personne déterminée, comme le dit avec raison l'art. 1583. Il ne l'est pas encore vis-à-vis du public ; il peut le devenir, sans doute, mais pour cela il faut qu'il associe ce public à la transmission, il faut qu'il lui notifie son contrat afin de lui imposer l'obligation de le respecter. Alors seulement son droit relatif se transforme en droit absolu, et la propriété exclusive apparaît garantie par l'action réelle contre les entreprises de quiconque viendra la troubler.

135. — Il est donc peu probable que les auteurs du Code aient voulu se jeter dans un nouveau système.

Maintenant, le contraire de ce qui n'est pas probable devient évident pour l'homme qui examine les choses d'un point de vue élevé, lorsqu'il suit pas à pas les travaux préparatoires du Code civil, et qu'il approfondit les textes que le législateur a laissés sur son passage. Marchez dans le Code civil, au flambeau de la transcription considérée comme moyen de transmission à l'égard des tiers, tout s'explique à peu près de la manière la plus raisonnable; retranchez au contraire cette transcription, vous pâlirez sur des textes dont vous n'apercevrez pas le but, et vous arriverez à cette conclusion inévitable, *le Code civil est une mauvaise législation.* Mais non! l'esprit de système, en partant d'une fausse base, se torturera de toutes les manières pour s'imposer. Il travaillera à la destruction en ergotant sur des détails plutôt que d'appliquer toutes ses facultés à la construction de l'ensemble de l'édifice, et de tout cela résultera l'intervention forcée du législateur, intervention hâtée, trop précoce, intervention enfin qui, avec notre constitution politique, ne peut évidemment fonder une loi civile durable (1).

---

(1) Loin de moi l'idée d'attaquer notre constitution. Je la crois au contraire ce qu'elle doit être; mais je ne la considère pas moins comme absolument incapable de fonder une loi civile. Pourquoi cela? c'est parce que les assemblées délibérantes, par cela seul qu'elles délibèrent, ne peuvent suivre une synthèse. Un Code civil ne peut être que l'ouvrage d'un seul homme, à tête dogmatique et puissante, philosophique et en même temps pratique, d'un

136. — Mais ne perdons pas de vue l'objet de notre travail. Je dis que la transcription a été conservée par les auteurs du Code civil comme base

homme qui a comparé les législations diverses par une étude approfondie de l'histoire, et qui a résumé et digéré la masse des connaissances acquises pour les faire siennes. On peut bien lui adjoindre des spécialités, des hommes de détails, mais ils ne doivent avoir que voix consultative. De là je conclus que le pouvoir législatif civil doit s'exercer par délégation. Si ensuite nos chambres peuvent intervenir, ce ne peut être que pour légaliser, admettre ou rejeter l'ensemble, mais elles ne doivent pas entrer dans les détails. L'expérience démontre qu'elles adopteront le système d'abord pour le détruire ensuite. Qu'elles s'occupent d'administration et de politique, voilà leur rôle ; mais de lois civiles, jamais ! Leur organisation est tout ce qu'il y a de plus antipathique à la science du droit. — Certes le conseil d'État renfermait des hommes éminents. Il y avait le savant Tronchet, le jurisconsulte d'ensemble Portalis, la plus belle intelligence philosophique du conseil, le radical Treilhard. Eh bien ! supposez que l'un d'eux eut été chargé seul de la confection du Code et que ses collègues lui eussent été adjoints comme conseils au lieu de les réunir tous trois, n'est-il pas évident que le Code civil serait tout autre que ce qu'il est. Croyez-vous que si Cujas ou son élève Pothier, ou celui qui les surpasse encore en méthode philosophique, Doneau, eussent été chargés d'une codification, l'ouvrage de ces grands génies n'eût pas valu le Code civil ? Pourquoi ceux qui étudient le droit romain des Stoïciens sont-ils frappés d'admiration lorsqu'ils parviennent à comprendre l'ensemble du système ? Eh ! c'est parce que l'édit du préteur est l'œuvre d'un seul homme qui s'est approprié, et a fondu dans un même moule les travaux de ses devanciers !... Mais chez nous !... une commission qui est une véritable Chambre... Comment s'entendre !... Plus les hommes ont de mérite, moins ils sont disposés à se rendre aux idées des autres ; cela est dans la nature humaine. Un professeur, un publiciste et l'homme pratique qui dirige la fabrication des ordres au tribunal de la Seine. Voilà tout ce qu'il faut pour fonder un bon régime hypothécaire dans l'état actuel des choses : le tout à condition que les Chambres ne s'en mêleront que pour adopter ou rejeter l'ensemble du projet.

de l'édifice de la propriété immobilière en France. Ce qui le prouve c'est : 1º l'histoire ; 2º l'absence dans les discussions au conseil d'État de l'expression d'une volonté contraire ; 3º la tradition conservée pour la propriété mobilière ; 4º le concours de l'action résolutoire avec le régime de publicité des priviléges et hypothèques ; et enfin 5º une multitude de textes que nous allons suivre pas à pas à l'aide des travaux préparatoires du Code civil.

137.—Nous nous sommes suffisamment expliqué sur les quatre premiers moyens ; il est temps d'aborder le cinquième, qui doit donner à notre manière de voir le caractère de l'évidence.

A. — TITRE DES DONATIONS.

(C. civ., art. 938, 939, 941.)

138.—La propriété se transmet et s'acquiert par donation (art. 711). Qu'est-ce à dire? La donation acceptée légalement transportera-t-elle le domaine exclusif? Oui, s'il est vrai que la convention seule suffit pour cet objet : non, si la convention ne fait dans l'esprit de la loi acquérir au donataire qu'un droit relatif qui exige un événement postérieur pour se transformer en un droit absolu.

Examinons les textes.

La loi commence par parler de dessaisissement actuel et irrévocable (art. 894). On est tenté de croire que le donataire va se trouver investi du domaine par le seul effet de la donation. Mais ce serait une erreur. Cette phraséologie se rapporte uniquement à l'ancienne règle du droit coutumier, *donner et retenir ne vaut*, règle qui, soit dit en passant, n'avait plus de motif particulier dans le système du Code civil sur le disponible. L'art. 894 n'a donc pas trait à notre question. La donation, pas plus que la vente et les autres contrats, ne transporte la propriété au regard des tiers. C'est ce que la loi, fidèle au système de la tradition et de la transcription, se hâte bien vite de nous apprendre.

En effet, suivant l'art. 938, le donataire devient propriétaire par la perfection de la donation et sans qu'il soit besoin de tradition ; mais à l'égard de qui ? Nous allons le voir.

L'art. 939 exige la transcription des donations de biens susceptibles d'hypothèques. Or, à quoi bon cette transcription, si elle n'a pas pour objet de transférer le domaine au regard du public ? Est-ce une formalité inutile imposée aux parties lorsque tout est consommé ? Mais alors, pourquoi s'exprimer d'une manière impérative ? Évidemment cette transcription a un but, et quel peut être l'effet de cette formalité, si ce n'est celui qu'elle produit dans la législation existante au moment de la rédaction de l'art. 939 ? N'est-il pas évident que lorsque la donation est perfectionnée entre les parties, si la loi exige autre chose que cette perfection, c'est que cette autre chose est dans l'intérêt des tiers? Ce n'est pas tout. La transcription de la donation n'a pas été faite. Quelle sera la conséquence de ce défaut d'observation des prescriptions de la loi? Si le domaine absolu a été transféré par la donation acceptée, s'il y a eu dessaisissement irrévocable de la part du donateur et investiture au profit du donataire aux yeux de la société toute entière, il est clair que le défaut de transcription n'intéressera en rien la constitution du *jus in re* sur la tête du nouveau propriétaire, et que celui-ci n'aura pas à redouter une nouvelle trans-mission totale ou fractionnaire émanée du donateur qui a fait de sa propriété un usage qu'il ne pourra plus renouveler. Voyons la loi. Elle décide (art. 941) que toutes personnes ayant intérêt, à l'exception de celles qui sont chargées d'accomplir la formalité, peuvent opposer le défaut de transcription!... Qu'est-ce que cela veut dire? si ce n'est que l'art. 941 règle le sort de la donation à l'égard des tiers dans le cas de deux donations ou ventes successives émanées du même propriétaire; qu'il le règle également par voie de conséquence dans le cas de restrictions ou modifications (usufruit, servitudes, hypothèques) apportées à la propriété par les constitutions légales de ces démembrements du domaine antérieurs à la transcription ; le tout, sauf par les parties à se régler entre elles sur les conséquences du droit relatif que l'avenir ne peut plus rendre absolu, et qui se trouve désormais transformé en une action en dommages-intérêts contre telle personne déterminée. Eh bien ! s'il en est ainsi, n'est-il pas démontré mathématiquement que l'art. 938 n'a entendu parler que d'une *obligatio,* d'un lien entre deux parties, et non pas de la transmission du domaine absolu. Et pourtant, l'art. 938 ne s'exprime pas autrement que l'art. 1138.... A ne voir que son texte, on est tenté de croire qu'il parle d'une propriété exclusive, tandis qu'il ne parle que d'une propriété relative.

139.—Cela est bien évident. La jurisprudence ne le conteste plus. Aussi tous les efforts de M. Toullier, qui a voulu mettre le titre *des Donations* d'accord avec sa théorie vicieuse (1) sur la transmission immobilière par le seul fait de la convention, n'ont abouti qu'à nous fournir un argument qui en vaut bien un autre : c'est que son excellent esprit a parfaitement compris que, dès qu'on admettait la transcription comme nécessaire à la constitution du *jus*

---

(1) V. le n° 202 du t. VI. Il détruit tout son système lui-même en disant dans la note du n° 205 *in fine :* que la propriété n'est transférée qu'entre les parties par la convention, en fait de meubles. Quelle apparence y a-t-il que l'art. 1583 ne s'applique qu'aux meubles!...

in re dans les donations, la question était par cela même décidée en notre faveur. Car il n'y a évidemment aucune raison pour ne pas l'admettre dans les autres contrats dont le but est le même, c'est-à-dire qui, comme la donation, ont pour objet la transmission du domaine. Ajoutez les art. 1069, 1070, 1071, 1072, 1073 et 1074 qui établissent des principes analogues en matière de substitution.

140. — Ainsi donc, la loi du 11 brumaire an VII est conservée en pleine vigueur au titre *des Donations.* C'est au surplus ce qui résulte : 1° de l'exposé des motifs par M. Bigot-Préameneu qui s'exprime ainsi : « Toute la législation sur les insinuations est « devenue inutile depuis que, par la loi du 11 bru- « maire an VII, *toutes* les aliénations d'immeubles « doivent être rendues publiques par la transcription « sur des registres ouverts à quiconque veut les « consulter; » et 2° du procès-verbal de la séance du 12 ventôse an XI au conseil d'État :

« La majorité, y est-il dit, avait trouvé que la pu- « blicité était assurée par ce moyen (la transcription), « puisque la loi établit une formalité qui doit être « nécessairement remplie pour que la donation *ait* « *ses effets,* » c'est-à-dire, pour qu'elle transporte le domaine à l'égard du public.

141. — Il est donc évident que loin d'avoir voulu opérer un remaniement périlleux, alors que la législation en vigueur satisfaisait complétement la raison, on a consacré ce qui existait (1).

B. — TITRE DES PRIVILÉGES ET HYPOTHÈQUES.

(C. civ., art. 2108, 2166, 2180, 2181, 2182, 2183, 2189, 2177, 2198, 2200.)

142. — Dans les discussions générales du titre *des Priviléges et Hypothèques*, le conseil d'État adopte la publicité pour base fondamentale du régime hypothécaire. La transcription est la condition d'existence d'une publicité utile. Personne n'élève la voix contre le principe qui sert de base à la propriété immobilière (art. 91 du projet). Donc, la transcription translative est conservée.

Suivons maintenant cette idée et voyons son application, d'abord dans la section des priviléges sur les immeubles, et ensuite dans tout le titre *des Hypothèques*.

143. — Avec la transcription considérée comme moyen d'acquérir le domaine au regard des tiers, la théorie des priviléges sur les immeubles se déroule avec une logique parfaite. Elle réalise de la manière la plus complète le but que voulaient surtout atteindre les auteurs du Code civil. Le privilége de l'aliénateur n'a pas d'effet rétroactif. Il ne domine

______

(1) *Voy.* ci-après, n°s 207 et suiv., la réfutation des objections faites à propos du titre *des Donations*.

que l'avenir comme cela doit être dans un régime hypothécaire public. En un mot, il est manifeste que toute la section des priviléges (art. 2106, 2108-2113) a été rédigée sous l'influence de la transcription consacrée par l'art. 91 du projet. Il est impossible qu'il en ait été autrement, puisque le projet était conçu dans ce système.

Retranchez maintenant la transcription, les articles 2106 et 2108 sont des énigmes indéchiffrables. La publicité du principal privilége périt, puisque si, comme cela se pratique aujourd'hui, il n'est pas révélé à la société par l'acte même de mutation à l'égard des tiers, et si cependant le créancier doit le révéler plus tard, afin de le rendre utile, il faut nécessairement lui donner un effet rétroactif et consacrer une véritable absurdité en organisant une publicité, c'est-à-dire un avertissement qui avertit…. quoi…. le passé!!… C'est dire : Voilà une institution publique…, eh bien ! elle suppose connu ce qu'elle a pour objet de faire connaître!!…. Cela est incroyable, et pourtant, cela nous régit depuis quarante ans!…

Tandis que l'art. 2108 est l'application nécessaire et logique du principe fondamental qui a dirigé la loi dans toutes ces matières. Le privilége de l'aliénateur frappe le public au moment même où il prend naissance. Il se révèle par la transcription qui est la mutation elle-même au regard des tiers. Il n'y a pas de délai à fixer pour l'apparition de la transcription, parce que, jusqu'à l'accomplissement de la formalité, la propriété réside encore sur la tête du vendeur. En sorte que la propriété remplacée par le privilége publié, forme aux yeux de tous une chaîne sans interruption qui lie tout le monde, avertit tout le monde, et garantit les droits de tout le monde. Pas de surprises possibles, publicité éclatante, tout se trouve réuni dans ce simple fait : *La transcription transporte la propriété au regard des tiers, et publie les rétentions de l'aliénateur.* Voilà la pensée intime des hommes radicaux de l'an VII, pensée qu'en 1804 on n'avait garde d'abandonner, car le système est admirablement conçu, et je doute, pour mon propre compte, qu'on puisse découvrir quelque chose de mieux (1). Est-ce que

(1) J'entends dire qu'il faut fixer des délais pour que les priviléges se produisent. Non, c'est une erreur. La théorie qui satisfera le plus la raison consistera toujours dans cette idée : que plus les priviléges se révèleront vite et plus la publicité sera utile. Les auteurs du Code en révélant le privilége du vendeur par l'instrument même de la transmission au regard des tiers, c'est-à-dire au moment même de sa naissance, ont atteint le dernier degré de perfection. Ils auraient fixé des délais pour la production du privilége de l'aliénateur, dans les art. 2106 et 2108, que leur système ne vaudrait pas ce qu'il vaut, parce que si courts que fussent ces délais, il faudrait toujours donner au privilége un effet rétroactif, ce qu'il faut éviter autant que possible. S'ils ont accordé des délais aux copartageants (art. 2109), et aux créanciers du dé-

la loi qui organisait un système de publicité, n'aurait pas fixé un délai pour opérer la transcription, si cette transcription n'avait pas consommée l'aliénation elle-même?

144. — Ces raisons qui tranchent tout auraient pourtant dû suffire, pour que la jurisprudence qui conservait l'art. 2108, se cramponnât à la transcription; mais malheureusement, le système des priviléges sur les immeubles n'a pas été compris!... Nos meilleurs interprètes ont écrit des volumes sur ces matières pour chercher le mot de l'énigme. On s'est imaginé que le Code civil avait innové, et au lieu de n'admettre que des modifications bien constatées, on s'est jeté dans un système bizarre menant de front la publicité du privilége et la clandestinité de la vente. Dès lors, l'art. 2108 est devenu un non-sens législatif, comme tant d'autres dispositions que nous verrons bientôt : le tout parce que l'art. 1138 a dit que la convention rendait le créancier propriétaire, sans ajouter, *à l'égard du débiteur,* ainsi que l'exigeait le fond de la pensée de ses rédacteurs, et parce que l'interprétation, s'armant

---

funt (art. 2111), c'est qu'ils n'ont pu faire autrement, dès qu'ils ne voulaient pas la transcription des partages, et qu'il était impossible de connaître les créanciers de la succession autrement que par un appel à eux signifié par un délai de faveur (art. 2111).

Voy. M. Valette, brochure précitée, p. 105 et suiv.

de ce silence, a vu une propriété absolue où il n'y avait qu'une propriété relative!....

145. — Si de la section des priviléges sur les immeubles, nous passons au chapitre des hypothèques, nous voyons le système de la transcription translative s'y développer dans neuf articles qui n'ont aucun sens raisonnable sans elle.

— Ainsi, l'art. 2181 prescrit la transcription des contrats translatifs de la propriété immobilière susceptible d'hypothèques. A quoi bon cette transcription, si elle n'a pas pour objet de jouer le rôle qu'elle remplissait déjà dans la loi existante au moment de la rédaction de l'article?

« C'est un préliminaire de la purge, » a-t-on dit, voilà tout. Qu'est-ce que cela signifie? — Oui sans doute, la transcription est un préliminaire de la purge; car, avant de purger une propriété des droits réels qui peuvent la grever, il faut bien que je l'aie acquise au regard des tiers; si je ne l'ai pas acquise aux yeux de tous, à quoi me servira de faire disparaître les hypothèques et priviléges qui la grèvent? A quoi cela me servira-t-il, si le lendemain de la purge, mon vendeur ou donateur en constitue d'autres, et si je ne puis opposer à ces nouveaux créanciers le droit de propriété qui m'a été concédé? Si c'est ainsi qu'on l'entend, je suis tout à fait de l'avis du préliminaire de la purge; car ce préliminaire ne signifie rien autre chose que la transformation en droit absolu du droit relatif résultant du contrat. Mais ce n'est pas cela qu'on veut dire. On veut dire que la transcription n'intéresse en rien l'acquisition du domaine absolu, qu'elle n'a trait qu'à la purgation des hypothèques. *Fiat lux!* Il faut avouer alors que c'est une formalité bien obscure.

En effet, à quoi bon transcrire le contrat, c'est-à-dire, *publier un acte qui est réputé connu de tous, puisque le système que je combats permet de l'opposer à tous.* Si je suis propriétaire à l'égard des tiers à partir du jour de la convention légalement prouvée, il est bien évident que le vendeur ne pourra, à partir de cette époque, conférer à des étrangers 1° le droit de propriété dont il s'est dessaisi à mon égard, et qui repose désormais absolu sur ma tête; 2° qu'il ne pourra *à fortiori* conférer des hypothèques et autres démembrements de la propriété qui dérivent de la faculté d'aliéner qu'il n'a plus, puisqu'il a épuisé l'*abusus*, ayant fait de sa chose un usage qu'il ne peut plus renouveler; et enfin, 3° que les étrangers, créanciers du vendeur, tenus de respecter mon droit, ne pourront acquérir sur ma chose des droits quelconques qui me soient opposables, puisque mon droit absolu est antérieur au leur. Eh bien! s'il en est ainsi, la transcription n'est nullement nécessaire pour purger les hypothèques. Car, en notifiant mon contrat à tous les créanciers inscrits *avant la naissance de mon droit absolu,* c'est-à-dire, dans le système que je combats, avant la convention, et en les payant, je purgerai ma propriété d'une manière définitive, sans avoir à redouter l'apparition de nouvelles inscriptions à une époque postérieure à la convention. S'il en survient, je leur dirai : A partir de la convention, je suis propriétaire absolu ; par conséquent, vous devez respecter mon droit, créanciers retardataires, vous ne pouvez vous inscrire avec effet sur un bien qui est sorti des mains de votre débiteur. Pour me grever, il vous faut le droit de suite, et vous l'avez laissé échapper en ne vous inscrivant pas avant la naissance de mon droit absolu qui vous oblige, car, à mon égard, vous faites partie du public (art. 2166).

Ainsi donc, arrière votre transcription, c'est un non-sens dans votre système.

146. — « Non, ce n'est pas un non-sens, c'est « un préliminaire indispensable de la purge, et si « elle n'intéresse pas la propriété, elle intéresse le « droit hypothécaire, car elle a pour objet d'arrêter « le cours des inscriptions (1). »

(1) Cette opinion, comme on le verra plus tard, n'était pas celle du conseil d'État ; mais quelques jurisconsultes, sentant parfaitement qu'il fallait donner un sens à la transcription du Code civil, ont inventé cette idée bizarre qui a fini par prévaloir dans l'article 834 du Code de procédure, à savoir « que les créanciers du

'Ah! nous y voilà! ainsi, les créanciers hypothécaires du précédent propriétaire peuvent s'inscrire,
c'est-à-dire acquérir un droit réel sur la propriété
transmise, et cela, jusqu'à la transcription. —
« Oui; mais il faut faire une distinction. Il n'y a
« que ceux qui ont stipulé une hypothèque avant
« la convention qui peuvent s'inscrire avec effet
« jusqu'à la transcription. Quant à ceux qui auront
« stipulé une hypothèque avec le précédent pro-
« priétaire à une époque postérieure au contrat,
« ceux-là ne pourront pas s'inscrire utilement!... »

— Je comprends très-bien. Ainsi, et en laissant
de côté votre distinction dont je pourrais vous demander les éléments sous le *Code civil*, votre système aboutit à dire :

— 1° Que mon droit absolu résultant du contrat
n'est nullement absolu, puisqu'un étranger peut acquérir un *jus in re*, sans ma participation, à une
époque où pourtant, suivant vous, je suis propriétaire absolu de la chose. Je suis propriétaire absolu au regard de *tous, des tiers, du public* en un
mot, à partir du 1ᵉʳ janvier, jour de la convention
constatée par acte ayant date certaine; mais cela
n'empêchera pas que, le 1ᵉʳ mars, un étranger

« vendeur ayant stipulé une hypothèque avant la vente, pou-
« vaient l'inscrire même après la vente considérée comme établis-
« sant le *jus in re*!!... »

tenu pourtant, notez ceci, de respecter mon droit absolu, viendra faire une petite distraction de ma propriété, m'en enlever une fraction que l'on nomme hypothèque, et cela, sans que cette opération exige le moindre assentiment de ma part. Et si je ne donne pas satisfaction à cette hypothèque, eh bien ! elle m'évincera ; elle fera disparaître mon droit absolu qui lui est antérieur. C'est une expropriation forcée pour cause..... des besoins du système de nos adversaires !....

2° Que vous donnez le droit de suite à une hypothèque non inscrite en présence de l'art. 2166, qui fait de l'inscription la condition essentielle du droit de suite, comme l'art. 2134 l'avait déjà fait pour le droit de préférénce.

J'avais toujours pensé que la convention hypothécaire, comme tous les autres contrats, ne donnait qu'un droit relatif, et que pour devenir absolu, c'est-à-dire pour obliger les tiers créanciers, acquéreurs, et suivre l'immeuble dans les mains autres que celles du débiteur, le droit hypothécaire, dans notre régime public, avait besoin de leur être notifié par l'inscription ; mais cette idée était fausse !... Nous avons changé tout cela... La convention hypothécaire non inscrite oblige le tiers détenteur !... Oui certainement, l'hypothèque non inscrite qui n'a encore suivant la loi aucune existence au regard des tiers, eh bien! elle suivra l'immeuble dans les mains des tiers... acquéreurs, et elle pourra se compléter, c'est-à-dire s'acquérir comme droit absolu, malgré l'antériorité du droit absolu du détenteur!... Le droit relatif du créancier l'emportera sur le droit absolu de l'acquéreur!...

3° Et enfin que, comme conséquence de tout cela, et par un effort d'imagination incroyable, vous autorisez le créancier du précédent propriétaire à acquérir un droit réel.... Sur quoi? sur une chose désormais étrangère au débiteur, qui est complétement dessaisi suivant vous au regard du public, par le seul fait de la convention, sur une chose devenue étrangère au créancier non inscrit lui-même, qui fait partie de ce même public; en sorte que voilà un débiteur qui donne des garanties à ses créanciers avec... le bien d'autrui!...

Vous voyez donc bien que vous vous débattez dans une impasse de laquelle il vous est impossible de sortir avec votre système de transmission par l'effet seul de la convention.

147. — Certainement, la transcription arrête le cours des inscriptions sous le Code civil. Si elle ne l'arrêtait pas, ce serait un non-sens, une formalité inutile; mais pourquoi l'arrête-t-elle? C'est parce qu'elle arrête le cours de la propriété elle-même, c'est parce qu'elle est la ligne de démarcation entre la propriété de l'aliénateur et la propriété absolue de l'acquéreur; c'est parce que, de ce principe qui est la base fondamentale de la loi de brumaire copiée dans le Code civil par l'art. 2181, il résulte :

1° Que, jusqu'à la transcription, l'aliénateur reste propriétaire au regard du public;

2° Que, par conséquent, il peut transporter à ce public une propriété dont il reste investi à son égard;

3° Que, pouvant aliéner le plus, il peut aliéner le moins et distraire de son droit de propriété les démembrements absolus, tels que les usufruits, servitudes, hypothèques, le tout en ce qui touche les tiers, et au mépris d'une convention dont l'effet est restreint entre les parties;

4° Que, par voie de conséquence nécessaire, l'acquéreur n'est pas depuis le contrat jusqu'à la transcription propriétaire à l'égard des tiers; qu'il ne le devient au regard du public que par l'accomplissement de cette formalité protectrice;

5° Que, par conséquent, n'ayant qu'un droit relatif contre telle personne déterminée, il est obligé de s'incliner devant l'apparition d'un droit absolu antérieur au sien; d'où suit qu'il est obligé de respecter : 1° les aliénations transcrites avant la sienne; et 2° les démembrements de la propriété qui se sont constitués juridiquement, soit par la tradition, s'il s'agit de servitudes et autres droits réels non susceptibles d'hypothèques, soit par l'inscription, s'il s'agit d'hypothèques : inscription qui est à l'hypothèque, fraction du domaine, ce que la transcription est au domaine lui-même, c'est-à-dire l'*acquisition* du droit absolu au regard de tous ;

6° Et enfin, qu'à partir de la constitution de son *jus in re* par la transcription, l'acquéreur ne sera plus tenu de respecter les droits qui pourraient naître postérieurement du chef de l'aliénateur, parce que la ligne de démarcation est désormais immuable, et que la société n'a plus à s'occuper de l'ancien propriétaire et de ses ayants cause postérieurs à la transcription, puisque l'ancien propriétaire et ses ayants cause disparaissent complétement (1) pour faire place à un nouvel ordre de choses qui amènera, en cas de nouvelle mutation, les mêmes conséquences. Voilà l'extrication du labyrinthe écrite en toutes lettres dans l'art. 2181 qui n'est que l'exécution de la promesse de l'art. 1140 pour les biens susceptibles d'hypothèques, comme le chapitre de la délivrance, au titre *de la Vente,* est l'exécution de la promesse du même article, en ce qui touche les choses immobilières non susceptibles d'hypothè-

_____

(1) Sauf la rétention du prix garanti par le privilége, si le prix n'est pas payé.

ques. Il était pourtant facile d'en parcourir les détours. Il ne s'agissait pour cela que de se laisser guider par l'histoire et de la suivre comme le fil conducteur toujours le plus sûr. Il fallait aussi méditer la discussion qui a eu lieu au conseil d'État à propos de cet art. 2181, et dont voici le sens résumé :

148. — « M. Jollivet demande si les actes sous « seing privé pourront être présentés à la transcrip- « tion.

« M. Cambacérès répond que oui, parce que la « vente sous seing privé est reconnue valable par la « loi. Il faut donc la transcrire, et pourquoi? C'est « parce que *dans le fait,* elle serait *nulle* si l'acte ne « pouvait être transcrit, puisqu'*un acquéreur plus* « *récent pourrait, en faisant transcrire son contrat,* « Enlever *la propriété à l'acquéreur sous seing privé.*»

Et l'art. 2181 est adopté ! ! !

N'est-il pas évident d'après cela que les bases de la transmission de la propriété immobilière sont celles de la loi de brumaire, et que l'art. 1138, écrit sous l'influence de cette législation, n'a pu parler que d'une propriété relative? Oui sans doute! Et il ne serait jamais venu à l'idée de personne de fonder le domaine sur les nuages de la pensée, si l'inadvertance postérieure du législateur n'avait pas obscurci ce qui était clair comme le jour.

Passons à un autre article.

149. — L'art. 2182 a fourni un argument à nos adversaires, il importe donc d'en rechercher le sens avec soin.

Cet article dispose, dans sa première partie, que la transcription ne fait pas par elle-même disparaître les hypothèques et priviléges *établis* sur l'immeuble, c'est-à-dire, qui ont aux yeux de la loi une existence complète par les inscriptions et transcriptions (art. 2108-2166) faites avant la transcription de la mutation dont on parle. Cela est vrai en thèse générale : mais la loi eût pu être plus explicite.

150. — En ce qui touche le privilége du vendeur, comme toutes les mutations précédentes ont dû être nécessairement transcrites (1), il est clair que les priviléges des anciens propriétaires se sont révélés avant la transcription dont s'occupe l'article 2181, d'où suit que l'acquéreur doit les respecter. Pas de difficulté pour ce cas ; les anciens priviléges sont *établis* légalement, et par suite, la transcription ne les fait pas disparaître à elle seule.

151. — En ce qui touche le privilége des ou-

---

(1) Puisqu'autrement la chaîne de la propriété absolue serait rompue, et que le dernier acquéreur ne pourrait être, malgré la transcription de son contrat, qu'un acquéreur relatif, sauf le cas de l'usucapion accomplie dans ses mains.

Lors de la révision de la loi, je pense qu'il ne faudrait faire courir la prescription de 10 ans, qu'à partir de la transcription.

vriers, l'inscription du premier procès-verbal devant précéder les travaux, il est évident qu'elle a dû se révéler avant la transcription, puisque la transcription est postérieure à la convention et que le procès-verbal d'état de lieux et son inscription sont nécessairement antérieurs à l'aliénation.

Mais il peut se faire que la mutation ait lieu en cours d'exécution des travaux et que la transcription soit faite avant leur achèvement. Dans ce cas, les ouvriers ne sont pas astreints à faire recevoir leur création antérieure à la transcription et à inscrire le procès-verbal de réception avant cette transcription. Ils ne sont pas non plus astreints à dresser un nouvel état de lieux et à recommencer, comme si rien n'avait encore été fait, les formalités propres à leur faire acquérir un privilége à raison des travaux à effectuer sur le nouveau propriétaire. Ils peuvent donc continuer leur entreprise et inscrire le second procès-verbal après la transcription. Le nouveau propriétaire ne sera pas moins tenu de respecter leur droit en ce qui concerne les travaux effectués sur l'ancien propriétaire avant la transcription, parce qu'ils ont acquis un privilége dont ils ont frappé les acquéreurs à venir par l'inscription de leur premier procès-verbal, et que l'inscription du second procès-verbal, à quelque époque qu'elle soit prise, n'est qu'un complément de la première et vient se confondre avec elle *à sa date* (C. civ., art. 2110).

Voilà donc une inscription qui peut se révéler postérieurement à la transcription. Aussi la loi n'a-t-elle fixé aucun délai pour son apparition sur les registres du conservateur. Du reste, l'acquéreur est suffisamment averti par l'inscription du premier procès-verbal. Rien ne l'empêche, si les créanciers poursuivent l'ordre aussitôt après la transcription, de faire liquider les travaux antérieurs à la transcription aussi bien que ceux postérieurs, reconnaître la plus-value résultant des ouvrages et déterminer ainsi le *quantum* de la créance privilégiée des ouvriers qui recevront alors dans la distribution, par privilége, le montant de cette plus-value. Il est donc encore vrai de dire que, quoi qu'il arrive, ce privilége est *établi* sur l'immeuble par l'inscription du premier procès-verbal, et que par conséquent la transcription ne peut à elle seule le purger, suivant l'art. 2182.

152. — En ce qui touche le privilége des copartageants et des créanciers du défunt :

Ces créanciers privilégiés ont, par une exception à la règle de l'art. 2106, des délais de faveur pour inscrire leur privilége (art. 2109-2111). L'inscription faite dans le délai est censée prise le jour même de la mutation. Si donc l'immeuble grevé du privilége est frappé de l'inscription en temps utile, c'est-à-dire dans les soixante jours du partage et dans les six mois du décès, l'effet de l'inscription remontant au jour de la transmission, l'acquéreur qui transcrit son contrat avant l'expiration des délais n'aura pas purgé le droit réel, quoique non révélé encore, mais qui peut se révéler dans les délais déterminés. En un mot, au regard des copartageants et des créanciers du défunt, la transcription n'a pu lui faire acquérir un droit absolu. L'immeuble, à l'égard de ces créanciers, est pendant les délais de faveur réputé se trouver encore dans les mains du copartageant ou de l'héritier, et cela, malgré la transcription précipitée que pourrait faire l'acheteur. C'est là une exception fondée sur des motifs particuliers que la loi aurait pu faire ressortir dans l'art. 2182 mieux qu'elle ne l'a fait par ce mot *établis*. Toutefois, il est vrai de dire que les priviléges des copartageants et des créanciers du défunt inscrits dans les soixante jours du partage ou les six mois du décès, quoiqu'après la transcription, étaient *établis* avant la transcription, puisque les inscriptions faites dans ces délais sont censées, pour leurs effets, avoir été prises le jour même du partage ou du décès, c'est-à-dire avant l'aliénation qui a amené la transcription (1).

(1) *Voy.* ci-après, n° 225.

153. — En ce qui touche les priviléges de l'article 2101 :

Ils sont dispensés d'inscription d'après le Code civil (art. 2107). Ils sont donc nécessairement *établis* avant la transcription.

154. — En ce qui touche les hypothèques qui n'ont d'existence au regard des tiers que par l'inscription, ainsi que les priviléges dégénérés en simples hypothèques (C. civ., art. 2113), la loi est parfaitement rédigée. Car ils ont dû nécessairement se révéler avant la transcription. La transcription purge les hypothèques non inscrites parce qu'elles ne sont pas *établies* sur l'immeuble. L'inscription qui se révèlerait après la transcription, ne pourrait opérer l'appréhension d'un gage, puisque ce gage ne fait plus partie de la fortune du débiteur.

Voilà pour la première partie de l'art. 2182. Elle prouve toujours que la transcription est la ligne de démarcation entre la propriété du vendeur et celle de l'acquéreur, puisque l'acquéreur n'est tenu en règle générale de respecter les priviléges et hypothèques qu'autant qu'ils ont été acquis et se sont révélés à lui avant cette transcription.

Faisons ici une remarque essentielle : c'est que la loi ne fait aucune distinction entre les hypothèques constituées à une époque antérieure au contrat et inscrites dans le temps intermédiaire du contrat à

la transcription, et celles constituées après le contrat et inscrites également avant la transcription.
Pour être respectées des tiers, créanciers et acquéreurs, il suffit qu'elles soient établies au moment de
la transcription. Et en effet, jusqu'à la transcription,
l'aliénateur reste toujours, malgré la convention,
propriétaire au regard du public, et par conséquent il
n'y avait pas de distinction à faire. Qu'importent aux
tiers les conventions qui se passent dans l'ombre?
Ce qui peut seul et doit seul les obliger, dans un régime de publicité, c'est le signe public de la propriété
et de l'hypothèque. Tant que ce signe public n'apparaît pas légalement, il n'y a pour eux ni transmission
de propriété, ni établissement d'hypothèque.

Passons maintenant à la seconde partie de l'article 2182.

155. — La transcription ne transmet à l'acquéreur que la propriété telle qu'elle existe entre les
mains du vendeur.

C'est de là que les adversaires ont tiré argument
en faveur de leur système, et voici comment ils ont
raisonné :

« Le vendeur s'est par la convention dessaisi de
« la propriété pour en investir l'acheteur (art. 711,
« 1138, 1583); or, la loi décide que le vendeur ne
« transmet à l'acquéreur que les droits qu'il avait
« sur la chose vendue; donc la seconde vente que

« consentirait le vendeur est faite *a non domino* (ar-
« ticle 1599), et par conséquent la transcription de
« cette seconde vente ne peut dépouiller le premier
« acheteur, encore qu'il n'ait pas transcrit son con-
« trat. »

Immédiatement cette réplique :

Le vendeur par la convention ne s'est dessaisi
de la propriété qu'à l'égard de l'acheteur (art. 711,
1138, 1583, 1604, 938, 939, 941, 2108, 2181);
donc il peut, malgré la convention, transporter à des
tiers, vis-à-vis desquels il reste toujours propriétaire
jusqu'à la transcription, le domaine absolu. Donc la
transcription du second acheteur l'emporte sur le
contrat non transcrit du premier.

C'est, comme on le voit, toujours la question
par la question. Il faudrait s'entendre sur les pré-
misses. L'art. 2182, 2e alin., a-t-il entendu donner
à la convention le caractère translatif du domaine
absolu? L'action *ex empto* a-t-elle acquis sous le
Code le caractère réel? C'est là la question. Eh bien!
l'art. 2182 prouve tout le contraire de ce qu'on
lui fait dire. Et en effet, il suffit, pour mettre à
néant la conséquence vicieuse qu'on en tire, de remarquer qu'il est littéralement copié dans l'art. 28
de la loi de brumaire an VII, et que dès lors il n'a pu
vouloir dire que la première convention a transporté
la propriété au regard des tiers, puisque l'art. 26 de

la même loi ne faisait résulter le domaine absolu que de la transcription du contrat. Pour admettre l'argument de nos adversaires, il faudrait arriver à dire que l'art. 2182, en passant dans le Code civil, a changé de signification. Or, les textes étant identiques, il est évident que la pensée est la même.

156. — Maintenant voici le sens de cette seconde partie de l'art. 2182; *quæ species est verissima*, comme disait Cujas. La transcription ne purge pas les hypothèques et priviléges établis légalement sur l'immeuble, elle ne purge pas davantage la propriété absolue. En effet, comment voudrait-on qu'une formalité qui ne purge pas de simples démembrements de la propriété pût cependant purger la propriété elle-même ?

Mais la transcription purge :

1° Les hypothèques relatives, c'est-à-dire qui n'ont qu'un principe d'existence dans la convention hypothécaire non encore révélée aux tiers par l'inscription ;

2° Et par identité de raison, la propriété relative, c'est-à-dire celle résultant de la convention à l'égard de telle personne déterminée, et qui ne s'est pas encore constituée au regard des tiers par la transcription.

En d'autres termes, la transcription, au moment où elle s'opère, met au regard de la société l'acquéreur qui transcrit son contrat, absolument dans la même position qu'avait auparavant le vendeur *à l'égard des tiers*, d'où il faut conclure : 1° Que si le vendeur n'était et n'avait jamais été propriétaire, la transcription, ne purgeant pas la propriété, ne pourrait faire acquérir à l'acheteur un droit que n'avait pas le vendeur. Et en effet, la vente de la chose d'autrui est nulle. Le véritable propriétaire absolu, dont un étranger a vendu la propriété, pourra toujours revendiquer l'immeuble entre les mains d'un tiers acquéreur *a non domino* et cela malgré la transcription que cet acquéreur même de bonne foi aura pu faire de son contrat.

2° Que si le vendeur n'était propriétaire que relativement à une personne déterminée et non pas vis-à-vis du public, parce qu'il n'a pas lui-même transcrit son contrat, la transcription que fait l'acheteur ne peut lui faire acquérir un droit absolu, parce que le vendeur ne l'avait pas et qu'il ne peut, suivant l'art. 2182, acquérir par la transcription de son contrat que les droits du vendeur. Il ne sera donc, malgré sa transcription, qu'un propriétaire relatif, et pour devenir propriétaire absolu, il faudra que non-seulement il transcrive son propre contrat, mais encore le contrat de son vendeur, à moins qu'il ne laisse l'usucapion s'accomplir.

Telle est la pensée de l'art. 2182, qui est, au

contraire de ce qu'on lui a fait dire, la preuve la plus évidente que les auteurs du Code ont conservé la transcription comme moyen de translation de la propriété à l'égard des tiers.

157. — Rendons cela sensible par un exemple.

Supposons un vendeur primitif, un acquéreur et un autre acquéreur successifs.

Le 1ᵉʳ janvier, vente par Primus, propriétaire absolu, à Secundus. Secundus ne fait pas transcrire son contrat. Il n'est par conséquent propriétaire que relativement à Primus, il ne l'est pas encore vis-à-vis des tiers (art. 1583).

Le 1ᵉʳ février, Secundus vend sa propriété *relative* à Tertius, qui fait transcrire son contrat, mais qui ne fait pas transcrire le contrat de Primus à Secundus. *Quid juris?* Tertius est-il propriétaire absolu au regard des tiers? Évidemment non, parce que sa transcription n'a pu lui faire acquérir que la position qu'avait son vendeur, et que Secundus, n'ayant pas transcrit son contrat, n'était pas propriétaire absolu. Voilà l'une des deux espèces prévues par l'art. 2182.

Maintenant, voyons la double conséquence qui résulte de cet état de choses :

Du principe que Tertius est propriétaire relativement à Secundus (art. 1583), il résulte que ce dernier ne peut *personnellement* porter atteinte à la propriété relative de Tertius : *Quem de evictione tenet actio, eumdem agentem repellit exceptio.* D'ailleurs, les vendeurs et donateurs ne peuvent opposer le défaut de transcription (art. 941). La transcription est une formalité extrinsèque qui n'intéresse que les tiers.

Maintenant, du principe que Tertius n'est pas propriétaire à l'égard des tiers, il résulte :

1° Que les aliénations totales ou fractionnaires consenties par Primus, même après la transcription de Tertius, l'emporteront sur la vente consentie à Tertius par Secundus, pourvu que ces nouvelles aliénations émanées de Primus, resté propriétaire à l'égard des tiers, soient elles-mêmes transcrites ou inscrites avant que Secundus ou Tertius aient opéré la transcription du contrat intervenu entre Primus et Secundus. En effet, puisque la transcription est nécessaire pour l'acquisition du domaine absolu, il faut nécessairement que toutes les aliénations successives soient transcrites. Si l'une des aliénations intermédiaires n'est pas transcrite, la chaîne des droits absolus est rompue, et par conséquent ceux qui viennent ensuite tombent avec la partie brisée de cette chaîne, puisque la transcription ne purge pas la propriété et ne peut faire acquérir à celui qui transcrit son contrat que la position de son vendeur immédiat à l'égard des tiers ;

2° Que Tertius étant obligé pour acquérir le domaine absolu de transcrire le contrat de Primus à Secundus, la transcription de son contrat avec Secundus devient un acte sans objet, qu'il doit recommencer après la transcription du contrat de Primus à Secundus.

158. — En effet, en transcrivant le contrat de Primus à Secundus, il a fait nécessairement passer le domaine absolu sur la tête de Secundus avant d'arriver à lui. Or, avec le système du Code civil, qui reconnaît des hypothèques sur les biens présents et à venir, il est clair que les créanciers judiciaires ou à hypothèques légales de Secundus auront saisi l'immeuble au passage, c'est-à-dire au moment même où le domaine absolu aura reposé, ne fût-ce qu'un instant de raison, sur la tête de Secundus, et que, par conséquent, pour les purger, Tertius devra transcrire une seconde fois la vente que lui a consentie Secundus; en sorte que la première transcription de Tertius aboutit à néant. Oui, à néant!... Si Tertius ne veut pas transcrire le contrat de Primus à Secundus, il est à la discrétion de Primus; cela est clair comme le jour.

C'est du reste ce que disait Treilhard, à la séance du 10 ventôse an XII : « On voudrait qu'un acheteur fût libre de ne pas transcrire. Il peut s'en « dispenser, mais alors il ne lui restera d'autre ga-

« rantie contre les hypothèques à venir que la mo-
« ralité de son vendeur. »

159. — Mais la jurisprudence a reculé devant ces conséquences logiques du système de la loi qui n'a nullement été compris; et en décidant que la transcription du dernier contrat valait transcription des contrats précédents, elle a rompu l'unité du système. Dès lors on a vu des vendeurs publiant et conservant leurs priviléges par la transcription de contrats qui n'étaient pas les leurs!!!...Ou du moins la logique le voulait ainsi; mais on a mis de côté la logique!!... On a vu ensuite sous le Code de procédure des créanciers mis en demeure de s'inscrire par des transcriptions de contrats émanés d'autres que de leurs débiteurs!!... des créanciers mis en demeure par une sommation émanée d'un homme qu'ils ne connaissent pas, qu'ils ne peuvent pas connaître!... qui, à leur égard, ne se rattache en aucune manière au quatrième ou cinquième vendeur précédent, qui n'est pas tenu de leur signifier les contrats intermédiaires! quelle publicité!... Et puis, on est arrivé à brouiller toutes les mutations successives; on est arrivé à des confusions et à des croisements de créanciers de débiteurs différents; enfin à un chaos tel qu'il n'est personne qui puisse se dire réellement propriétaire.

160. — Tandis que suivant l'idée éminemment

radicale du législateur de l'an VII adoptée par le Code civil, la propriété immobilière repose sur une base assurée. La confusion est impossible. Toutes les aliénations successives sont transcrites et transcrites dans leur ordre de dates. Elles ne sont aliénations qu'à cette condition (*Voy.* art. 2199-2200, *Ordre des dépôts*).

Primus, propriétaire absolu, vend un immeuble à Secundus, le contrat est transcrit; voilà Secundus propriétaire absolu. A cette transcription, toutes les charges de l'immeuble sont arrêtées. Le nouveau propriétaire est certain qu'il ne sera plus, à l'avenir, établi sur son immeuble de droits réels sans sa participation. Il connaît sa position. Il n'est plus question de Primus que pour son privilége qui se révèle par la transcription elle-même. Le public est frappé par le privilége et la propriété en même temps (C. civ., art. 2108). Secundus vend ensuite à Tertius, qui vend à Quartus, etc. Tous les contrats étant transcrits dans leur ordre de dates, les mêmes conséquences se reproduisent de transmission en transmission. Il se fait à chaque transcription une liquidation de chaque mutation. Les droits de tous sont conservés, la confusion entre les créanciers des propriétaires successifs est impossible, et les tiers, en consultant les transcriptions successives, trouvent dans un dépôt public la filiation du domaine. Ils contractent en connaissance de cause, et dès lors le but est atteint ! !... Certes c'est là une législation qui satisfait complétement la raison, et il faudrait des motifs bien puissants pour penser qu'elle a été abrogée !...

161. — Mais elle ne l'a pas été ! L'art. 2182, loin de venir en aide au système de nos adversaires, le condamne au contraire de la manière la plus éclatante ; il ne s'agit que de l'entendre dans son véritable sens, et l'histoire démontre que l'interprétation que nous venons d'en donner est la seule vraie, et par conséquent la seule admissible.

Comment comprendre que les rédacteurs du Code auraient été copier une série d'articles dans la loi de brumaire, s'ils n'avaient pas voulu consacrer les principes de cette loi !... Dans l'art. 2182 la pensée est un peu plus développée que dans l'art. 28 de la loi de l'an VII. Le rédacteur de l'art. 2182 énonce la même pensée en deux alinéas... Eh bien, cette division, qui n'a pour objet qu'une clarté plus grande a servi de texte pour repousser l'idée fondamentale !...

La loi de brumaire avait dit dans une rédaction fort juste :

« La transcription prescrite par l'art. 26 transmet
« à l'acquéreur les droits que le vendeur avait à la
« propriété de l'immeuble, mais avec les dettes et
« hypothèques dont cet immeuble est grevé. »

Et parce que le Code a énoncé la même idée en la divisant, il a changé tout le système!...

162. — « Oui certainement, il l'a changé, et l'ar-
« ticle 2182 nous en fournit la preuve. Est-ce que
« vous ne voyez pas le changement de rédaction
« que présente cet article? La loi de brumaire dit :
« *La transcription ne transmet...* Et on voit par là
« que la transcription est translative. Mais le Code
« s'est-il exprimé ainsi? Non; il a dit : *Le vendeur*
« *ne transmet...* Ce n'est pas la transcription qui
« transmet... c'est le *vendeur,* ce qui est bien diffé-
« rent; car si le vendeur a déjà transmis, il ne peut
« plus transmettre... »

Argutie! mille fois argutie! Ce mot *vendeur* a été inséré dans l'article pour ne pas répéter le mot *transcription* du 1er alinéa. C'est un hommage rendu à la délicatesse de notre langue qui n'aime pas les répétitions. Il faut lire l'article de la manière suivante :

1° La transcription ne purge pas les hypothè-ques;

2° Le vendeur (par la transcription) ne transmet à l'acquéreur, etc...

Et la preuve, c'est que la loi, dans l'art. 2182 ne s'occupe que des effets de la transcription, et que vous décidez vous-mêmes que certaines hypothè-ques inscrites après la vente, et jusqu'à la transcription, obligent les tiers détenteurs. Or, apparemment qu'au moment de la convention l'immeuble n'était pas grevé au regard des tiers des hypothèques non inscrites. La transcription saisit donc l'immeuble tel qu'il se trouve au moment où elle est faite, et par conséquent ce n'est pas le vendeur par la convention, mais bien le vendeur par la transcription de la convention qui transmet la propriété telle qu'elle se trouve entre ses mains au moment de l'accomplissement de la formalité.

163. — Complétons notre démonstration par un résumé de la discussion qui a eu lieu au conseil d'État sur cet art. 2182. C'est le commencement du doute. Il s'est passé à la séance du 10 ventôse an XII un fait inouï dans les discussions législatives, et qu'il faut apprécier à sa juste valeur.

L'art. 91 du projet portait : « Les actes translatifs « de propriété qui n'ont pas été *ainsi* (1) (voir arti-« cle 2181) transcrits ne peuvent être opposés aux « tiers qui auraient contracté avec le vendeur et qui « se seraient conformés aux dispositions de la pré-« sente. »

C'était la reproduction de l'art. 26 de la loi de

---

(1) Ce mot *ainsi* prouve bien que l'art. 2181 a entendu imposer aux parties la transcription de tous les contrats successifs et qu'il ne suffit pas de transcrire le dernier contrat, comme la Cour de cassation le décide à tort.

brumaire, et par conséquent la consécration formelle du système.

Venait ensuite l'art. 92 qui est aujourd'hui l'article 2182 et qui reproduit l'art. 28 de la même loi.

Eh bien, chose remarquable ! Ces deux articles sont adoptés sauf quelques amendements insignifiants ; le principe fondamental est reconnu devoir continuer d'exister, puis tout à coup, par ce que M. Troplong a appelé, dans son excellente introduction du *Traité des hypothèques*, un *escamotage* et que j'appellerai, moi, une inadvertance, un malentendu, l'art. 91 disparaît, et l'art. 92 (aujourd'hui 2182) se retrouve seul dans l'édition officielle du Code civil.

164. — La disparition de cet art. 91 du projet est, on le sent, l'un des plus puissants arguments de la théorie de nos adversaires (1). Si, disent-ils, l'article a disparu, c'est qu'on l'a rejeté, et par conséquent avec lui le principe qu'il consacrait textuellement. Voyons.

165. — Et d'abord, pour juger cette scène qui, pour avoir été mal comprise, est devenue la source de toutes les erreurs postérieures, rappelons-nous l'intérieur du conseil d'État. On sait qu'il est par-

____

(1) C'est même le seul à mon sens qu'ils puissent invoquer. On verra plus loin la réponse que nous y ferons.

tagé en deux camps. D'un côté se trouve Tronchet, jurisconsulte éminent et qui représente avec Portalis l'école de Pothier et l'école Coutumière. Il a sans doute traversé la Révolution ; il a assisté à ses enfantements, mais en qualité de spectateur seulement. Il est resté étranger au mouvement des idées qui s'est opéré autour de lui. Constamment on le voit en défiance contre les institutions nouvelles. On sent qu'il n'est pas placé dans le centre nécessaire pour les apprécier en juge impartial. La transcription ne sera pour un tel homme ni la base du crédit foncier, ni la base de la propriété immobilière. Le crédit foncier? Pothier n'en a pas parlé. Ce sera une affaire bursale, une affaire de régie, ce sera uniquement un moyen de remplir les caisses de l'État. Il ne verra que les imperfections du système ; il n'en saisira pas les avantages. C'est un réacteur (1).

A la tête du camp opposé apparaît Treilhard qui, lui aussi, a traversé la Révolution, qui en a déploré les excès auxquels il a peut-être pris une part trop grande, dans tous les cas forcés (*Voy. Biographie*

______

(1) On a vu déjà et on verra encore souvent cette expression *réaction* dans notre travail. Il ne s'agit pas ici de réaction politique sans doute! L'étude de l'histoire du droit démontre à ceux qui la cultivent, que les institutions civiles comme les institutions politiques ont le temps de leurs développements comme aussi le temps des réactions. Eh bien! l'époque de 1804 est un temps de réaction contre les institutions civiles de la Révolution, ainsi que contre ses institutions politiques.

de Michaud), mais qui a accepté franchement tous les progrès qu'elle a réalisés. Il défendra donc pied à pied les institutions nouvelles, car il a puissamment contribué à les conquérir. Il ne transigera pas ; il sait qu'en législation la transaction est mauvaise. La publicité sera pour lui la base fondamentale de l'organisation du domaine. C'est un radical.

Mais tous deux sont déjà vieux ; ils ont perdu de vue les premiers éléments du droit. La théorie du *jus ad rem* et du *jus in re* n'est plus qu'un souvenir dans leur esprit. Dès lors, la discussion à laquelle ils vont se livrer et dont l'objet est précisément l'application de cette théorie, se ressentira de la confusion produite par le temps. Le hasard se mêlera à tout cela. Celui qui les départage ordinairement, celui qui s'applique à la fusion de leurs idées contraires, celui qui, lorsque la transaction est impossible, se pose en juge souverain entre la révolution et la contre-révolution, celui, en un mot, qui domine nos deux athlètes, sinon par son savoir, au moins par la toute-puissance de son génie... Eh bien! celui-là n'assistera pas à la séance dans laquelle vont s'agiter les destinées du sol de la France. La présidence de l'assemblée sera remise en des mains inhabiles. L'archichancelier, que l'histoire jugera comme ayant été au-dessous de sa mission, laissera ce jour-là, comme presque toujours, la discussion s'égarer. Il ne la ramènera pas au point fondamental. Puis, la séance terminée, un malentendu donnera au doute l'occasion de se montrer plus tard, et ce doute prendra de la consistance avec le temps, de telle sorte que la conquête révolutionnaire se perdra dans l'avenir.

Cela dit, entrons à la séance.

166. — La lutte s'engage par le camp Tronchet.

« M. Maleville demande si l'effet de l'art. 91 (sup-
« primé dans le Code) sera d'investir de la propriété
« le nouvel acheteur qui aura fait transcrire son
« contrat, au préjudice de l'acheteur plus ancien
« qui n'aura pas rempli cette formalité. La rédac-
« tion combinée des art. 91 (supprimé) et 92
« (art. 2182) laisse des doutes sur la question sui-
« vant lui; et dans tous les cas, si la question est
« résolue par l'art. 91, dans le sens de l'affirma-
« tive, cette disposition présente, aux yeux de l'o-
« rateur, des inconvénients bien graves. »

M. Treilhard répond : « Oui, telle est la consé-
« quence de l'article. Il était nécessaire de régler la
« préférence entre les acquéreurs dans le cas d'une
« double vente. L'article veut qu'elle soit accordée
« à l'acquéreur qui fait transcrire son contrat, sauf
« le recours de l'autre contre le vendeur. »

M. Jollivet (camp Treilhard) ajoute :

« Cette disposition est encore nécessaire pour

« ôter au vendeur la faculté de charger d'hypothè-
« ques l'immeuble vendu. »

Ainsi, voilà la question tranchée. Puisqu'on adopte
la loi de brumaire, il faut en accepter la conséquence.
La conséquence peut être rigoureuse, au point de
vue d'une équité restreinte, mais elle ne l'est pas
plus qu'avec la tradition de l'ancienne jurisprudence.
Et d'ailleurs, comment, dans un système public,
un étranger qui contracte de bonne foi, serait-il
tenu de respecter un droit de propriété que l'acquéreur qui n'a pas transcrit ne lui a pas notifié par le
journal du conservateur. La réponse de MM. Treilhard et Jollivet est donc dans les véritables principes.

167. — La discussion devait s'arrêter là. Mais
voici venir M. Tronchet. Depuis qu'il a été appelé
à créer la loi, il a lu les jurisconsultes philosophes ;
il a lu Grotius, il a lu Puffendorf, il a lu Wolff. La
propriété est une chose purement intellectuelle.
Pourquoi donc, puisqu'elle n'est qu'une pensée, ne
se transmettrait-elle pas par la pensée sans aucun
acte extérieur, sans aucune formalité sensible? Alors
il attaque le principe fondamental de la transcription
dans un tout autre ordre d'idées que M. Maleville.

168. — Suivant lui, « La conséquence tirée par
« MM. Treilhard et Jollivet rend la disposition dés-
« astreuse.

« On a vu dans tous les temps des ventes faites

« par des individus qui n'étaient pas réellement
« propriétaires... »

Eh bien, l'art. 92 (2182 du Code civil) a préci-
ément pour objet de dire que la transcription d'une
vente faite de la chose d'autrui n'en transporte pas
la propriété à l'acquéreur.   .

« On a vu aussi des ventes doubles faites par le
« propriétaire véritable. Mais les tribunaux pronon-
« çaient entre les parties. »

Le procès était bientôt jugé. Il ne s'agissait que
de prouver quel était celui qui le premier avait reçu
livraison et tradition de la chose soit réellement,
soit par équivalent.

« Aujourd'hui, et d'après l'article qu'on propose,
« tout dépend de la transcription!... »

La preuve alors sera bien plus simple, et il n'y
aura pas de procès pour l'administrer; ce qui vaut
infiniment mieux. Mais d'ailleurs, tout ne dépend pas
de la transcription. Tout ne dépend de la transcription qu'au cas d'une double vente faite par le même
propriétaire, et non pas au cas de vente *a non domino* (art. 2182).

« En sorte qu'un citoyen qui aurait acheté et qui
« posséderait un immeuble depuis 10 ou 20 ans,
« mais qui n'aurait pas fait transcrire, serait obligé
« de le restituer à l'acheteur très-récent dont le con-
« trat aurait été transcrit... »

Mais si on adopte mon système de transmission par le seul effet de la convention et dans lequel la tradition n'intéresse pas la transmission immobilière, l'acquéreur se verra au bout de 10 ou 20 ans dépossédé par l'apparition d'un acte occulte ayant date certaine antérieur au sien, encore qu'il ait transcrit son contrat, payé son prix aux créanciers porteurs de bordereaux délivrés avec l'appareil des formalités judiciaires, bâti sur la propriété purgée par lui en apparence de tous les droits antérieurs! Cela est-il beaucoup mieux? La critique est aisée, mais l'art est difficile. Il faudrait un peu se mettre à la place du législateur qui n'a souvent que le choix des inconvénients et qui se prononce pour les moins graves dans leurs conséquences (1).

« Il faut même observer que l'effet de cette étrange « disposition, n'est pas borné aux ventes faites « depuis la loi du 11 brumaire an VII, mais qu'elle « embrasse également les ventes antérieures...»

Oh!..... et la non-rétroactivité des lois..... qu'en faites-vous?

« Qu'ainsi, il n'y a plus en France une seule pro-

---

(1) Au surplus, ces doubles ventes sont très-rares, et il ne fallait pas s'arrêter à des cas qui ne se présentent presque jamais. Le législateur de l'an VII avait donc eu raison de passer sur l'inconvénient signalé par Tronchet, et qu'un acquéreur diligent peut toujours prévenir en transcrivant son contrat.

« priété dont on ne puisse être dépouillé, faute de
« transcription, en vertu d'une vente faite par un
« individu qui n'a *jamais* été propriétaire ! »

N'est-il pas évident que M. Tronchet veut effrayer
le conseil d'État, ou bien qu'il ne comprend pas le
système. Que fait-il donc des art. 28 de la loi de
brumaire et 92 du projet? Mais non! ce n'est
pas ignorance. Il n'est pas possible que M. Tronchet n'ait pas compris le projet. Il est animé par la
passion. Celui que l'histoire (*Voy. la Biographie* de
Michaud) nous représente comme un homme in-
flexible, invariable dans ses principes, celui que
Mirabeau appelait le Nestor de l'aristocratie, — dé-
teste trop la Révolution pour en accepter les idées.
Les plus belles institutions ne trouvent pas grâce
devant lui, par cela seul qu'elles sortent d'une source
qu'il a prise en horreur, et sa haine l'aveugle au
point de lui faire dire des choses déraisonnables.

« Il est impossible de justifier une disposition qui
« expose à de si grands dangers (1) le droit sacré
« de propriété, et qui sacrifie un propriétaire légi-

---

(1) Les dangers de votre système sont bien autrement grands :
puisqu'après 40 ans d'expérience, on retourne à l'unanimité à l'institution que vous voulez détruire, mais que vous ne détruirez
pas : car le conseil d'État n'adoptera pas vos idées. Il faudrait pour
cela reviser tout le Code (art. 938, 939, 941 , 1583, 2108, 2181).
Et il a hâte d'en finir.

« time (1) à un acquéreur nouveau, à un nouveau
« créancier. »

Ajoutez donc : qui ont acquis des droits *réels* que
tout le monde est tenu de respecter, et par conséquent, votre propriétaire relatif, encore plus que
tout autre, car il a été mieux à même de connaître
ce qui s'est passé, puisqu'avant d'acheter, il a dû
consulter le registre des transcriptions, et que la loi
l'avertissait qu'il ne serait propriétaire absolu, qu'à
la condition de transcrire son contrat.

« On ne voit pas quel motif a pu leur faire accor-
« der cette injuste faveur !..... »

Mais c'est l'intérêt du public, c'est l'intérêt de la
société tout entière, qui doit reconnaître le propriétaire à un signe éclatant, afin qu'il n'y ait pas
de surprises et que le régime hypothécaire public
produise tous les bons résultats que vous en attendez !.....

« Que la loi établisse la spécialité des hypothè-
« ques, on aperçoit le motif de cette disposition.
« Elle consacre le seul moyen qui existe d'empê-
« cher le prêteur de placer faussement sa confiance
« dans un gage déjà absorbé par des hypothèques

---

(1) Dites donc : qui aurait pu le devenir s'il eût été diligent et
soigneux de ses intérêts, mais qui n'est, sans la transcription, qu'un
propriétaire relatif, c'est-à-dire un créancier du vendeur.

« antérieures, mais celui qui achète n'a pas besoin
« que la loi pourvoie d'une manière particulière à
« sa sûreté!!!.....

Étonnante théorie! protection pour les créanciers
hypothécaires, c'est-à-dire pour les propriétaires
d'une fraction du domaine, mais point de protection
pour le propriétaire entier!... Ce dernier n'en a pas
besoin!... Mais vous ne voyez donc pas que votre
protection des créanciers hypothécaires ne peut exister qu'à cause de la protection du domaine? Que
l'hypothèque qui est une distraction de la propriété
ne sera stable et ne donnera une assurance positive,
qu'autant que la propriété elle-même reposera sur
une base inébranlable? Est-ce que vous ne voyez
pas que la spécialité de l'hypothèque ne produira
aucun des effets que vous en attendez sans la publicité, et que la publicité de l'hypothèque n'est que
la conséquence de la publicité du domaine, ou du
moins que, sans la publicité du domaine, vous expo-
sez les créanciers que vous voulez protéger à toutes
sortes de mécomptes? Que deviendront vos créanciers, lorsqu'un acte occulte qu'ils n'auront pu connaître, parce que vous ne voulez pas la publication
des titres par la transcription, se révèlera tout à
coup et fera disparaître leur gage? Ils perdront leurs
créances. En sorte que vous aurez été inconséquent
à ce point que vous n'aurez pas protégé ceux pour-

tant que vous vouliez protéger! Et pourquoi cela?
parce que vous serez restés en chemin, et qu'en publiant la fraction de la propriété, la conséquence,
en un mot, vous n'aurez pas publié le principe!...

« Il a sous les yeux les titres, il peut vérifier la
« possession du vendeur. Et ce serait pour le dis-
« penser de cet examen qu'on ne craindrait pas de
« compromettre la propriété d'un citoyen qui se
« repose avec sécurité sur un contrat légal! »

Mais non. La loi n'entend pas du tout dispenser
l'acquéreur du soin d'examiner la filiation de la propriété, puisque la transcription ne purge pas le domaine absolu, et que le véritable maître peut toujours, suivant l'art. **2182**, revendiquer sa chose,
malgré la transcription de l'acheteur *a non domino*.
Elle ne veut qu'une chose. C'est lui faciliter les recherches, et pour cela, elle lui présente un registre
public où il est certain de trouver toutes les mutations successives et de s'éclairer sur l'opération qu'il
va consommer.

Vous parlez de contrat légal; mais il sait que son
contrat ne sera légal, ou plutôt légalisé, que par la
transcription; que, jusque-là, il n'est propriétaire
qu'à l'égard du vendeur (**1583**); que, par conséquent, s'il se repose sur son contrat que vous appelez légal, il s'y repose à tort, puisque la loi l'a-
vertit qu'il faut quelque chose de plus que le con-

trat pour l'investir de la propriété absolue, à savoir la tradition, dans l'ancienne jurisprudence, et aujourd'hui la transcription.

« Cette disposition, à la vérité, n'est pas nouvelle,
« on l'a empruntée à la loi de brumaire an VII;
« mais elle n'y a été placée, *comme beaucoup d'au-*
« *tres,* que pour l'intérêt du fisc, et sans avoir de
« point d'appui dans les principes de la matière.
« Car comment *colorer* même une préférence évi-
« demment arbitraire, ou plutôt évidemment in-
« juste. »

La transcription n'a eu pour but que de remplir les caisses de l'État !... Sans doute les caisses de l'État se sont bien trouvées de la formalité. Quand l'État protége, ne faut-il pas lui payer sa protection? Mais dire que la transcription n'a eu en vue qu'un intérêt d'argent, c'est assurément méconnaître et calomnier l'une des belles institutions des temps modernes !...

169. — Cette philippique terminée, le conseil d'État s'émeut. Les assemblées délibérantes appartiennent toujours au talent et à l'impression du moment. Voilà pourquoi elles sont peu propres à la confection des lois civiles. L'autorité de M. Tronchet, qu'on est habitué à respecter, les dangers dont il a parlé jettent la crainte dans les esprits timides, et au lieu de passer outre, en adoptant purement et

simplement le projet auquel il n'y avait rien à changer, le conseil continue·la discussion sur les deux questions suivantes que son président lui pose comme ressortant des paroles qu'il vient d'entendre :

« 1° Les ventes faites avant la loi du 11 brumaire « an VII seront-elles assujetties à la formalité de la « transcription ?

« 2° La transcription conférera-t-elle la pro-« priété à l'acheteur, même lorsqu'il aura acheté « d'un particulier qui n'était pas propriétaire ? »

170. — Un mot sur la position de ces questions.

Il est clair qu'elles sont incomplètes et qu'il fallait en poser une troisième, ou plutôt, diviser la seconde, car la solution négative ne prouvera rien en ce qui touche le point fondamental de savoir si, oui ou non, la transcription sera conservée comme moyen de transmission à l'égard des tiers, dans le cas d'une double vente faite par le véritable maître.

Aussi allons-nous voir la discussion se séparer du président et la lutte se suivre entre Tronchet et Treilhard sur le véritable point de la difficulté. Mais leur discussion n'aura pas pour objet principal de répondre à la seconde question du président ; et puis le président, placé à un autre point de vue, n'aura pas saisi ce qui s'est passé en sa présence, et son résumé ne sera pas le résumé de la discussion de nos deux antagonistes. ·

Je m'explique, car c'est un point fondamental, et c'est pour n'avoir pas profondément médité cette discussion que plus tard, le conseil d'État, dans un moment de mauvaise humeur contre la régie, et la jurisprudence après lui, ont déclaré la transcription translative abolie.

171. — De quoi s'agissait-il? Il s'agissait de savoir si la transcription donnerait la préférence à celui de deux acheteurs du même propriétaire absolu qui aurait le premier transcrit son contrat.

Voilà la difficulté véritable. C'était demander si la convention à elle seule transporterait la propriété au regard des tiers, ou si au contraire la transcription serait nécessaire pour acquérir le domaine absolu. M. Tronchet ne veut pas de la transcription translative, parce qu'à ses yeux la convention légalement prouvée transporte la propriété (1) au regard des tiers, et alors il repousse naturellement la transcription comme une formalité dont il n'aperçoit

---

(1) Ou du moins, telle paraît être sa pensée, quoiqu'on pourrait croire qu'il exige la tradition, d'après ces expressions : « En sorte « qu'un citoyen qui aurait acheté et qui posséderait un immeuble « depuis 10 ans, etc. » Mais il a dit sous l'art. 712 que les meubles seuls étaient susceptibles de tradition, d'où je conclus que, dès qu'il ne veut plus de la transcription au titre des *Hypothèques*, c'est que, dans son esprit, la convention a pris le caractère translatif au regard des tiers.

pas le but. C'est une mesure fiscale, et voilà tout. Cela se comprend très-bien. Il est évident que si l'action *ex empto* a acquis sous le Code le caractère réel, la transcription est un non-sens, en ce qui touche la transmission du domaine.

172. — Cette difficulté, le président ne la saisit pas; cela sera évident dans un instant. Et pourquoi ne la saisit-il pas? C'est parce qu'il ne peut pas comprendre, lui qui a pris la parole sous l'art. 2108, lui qui vient de trancher la difficulté sous l'article précédent (2181) dans sa discussion avec M. Jollivet sur la transcription des actes sous seing privé, qu'on puisse remettre en question un point désormais jugé, puisque l'art. 2181 a été adopté avec l'explication qu'il en a donnée, et que d'ailleurs, si l'on fait disparaître le principe fondamental, il faut revenir sur ses pas et refaire tout le Code conçu dans le sens du projet. Il est donc excusable de ne pas comprendre.

Mais voici la difficulté qu'il comprend et qu'il met en délibération.

173. — M. Tronchet, dans son attaque, s'imagine que la transcription, telle qu'elle résulte de la rédaction de l'art. 91 du projet (supprimé) étant translative du domaine, suffira pour faire acquérir à l'acheteur *a non domino,* c'est-à-dire d'un étranger qui ne vend pas deux fois sa chose, mais qui vend la chose d'autrui, la propriété de cette chose.

« On a vu, dit-il, dans tous les temps, des ventes
« faites par des individus qui n'étaient *nullement*
« propriétaires (première espèce). On a vu aussi
« des ventes doubles faites par *le propriétaire vé-*
« *ritable* (deuxième espèce). Mais les tribunaux,
« dans tous ces cas, prononçaient entre les parties.
« Aujourd'hui, et d'après l'article qu'on propose,
« *tout* dépend de la transcription. »

Évidemment tout ne dépend pas de la transcription. M. Tronchet est, à cet égard, dans l'erreur.
Il n'y a qu'au cas d'une double vente consentie par
le *véritable propriétaire,* que *tout* dépend de la transcription. C'est le cas prévu par l'art. 91 du projet.
Le cas de la vente *a non domino* est réglé par l'article 92 (art. 2182), et, à cet égard, la transcription ne fait rien acquérir. La transcription purge la
propriété au cas de l'art. 91, parce que ce n'est
qu'une propriété relative, et elle ne la purge pas au
cas de l'art. 92, parce que c'est une propriété absolue.

Mais le président n'en saisit pas moins au passage
la question que se pose Tronchet relativement à la
vente *a non domino*, et c'est celle-là seule qu'il
pose au conseil assemblé. C'est ce que prouve le
procès-verbal, jusqu'à la dernière évidence.

« L'opinion du consul est que l'acheteur doit

« être forcé de purger les hypothèques, mais que
« la transcription ne doit pas avoir l'effet de purger
« la propriété. »

Quelle propriété? Est-ce la propriété appartenant
à l'acheteur qui n'a pas transcrit son contrat, tandis que le second acheteur a fait transcrire le sien
(2ᵉ espèce de M. Tronchet)? évidemment non;
puisque M. Cambacérès a fait lui-même trancher
la difficulté sous l'art. 2181.

Quelle sera donc la propriété que la transcription ne purgera pas? Eh bien, ce sera la propriété
absolue reposant, malgré la transcription, sur la
tête de celui dont un étranger a vendu l'héritage
à un tiers qui transcrit son contrat émané *a non
domino* (1ʳᵉ espèce de M. Tronchet).

Douterait-on que tel fût le sens de la question
posée par M. Cambacérès? Écoutons la suite du
procès-verbal. C'est toujours le consul qui parle :

« A la vérité, il est rare qu'un particulier vende
« *sciemment* un héritage qui ne lui appartient pas.
« Cependant ce cas peut se présenter. Et d'ailleurs,
« dans les campagnes, rien n'est plus ordinaire que
« les empiétemens. *Si les terres ainsi ajoutées sont
« vendues avec le fonds, il est juste que la tran-
« scription du contrat n'empêche pas le propriétaire
« de les revendiquer !... »*

Voilà la propriété que la transcription ne purge

pas. Et, en effet, il eût été absurde qu'elle la pur-
geât. Aussi l'idée monstrueuse que la transcription
fût capable de faire acquérir à un acheteur *a
non domino*, le domaine à l'encontre du légitime
propriétaire, n'a-t-elle jamais germé dans l'esprit
du législateur de l'an VII. L'art. 28 prévoyait précisément ce cas, et l'art. 2182 du Code civil n'a
eu d'autre objet que de consacrer ce qui existait.

Mais si la transcription ne purge pas la propriété
absolue, le *jus in re,* elle purge la propriété relative, le *jus ad rem*, au cas d'une double vente faite
par le véritable maître (2° espèce de M. Tronchet);
parce que le premier qui transcrit, acquiert par la
transcription précisément le *jus in re* opposable à
tous les tiers, et par conséquent à celui qui n'a
qu'un droit relatif contre le vendeur, le *jus ad rem*
résultant du contrat non transcrit (art. 1583), et
ce dernier aura beau ensuite transcrire son contrat,
il ne pourra pas purger la propriété transcrite antérieurement de son adversaire, parce que la transcription ne purgeant pas les hypothèques établies
(c'est-à-dire inscrites) ne purge pas, à plus forte
raison, le domaine inscrit (c'est-à-dire transcrit) :
la transcription étant au domaine ce que l'inscription est à l'hypothèque.

174. — Revenons maintenant à la question posée
par M. Cambacérès. Nous savons que lorsqu'il de-

mande *si la transcription conférera la propriété à l'acheteur, même lorsqu'il aura acheté d'un particulier qui n'était pas propriétaire,* il n'entend parler que de la première espèce de M. Tronchet, c'est-à-dire du cas de la vente *a non domino,* et non pas du cas d'une double vente consentie par le véritable maître.

Treilhard répond en deux mots : « L'art. 92 « (2182) résout la difficulté en décidant que l'hé- « ritage ne passe au nouveau propriétaire qu'avec « les droits qui appartiennent au vendeur. »

Ce qui veut dire que si le vendeur a vendu la chose d'autrui, la transcription ne fera pas acquérir le domaine à l'acheteur (1re espèce de M. Tronchet).

175. — Mais si cela donne satisfaction à M. Tronchet pour sa première espèce, cela ne lui donne pas satisfaction pour la seconde, et alors, lui qui s'est fait tout à coup l'écho de Grotius, Wolff et Puffendorff, il va s'efforcer de démontrer que dès qu'on admet que la transcription ne transporte pas la propriété au cas de vente *a non domino,* il faut décider aussi qu'au cas de double vente par le véritable maître, la transcription du dernier contrat ne peut faire acquérir le domaine au second acheteur au préjudice du premier, lors même que ce dernier n'aurait pas transcrit son contrat. Pourquoi cela? parce que dans son esprit, la propriété a été transportée par la première convention, et que, par conséquent, le propriétaire qui s'est dessaisi par cette convention est devenu étranger à la propriété de l'immeuble ; d'où suit que la transcription, dès qu'elle n'est pas translative dans le premier cas (Projet, art. 92 ; C. civ., art. 2182), ne peut l'être davantage dans le second.

C'est là qu'est l'erreur. C'est que M. Tronchet ne veut pas voir que d'après le projet qui ne fait que développer et consacrer les idées précédemment annoncées par les art. 711, 938, 939, 941, 1138, 1583, 2108, 2181, la convention à elle seule ne transporte pas la propriété absolue ; que les deux acquéreurs, au cas d'une double vente, ne sont ni l'un ni l'autre propriétaires par leurs contrats ; que par conséquent, le vendeur est resté propriétaire au regard des tiers jusqu'à la première transcription qui seule opère délivrance, tradition au regard du public : d'où suit que la décision ne doit pas être la même dans les deux espèces de M. Tronchet, et que la solution de la première question n'entraîne pas comme conséquence la solution de la seconde.

176. — Mais sous le coup de cette impression que la transcription, si elle n'est pas translative dans le cas d'une vente *a non domino,* ne peut l'être davantage au cas d'une double vente *a domino,* parce qu'à ses yeux, la seconde vente est faite *a non do-*

mino; M. Tronchet voit dans l'art. 91 du projet une fausse conséquence de l'art. 92, tandis que l'art. 92 est une exception à la règle de l'art. 91. Car le sens de la loi est celui-ci : Art. 91. La transcription, en règle générale, transporte la propriété au regard des tiers.

Art. 92. Néanmoins, si le vendeur n'est pas propriétaire, la transcription ne fait pas acquérir le domaine.

Ce qui est reproduire l'idée ancienne que la transcription ne peut avoir plus de force que la tradition *a non domino.* Ce qui veut dire que l'on consacre de la manière la plus éclatante, sous d'autres formes, la théorie du *jus ad rem* et du *jus in re.* Mais le *jus ad rem* et le *jus in re* se sont singulièrement embrouillés dans l'esprit d'un élève de Grotius. Il fait abstraction du droit de créance pour arriver de suite au droit réel, et il est alors conduit à méconnaître une institution admirable, à laquelle la France entière avait applaudi !..... M. Tronchet, plus jeune, n'eût pas commis la faute énorme que M. Tronchet, vieillard, a commise. C'est ainsi que vont les choses. Quelqu'éclat que l'homme ait jeté dans sa carrière, le temps finit par le rendre inhabile, et souvent, une belle intelligence dont le passé semblait garantir l'avenir, n'apporte plus dans sa mission qu'une autorité d'autant plus dangereuse qu'elle est plus respectable!..... Voilà l'histoire de bien des hommes. Voilà l'histoire de M. Tronchet au conseil d'État, à la séance des 3 et 12 ventôse an XII. C'est lui qui a perdu le système hypothécaire en France!.....

177. — Il répond à M. Treilhard.

« L'art. 92 (2182) ne sert qu'à mieux faire res-
« sortir la conséquence de l'art. 91 (supprimé).
« On commence en effet par établir qu'un contrat
« de vente non transcrit ne pourra militer avec un
« contrat transcrit (1) (art. 91). On dit ensuite que
« la transcription ne purge pas les priviléges et hy-
« pothèques, il est donc évident qu'elle purge la
« propriété!!..... »

Mais encore une fois, quelle propriété? La propriété relative? Oui. La propriété absolue? *Non.* De même qu'elle purge les hypothèques relatives, c'est-à-dire *non inscrites,* de même elle purge la propriété relative, c'est-à-dire, *non transcrite;* de même qu'elle ne purge pas les hypothèques absolues, c'est-à-dire *inscrites*, de même elle ne purge pas la propriété absolue, c'est-à-dire, *transcrite.* En d'autres termes, la transcription purge les *droits de créance,* et ne purge pas les *droits réels,* parce que les droits de créance n'obligent pas les tiers, et parce que les droits réels les obligent.

(1) C'est le cas de sa seconde espèce, le cas d'une double vente faite par le véritable propriétaire.

178.—Il continue : « On prétend que les intérêts
« de l'acheteur qui n'a pas fait transcrire son con-
« trat , sont mis à couvert par le recours qu'on lui
« réserve contre le·vendeur. Quand on lui accor-
« derait la poursuite en stellionat , toujours serait-
« il vrai qu'on le dépouille de sa propriété (1), et
« qu'on préfère ainsi au propriétaire légitime , l'ac-
« quéreur imprudent qui n'a pas pris la peine d'exa-
« miner les titres du vendeur !... »

C'est incroyable ! Est-ce que le deuxième acheteur
dont vous parlez , a pu vérifier l'existence d'un titre
que vous tenez secret , et que son vendeur qui veut
commettre un stellionat, se gardera bien de lui com-
muniquer. Est-ce chez le notaire que le second acquéreur aura pu se procurer la preuve de la première
vente ? chez le notaire qui ne peut lui donner, à lui
tiers , communication de ses minutes ! Est-ce à l'enregistrement ? à quel bureau ? l'acte est peut-être
sous seing privé ; il n'est peut-être pas encore
enregistré ; peut-être ne le sera-t-il que le jour
même de la seconde vente et avant que cette vente
ait acquis date certaine. Il est donc évident que le

______

(1) On ne le dépouille pas, puisqu'on ne pourrait le dépouiller
qu'autant qu'il serait investi du domaine, et il ne l'est pas au regard
des tiers. Sa propriété n'est qu'une créance contre telle personne
déterminée, une obligation *ad dandum*, laquelle se transforme
naturellement en une action en dommages-intérêts, lorsque par le
fait du vendeur, elle ne peut plus s'exécuter en nature.

second acquéreur ne peut vérifier la position, et qu'il est faux de dire avec M. Tronchet qu'il est un acquéreur imprudent qui n'a pas pris la peine d'examiner les titres du vendeur. Il peut au contraire les examiner avec le plus grand soin et n'arriver jamais au but que cet examen a pour objet.

Voilà pour le cas d'une double vente faite par le propriétaire véritable (2e espèce de M. Tronchet).

Mais les paroles de ce conseiller d'État ont un sens vrai dans la 1re espèce (le cas de vente *a non domino*), parce que l'étranger qui vend la chose d'autrui n'a pas de titres ou n'en a pas de valables, et que par conséquent, on peut reprocher de l'incurie à l'acheteur qui n'aura pas fait l'examen des titres. Dans ce dernier cas, l'acheteur, en consultant le registre des transcriptions (1) et les titres, a un moyen infaillible de voir si le vendeur est propriétaire au moment de la vente; aussi, la transcription ne peut-elle dans ce cas lui transporter la propriété qui ne repose pas sur la tête du vendeur (C. civ., art. 2182). Mais dans la 1re espèce, il n'y a pas de vérification possible d'une première vente, si cette vente pour obliger les tiers n'a pas, dans le système de M. Tronchet, besoin de se révéler sur les registres du conservateur. C'est alors seulement que la transcription fait

____

(1) Pour voir si déjà le vendeur n'a pas transporté une propriété qui lui appartenait anciennement.

acquérir le domaine (art. 91). La loi n'admet la transcription translative que lorsqu'il y a nécessité ; elle concilie autant que possible l'équité, qui est la base des contrats, avec les besoins de la publicité.

179. — Là s'arrêtent les paroles de M. Tronchet. Il faut l'avouer, son discours contient autant d'erreurs que de mots. Maintenant M. Treilhard va lui répondre ; il ne laissera rien en arrière, et il démontrera que le projet satisfait à toutes les exigences.

« L'usage, dit-il, où sont les acquéreurs d'exa-
« miner les titres de propriété, est déjà une pre-
« mière garantie contre l'abus de l'art. 91 (sup-
« primé); car certainement *ceux qui découvriraient*
« par cet examen que le vendeur n'est pas proprié-
« taire s'abstiendraient d'acheter (1).

(1) Ces paroles me suggèrent une remarque bien importante. M. Treilhard citant l'art. 91, il est raisonnable de penser qu'elles s'appliquent au cas d'une double vente faite par le véritable propriétaire. Dans le cas de la vente à *non domino*, elles n'ont rien que de parfaitement exact, car si l'acheteur découvre dans les titres que la propriété ne repose pas sur la tête du vendeur, il n'achètera pas. Mais *quid* s'il découvre que déjà le vendeur qui a été et est encore propriétaire au regard du public, mais qui ne l'est plus vis-à-vis de telle personne déterminée, a vendu sa propriété à un tiers qui n'a pas encore transcrit son contrat ? La connaissance que le second acheteur acquerra de l'existence de cette première vente aura-t-elle pour objet de l'empêcher de devenir propriétaire au regard des tiers, et par conséquent, du premier acquéreur, en transcrivant le contrat qu'il aura accepté malgré cette circonstance ? M. Treilhard semble décider qu'il se rendrait complice de la fraude, complice du stellionat, d'où on peut conclure que la loi n'a entendu donner à la transcription le pouvoir translatif, qu'autant

« Mais quand on supposerait qu'il se trouve des
« hommes assez inconsidérés pour acheter sans

que le second acquéreur n'a pas su la première vente, quoique
non publiée, au moment où il a contracté. S'il l'a connue et si on
le lui prouve, il est constitué en fraude, il est le complice du vendeur, il porte atteinte à une propriété, relative, à la vérité, mais
enfin, à une propriété qu'il connaît, et son contrat tombe comme
frauduleux. L'art. 1141 l'a déjà décidé pour la tradition des meubles, la bonne foi est requise de la part du second acquéreur, et
M. Treilhard semble ici porter la même solution en ce qui concerne les immeubles.

Si la loi doit être entendue ainsi, elle est susceptible de critique.
Car la fraude entre les parties ne doit jamais nuire aux tiers de
bonne foi, aux créanciers hypothécaires, par exemple, et aux acquéreurs subséquents dans un régime public. Il ne faut pas que,
quand un individu est propriétaire aux yeux de la société, tous
ceux qui acquièrent des gages sur ses immeubles soient exposés à
voir leurs gages s'évanouir, parce qu'il y aura eu un concert frauduleux entre l'un des vendeurs et l'un des acquéreurs précédents.
Je pense donc que, lors de la révision de la loi, il faudra retrancher de l'art. 1141, ces mots : *pourvu toutefois que la possession
soit de bonne foi,* ou si on les conserve, parce que pour les meubles, la théorie a peu d'inconvénients, il faudra s'expliquer par un
texte formel en ce qui touche les immeubles, et décider que la
victime du concert aura une action solidaire contre le vendeur et
son complice, mais qu'elle ne pourra pas lui enlever la propriété
de l'immeuble transmis et acquis légalement par la transcription.

Les droits du premier acquéreur seront par là suffisamment garantis. D'abord, il n'a pas dû payer son prix avant d'avoir transcrit
son contrat, et comme il ne l'a pas fait, il est resté nanti de la partie
importante de l'opération. Son action a donc pour objet, non pas
de réparer une perte réelle, mais bien le manque d'un gain qu'il
aurait pu faire. La réparation du préjudice causé par la fraude
commune du vendeur et du deuxième acheteur, n'a pas dès lors
besoin de moyens exorbitants et mauvais en ce qui concerne le
public, pour être poursuivie contre le stellionataire et son complice. S'il y a des inconvénients des deux côtés, il faut se décider
pour les moins graves.

« avoir vérifié les titres, eux seuls porteraient la
« peine de leur imprudence. Elle ne nuirait pas au
« propriétaire véritable, puisque, d'après l'art. 92
« (2182), ils n'acquièrent sur la chose que les
« droits que pouvait avoir le vendeur (1re espèce
« de M. Tronchet).

« Les inconvénients dont on parle n'ont donc
« donc rien de réel, et ne doivent pas faire rejeter
« la disposition. »

Écoutons ce qui suit ; c'est toute la théorie du
Code civil sur la transmission immobilière.

« Voici maintenant les raisons qui doivent la
« faire admettre :

« On a voulu que les prêteurs (ou plutôt généra-
« lement le public) ne fussent pas obligés de se li-
« vrer à une aveugle confiance : qu'ils eussent des
« moyens de vérifier la *situation* de ceux auxquels
« ils prêtent leurs capitaux ; de là, la publicité.

« Cependant l'effet de ce système serait manqué,
« si l'on n'était pas autorisé à regarder comme
« propriétaire celui qu'on trouve inscrit sous cette
« qualité.

« Si cet individu a vendu son héritage, et que
« néanmoins il l'engage comme s'il lui appartenait
« encore, point de doute qu'il ne se rende coupable
« de stellionat.

« Mais sur qui les suites de cette faute doivent-

« elles retomber? Sera-ce sur le prêteur, qui n'a
« pu s'éclairer que par l'inscription des registres
« hypothécaires? Non, sans doute : ce sera sur l'ac-
« quéreur qui était obligé de faire connaître son
« contrat (art. 2181), et qui, pour ne l'avoir pas
« fait transcrire, a jeté dans l'erreur celui que la
« loi renvoyait aux registres » qui présentent l'in-
ventaire et le bilan de la propriété immobilière.

« On voudrait qu'un acheteur fût libre de ne pas
« faire transcrire. Il peut s'en dispenser, mais alors
« il n'a d'autre garantie contre les hypothèques à
« venir (ajoutons et contre les nouvelles transmis-
« sions et constitutions de droits réels) que la mo-
« ralité de son vendeur. »

Quant aux terreurs de M. Tronchet sur les acquisitions antérieures à la loi de brumaire, elles sont
imaginaires.

En effet, « la disposition n'ébranle pas les an-
« ciennes acquisitions. Elle n'a trait qu'aux hypo-
« thèques créées par le vendeur sur une chose dont
« il s'est dessaisi, et elle donne en ce cas la préfé-
« rence au prêteur qui n'a rien à se reprocher sur
« l'acheteur qui ne peut imputer qu'à lui-même les
« suites fâcheuses de sa négligence ou de sa crédu-
« lité. Elle ne concerne que le vendeur *propriétaire*
« *véritable* et non le *faux propriétaire* qui a vendu
« l'héritage d'autrui. Si le vendeur n'a point la pro-

« priété de l'immeuble, la transcription du contrat
« ne la transmet pas à l'acheteur (art. 92, 2182).
« L'art. 91 (supprimé) est d'ailleurs un moyen de pré-
« venir la collusion frauduleuse de l'acquéreur et
« du vendeur qui, si le *contrat suffisait seul sans la*
« *transcription,* pourraient se concerter pour faire
« des dupes en offrant un faux gage. »

180. — Tout cela est magnifique de précision, de
clarté et de justesse d'idées. M. Tronchet n'insiste
plus. La cause de la transcription est en effet gagnée,
car personne ne propose de supprimer l'art. 91. Seulement, le président dit, « que la rédaction de l'ar-
« ticle ne rend pas assez clairement le sens que vient
« de lui donner M. Treilhard. »

Ainsi donc, il est évident que c'est l'opinion de
Treilhard qui est adoptée, c'est-à-dire le principe de
la loi de brumaire an VII; mais le consul pense
qu'il faut par une décision formelle, donner satisfaction aux craintes exprimées par Tronchet en ce qui
touche les acquisitions antérieures à la loi de brumaire.

D'un autre côté, l'article ne lui semble pas exprimer assez clairement que la transcription ne transfère pas la propriété à celui qui achète *a non domino* (1re espèce de M. Tronchet). Il demande en
conséquence que la rédaction soit revisée, non pas
pour en changer le sens donné par M. Treilhard,

mais afin qu'elle ne laisse aucun doute sur l'intention de la loi.

181. — Le conseil sur la proposition du consul adopte en principe :

« 1° Que la disposition de l'art. 91 n'est pas ap-
« plicable aux contrats de vente antérieurs à la loi
« du 11 brumaire an VII ;

« 2° Que la transcription du contrat ne transfère
« pas à l'acheteur la propriété, lorsque le vendeur
« n'était pas propriétaire » (1ʳᵉ espèce de M. Tronchet, cas de la vente *a non domino*).

Les deux articles sont renvoyés à la section pour les rédiger dans le sens des amendements adoptés.

Il résulte bien évidemment de là que tous les contrats postérieurs à la loi de brumaire doivent être transcrits pour faire acquérir le domaine absolu, que les principes proclamés par M. Treilhard sont admis, que le projet est adopté, que seulement, on veut une chose, un peu plus de clarté dans l'art. 92, c'est-à-dire, dans l'art. 2182 du Code civil, et une addition à l'art. 91 en ce qui touche les aliénations antérieures à la loi de l'an VII.

182. — La section de rédaction, d'après cette décision, n'avait qu'une chose à faire ; c'était de se présenter à la première séance avec deux articles ainsi conçus :

« Art. 2182. Les actes translatifs de propriété qui

« n'ont pas été transcrits ne peuvent être opposés
« aux tiers qui auraient contracté avec le vendeur
« et qui se seraient conformés aux dispositions de la
« présente.

« Toutefois, cette disposition n'est pas applicable
« aux contrats de vente antérieurs à la loi du 11
« brumaire an VII.

« Art. 2183 (aujourd'hui 2182). La simple tran-
« scription du titre translatif de propriété sur les
« registres du conservateur ne purge pas les hypo-
« thèques et priviléges établis sur l'immeuble.

« Elle ne transmet à l'acquéreur que la propriété
« et les droits que le vendeur avait lui-même sur
« la chose vendue. L'immeuble ne passe au nou-
« veau propriétaire que sous l'affectation des pri-
« viléges et hypothèques dont le vendeur était
« chargé au moment de la transcription. »

Il n'en a pas été ainsi. Le premier de ces articles
a disparu. Comment? on l'ignore. Est-ce oubli,
inadvertance? cela est possible. Est-ce *escamotage*
des réacteurs? cela est encore possible. Tout ce qu'il
y a de certain, c'est que l'art. 91 du projet, c'est-à-
dire le pivot du système, la base fondamentale de la
propriété absolue, n'existe plus dans le Code civil.
Il faut donc rechercher quelles sont les conséquences de cette disparition.

183.—Faut-il en conclure, comme on l'a fait, que

l'article qui contenait le principe ayant disparu, le principe a disparu avec lui?

Oui, sans doute, si la volonté du législateur s'était manifestée par ses organes de manière à ne laisser aucun doute à cet égard... Mais non, si la discussion que nous venons d'analyser et les décisions qui l'ont accompagnée prouvent au contraire, comme cela n'est pas douteux, la pensée conservatrice! — Oui, sans doute, si les traces que le principe a laissées peuvent être suivies raisonnablement en son absence... Mais non, s'il est resté le pilote indispensable du voyage; non, si les conséquences qu'il a écrites dans la loi, et qui sont obligatoires pour tous, n'ont aucun sens sans lui : car alors... sa disparition est désormais impossible, et il continue à vivre et à rayonner dans le cortége qui l'entoure. Il reste toujours visible aux yeux de l'intelligence.

Personne n'a jamais douté que ce que le législateur décide par voie de conséquence, ne soit aussi obligatoire que ce qu'il décide par un texte formel.

Or la question, ramenée à ce point, peut-elle être un instant douteuse? Que deviennent, si on retranche la transcription translative du domaine, le titre *des Donations* (art. 938, 939, 941), le titre *de la Vente* (art. 1583). Que devient la publicité du privilége de l'aliénateur (art. 2106, 2108)? Que devient le système hypothécaire tout entier (art. 2180, 2181, 2182, 2189, 2198)? On ne voit plus alors que des institutions qui n'atteignent pas le but proposé, qu'une publicité menteuse, qu'un ensemble de formalités sur lesquelles l'interprétation pâlira impuissante à découvrir le fil conducteur du labyrinthe! Tandis que la transcription met la lumière à la place du chaos, et fait voir que notre régime hypothécaire tant critiqué est vraiment bien conçu et réalise la pensée du législateur qui veut avant tout la sécurité publique. Eh bien! s'il en est ainsi, est-il possible, est-il même supposable que le timide conseil d'Etat de 1804 ait osé innover sur un point aussi fondamental, alors surtout qu'il était difficile d'arriver à un système plus protecteur des intérêts de tous? Et pourquoi? pour se jeter, non pas dans un ordre d'idées analogue au premier système des Romains, non pas même dans la tradition du seizième siècle et de l'ancienne jurisprudence française qui, toute défectueuse qu'elle pût être, frappait au moins le public par quelque chose de matériel, par la possession; mais dans les nuages de la pensée, dans les théories des jurisconsultes philosophes de la nébuleuse Allemagne! Oh non! cela est impossible, et pour mon propre compte je ne l'admettais pas sur les bancs de l'école, malgré le prestige du talent du professeur toujours si puissant sur l'esprit des jeunes gens; je ne l'ai jamais admis depuis, et je ne l'admettrai jamais!....

184. — Arrivée à ce point, la question est tranchée. Maintenant nous allons voir encore le système se développer dans plusieurs articles postérieurs à l'art. 2182. Or, si le législateur ne marche plus qu'au flambeau du principe, c'est qu'apparemment il reconnaît son existence et que la discussion de l'article 2182 a le sens que nous lui avons donné.

185. — L'art. 2183 dispose que le nouveau propriétaire absolu qui purge, doit notifier l'extrait de la transcription de l'acte de vente. Donc la vente a dû être transcrite pour arrêter la propriété et par suite les inscriptions. Car à quoi bon notifier aux créanciers hypothécaires l'extrait de la transcription, si la convention a transmis le domaine absolu, et a par suite arrêté le cours des inscriptions. Dans le système de nos adversaires, c'est la convention et non pas la transcription qu'il faut notifier aux créanciers hypothécaires. Admettez au contraire la transcription translative, et la notification de cet acte est très-utile aux créanciers afin de les avertir que la transmission est consommée à leur égard, que l'immeuble s'est converti en une somme d'argent. Ils savent alors d'après les éléments qu'on leur fournit, quels sont les créanciers avec lesquels ils auront à concourir dans la distri-

bution du prix. Ils savent qu'à partir de cette époque, la mutation s'est opérée à l'égard des tiers et
que par conséquent, ils pourront repousser les créanciers retardataires qui viendraient leur disputer leur
gage. Ils savent enfin que pour interrompre la
prescription de leurs droits hypothécaires, c'est à
l'acquéreur qui a transcrit et non pas au vendeur,
ou à tout autre qui se dirait son successeur, qu'ils
doivent s'adresser par l'action en déclaration d'hypothèque (art. 2180).

186. — Autre argument :

Il résulte d'une manière invincible de la combinaison des art. 2166 et 2198 que les créanciers
hypothécaires du vendeur peuvent s'inscrire, c'est-
à-dire acquérir un droit absolu, jusqu'à la transcription. En effet, l'état des inscriptions doit être
requis par l'acheteur *depuis la transcription* suivant
l'art. 2198, et l'affranchissement de son immeuble
n'a lieu et la responsabilité du conservateur n'est
engagée, pour cause d'omission dans l'état des inscriptions, qu'à cette condition. Or si la convention
était translative du domaine à l'égard des tiers, les
créanciers du vendeur ne pourraient s'inscrire que
jusqu'à la convention, et l'état à délivrer ne serait
pas celui des charges de l'immeuble au moment de
la transcription, mais bien au moment de la vente,
puisque les droits absolus se règlent par l'ancienneté.

Permettre l'inscription dans le système que nous combattons, après la vente considérée comme transportant la propriété à l'égard des tiers, c'est permettre l'appréhension d'un gage sur une personne autre que le débiteur; c'est donner le droit de suite, au mépris de l'art. 2166, à l'hypothèque non inscrite, ce qui est absurde dans un régime public. Et cependant, la loi permet la prise d'inscription jusqu'à la transcription. C'est donc que jusqu'à la transcription, la propriété reste au regard du public dans les mains du vendeur; c'est donc que la transcription seule transporte la propriété au regard des tiers!...

187. — Autre argument :

L'art. 2177 donne la préférence aux créanciers hypothécaires inscrits *sur les précédents propriétaires*, contre les créanciers des acheteurs subséquents. Qu'est-ce que cela signifie? Cela veut dire que chaque mutation a sa liquidation particulière. Quels sont les créanciers qui doivent prendre part à cette liquidation? Ce sont ceux inscrits sur chacune des mutations qui les concernent. A quelle époque doivent-ils être inscrits pour être colloqués utilement? au moment de chacune des transcriptions qui les concernent. Ils sont alors inscrits *sur les précédents propriétaires, c'est-à-dire,* alors que leurs débiteurs *étaient encore propriétaires*. Eh bien! si, comme cela n'est pas douteux, ils ont pu s'inscrire utilement jusqu'au moment de chacune des transcriptions qui les concernent, c'est donc que jusqu'à ces transcriptions, les débiteurs successifs étaient restés propriétaires malgré les conventions de ventes, puisque la loi, d'une part, ne leur donne le droit de primer les créanciers des acquéreurs subséquents, qu'autant qu'ils sont inscrits *sur les précédents propriétaires*, et que d'autre part, elle leur permet de s'inscrire utilement jusqu'à l'époque de chacune des transcriptions successives.

Je sais bien, comme nous le verrons plus tard, que le conseil d'État a décidé en 1805, que c'était la convention et non pas la transcription qui arrêtait les inscriptions sous le Code civil; mais comme son avis n'est pas obligatoire, parce qu'il n'a pas été approuvé par l'empereur, et comme l'interprétation qu'il contient ne peut aucunement se soutenir en présence des textes du Code civil, notre argument tiré de la combinaison des art. 2177 et 2198, n'en reste pas moins dans toute sa force.

188. — Suivez maintenant ceci. Les notifications ont été faites. Les offres du tiers détenteur n'ont pas été acceptées. Une surenchère a eu lieu. Si c'est un autre que l'acheteur qui reste propriétaire en définitive par l'adjudication sur surenchère, il transcrira le jugement (C. civil, art. 2189); car suivant l'art. 22 de la loi sur l'expropriation forcée du 11 brumaire an VII qui est le complément de la loi hypothécaire de la même date, l'adjudication doit être transcrite à la diligence de l'adjudicataire dans le mois de sa prononciation ; et il ne peut avant l'accomplissement de cette formalité, se mettre en possession des biens adjugés. Le Code de procédure n'est pas encore fait, au moment de la rédaction de l'article 2189, et quant à présent, on consacre ce qui existe.

Il faut bien d'ailleurs que la société connaisse le propriétaire qui est substitué à l'acquéreur dépossédé, et la transcription est le seul moyen d'y parvenir. Ainsi, dans l'esprit et la lettre de la loi, la transcription est même nécessaire, *sous le Code civil,* pour les acquisitions par suite d'expropriations forcées publiques de leur nature. Et on ne veut pas que la transcription soit nécessaire pour ce qu'il y a de plus clandestin, c'est-à-dire pour la simple convention des parties !...

Mais si l'acquéreur lui-même, dont la propriété a été remise en question par la surenchère, reste adjudicataire en définitive, sera-t-il tenu de transcrire le jugement d'adjudication ? Non..., répond la loi (art. 2189). Pourquoi cela ? C'est évidemment parce qu'il a transcrit son premier contrat et qu'il a été tenu de le faire pour acquérir la propriété et arrêter par suite les hypothèques ; propriété remise en

question par le droit sanctionnateur de l'hypothèque, mais qui, continuant de reposer en définitive
sur sa tête, n'exige pas une transcription nouvelle.
La transcription du jugement qui lui maintient sa
propriété, ne ferait connaître au public que ce qu'il
connaît déjà par la première transcription. Dans ce
cas, l'adjudication n'est pas translative, elle est dé-
clarative d'un droit préexistant.

Si au contraire il ne reste pas propriétaire, alors
une nouvelle transcription est nécessaire, afin
d'avertir la société que la première transcription est
mise au néant, et que le public ne doit plus considérer l'acquéreur par contrat comme le véritable
propriétaire. En effet il a cessé de l'être; un autre a
pris sa place.

Il est donc évident que le système de la loi de
brumaire est en pleine vigueur dans le Code civil.

189. — Autre développement du système :

L'art. 2199 dispose que, dans aucun cas, les con-
servateurs ne peuvent refuser ni retarder la transcription des actes de mutation.

L'art. 2200 organise le registre des dépôts. Les
transcriptions doivent se faire suivant les dates des
dépôts eux-mêmes et dans l'ordre des remises.

Quel est le sens de ces dispositions? N'est-il pas
évident que la loi, par l'art. 2199, prend des précautions contre les mutations frauduleuses que le

propriétaire pourrait encore consentir malgré la convention. Elle prévoit la fraude et elle cherche à l'éviter en ordonnant au conservateur de transcrire, à l'instant même, le contrat qui lui est représenté, afin qu'un autre acquéreur ne vienne pas enlever la propriété au premier qui a déposé son contrat pour être publié. L'art. 2200 démontre cette vérité de la manière la plus certaine. Si la transcription n'est plus nécessaire pour transporter la propriété au regard des tiers, si la question de préférence dépend de l'ancienneté de la convention et non pas de l'ancienneté de la transcription de la convention, à quoi bon toutes ces précautions de la loi qui veut que les transcriptions soient faites dans l'ordre des dépôts. Évidemment les art. 2199 et 2200 n'ont de sens, en ce qui touche la transcription, qu'autant que cette transcription transporte la propriété absolue à celui qui, le premier, dépose son contrat à la conservation des hypothèques.

190. — Autre développement du système. L'argument est tiré de l'art. 2180.

Cet article règle la prescription à l'effet de libérer l'immeuble du droit hypothécaire. Le temps de la prescription est de dix ans entre présents et de vingt ans entre absents, au cas de juste titre et bonne foi. A partir de quelle époque court la prescription? Si la convention transporte la propriété au regard des tiers, c'est-à-dire, si malgré sa clandestinité elle est réputée connue de tous et obligatoire pour tous sans la transcription, elle l'est nécessairement pour le créancier hypothécaire qui fait partie du public à l'égard du tiers détenteur. C'est donc à partir du moment de la convention que la prescription va courir, puisqu'à partir de ce moment le propriétaire pour lui est le nouveau maître de la chose, et qu'il pourra agir contre ce nouveau maître par l'action interruptive en déclaration d'hypothèque. Eh bien ! voyez la loi. Elle fait courir la prescription du droit hypothécaire à partir de la *transcription* du contrat. C'est donc que le créancier hypothécaire n'avait pas à agir et ne pouvait agir contre le tiers détenteur, avant la transcription de son contrat ; c'est donc qu'à son égard, la propriété reposait toujours sur la tête du précédent propriétaire, malgré la convention ; c'est donc que la transcription de la convention transporte seule la propriété au regard des tiers.

191. — Ainsi donc, il résulte de l'ensemble des dispositions du Code civil que la transcription a été conservée comme moyen de transmission de la propriété immobilière. Si on n'admet pas cette idée, il faut déclarer abrogés tous les articles précités, ou bien, les détourner de leur véritable sens, c'est-à-dire les interpréter en législateur et non pas en interprète.

Passons maintenant à un autre genre de preuves.

**C. — DISCOURS DES ORATEURS DU GOUVERNEMENT
AU CORPS LÉGISLATIF.**

192. — Les orateurs du Gouvernement exposent le régime hypothécaire au Corps Législatif. C'est naturellement Treilhard dont les idées sont admises, qui est chargé de présenter le projet. Personne mieux que lui ne connaît le système. Il en est le principal créateur (1). Eh bien! qu'on lise son discours qui est un chef-d'œuvre de haute raison, en se plaçant au 24 ventôse an XII, et on restera convaincu que le Code civil n'a pas innové en ce qui touche le point fondamental.

« Les bases de la loi que propose le Gouverne-
« ment, dit l'orateur, sont celles de la loi du 11 bru-
« maire an VII. »

Et plus loin : «Il faut pourvoir à ce que les créan-
« ciers aient réellement l'intégrité de leur gage et
« qu'ils ne soient pas les victimes d'ACTES CLANDES-
« TINS et frauduleux entre le vendeur et l'acqué-
« reur. »

Que peut-on répondre à cela ? rien, sinon des ar-

. (1) Combien il est à regretter qu'il n'ait pas écrit! L'impulsion donnée dans le principe par un tel homme, aurait certainement fait prendre à la pratique et à la jurisprudence une voie tout autre que celle qu'elles ont suivie.

guties de textes faussés dans leur esprit, et voilà tout !

193. — Au Tribunat, il s'est passé un fait qu'il faut constater. C'est l'origine de toutes les erreurs postérieures.

M. Grenier est chargé du rapport. Il a assez peu compris le système hypothécaire. Son ouvrage, à mon sens, en est la preuve, malgré le mérite de beaucoup de détails. Il n'est nullement jurisconsulte d'ensemble. Il n'a pas médité la discussion du conseil d'État sur les art. 91 et 92 du projet. Ce qui le frappe, c'est la disparition de l'art. 91. Il en conclut que la transmission résulte de la convention seule et que la transcription de la loi de brumaire n'existe plus. Mais comme les art. 2181, 2182, 2198, le gênent, il transige avec lui-même, et, le premier, il fait apparaître une distinction dont il va se rétracter bientôt. En sorte que la transcription qui est indispensable ne sera d'abord dans son esprit qu'une chose utile, et finira par devenir un non-sens.

Les premiers exemplaires imprimés de son discours portent :

« La transcription ne peut avoir d'autre effet
« que d'arrêter le cours des inscriptions qui, sans
« cela, pourraient toujours être faites pour les hypo-
« thèques établies sur l'immeuble vendu, et de ré-

« duire les hypothèques dont il doit être grevé
« à celles antérieures à l'acte translatif de la pro-
« priété et qui auront été inscrites jusqu'à la tran-
« scription (1). »

Mais, réfléchissant, il s'aperçoit, 1° que ses paroles ne sont autre chose que la reconnaissance du
système de la loi de brumaire qu'il croit ne plus
exister ; 2° que le caractère qu'il vient de donner à
la transcription sape, dans sa base, sa théorie de
la transmission par la convention légalement prouvée ; 3° que si la transmission s'opère par la convention, il en résulte forcément que les tiers ne
peuvent, en s'inscrivant postérieurement au contrat, acquérir un droit réel sur l'immeuble devenu
désormais, dans son système, étranger au débiteur,
parce qu'il sait fort bien que l'hypothèque ne suit
l'immeuble entre les mains des tiers détenteurs,
qu'autant qu'elle est inscrite avant la transmission
absolue de la propriété (C. civ., art. 2166), la préférence des droits absolus se réglant par l'ancienneté.

---

(1) Il veut dire par là que les hypothèques stipulées mais non
inscrites au moment du contrat peuvent se révéler après la vente,
mais seulement jusqu'à la transcription. Nous savons que c'est la
conséquence du principe fondamental qui laisse le vendeur investi
de la propriété au regard des tiers jusqu'à la transcription. Mais
M. Grenier distingue là où il n'y a pas de distinction à faire et sa
distinction, sous le Code civil, ne repose sur rien.

Et alors M. Grenier se dit : Je me suis trompé (1) ; mon système est boiteux. Si j'admets que la transcription arrête le cours des inscriptions, j'applique la loi de brumaire, et je pense qu'elle n'existe plus. Alors il se hâte de courir chez l'imprimeur, et au passage ci-dessus transcrit il substitue celui-ci :

« Cette transcription n'est plus nécessaire aujour-
« d'hui pour la transmission des droits du vendeur
« à l'acquéreur, respectivement à des tiers, ainsi
« que l'avait voulu l'art. 26 de la loi de brumaire
« an VII. Elle n'ajoute rien à la force du contrat,
« dont la validité et les effets sont subordonnés aux
« lois générales relatives aux conventions et à la
« vente (2) : *En sorte qu'elle n'est pas nécessaire pour*
« *arrêter le cours des inscriptions,* qui auparavant
« pouvaient toujours être faites sur l'immeuble
« vendu, même après la vente. »

Eh bien alors, M. Grenier, si la transcription ne transporte plus la propriété au regard des tiers; si, comme conséquence forcée de cette abrogation de l'art. 26 de la loi de brumaire (et vous êtes dans le

____

(1) On a mis cela sur le compte d'un *erratum* de l'imprimeur ; mais le croira qui voudra.

(2) Mais, M. Grenier, le titre *de la Vente* (art. 1583) ne donne à la convention le pouvoir de transporter la propriété qu'entre les parties. Or, si la convention ne transmet pas le domaine à l'égard des tiers, et si la transcription n'a plus cet objet, vous devez iné-vitablement arriver à cette conséquence : que le Code civil n'a pas statué sur la transmission immobilière au regard du public.

vrai lorsque vous parlez ainsi, votre système n'a de sens qu'avec la conséquence que vous en tirez), les inscriptions pour obliger les tiers détenteurs doivent nécessairement être faites avant la convention qui établit suivant vous le *jus in re,* si, en d'autres termes, c'est la convention et non pas la transcription qui arrête les inscriptions.... Dites-moi, s'il vous plaît, à quoi servira la transcription prescrite par une foule de textes du Code civil? C'est, dites-vous dans votre ouvrage, sur les hypothèques, *une formalité obscure!!..* Eh! non... elle n'est pas obscure, elle est, au contraire, la lumière de toute la théorie. Il ne s'agit, pour apprécier son véritable caractère, que de l'envisager, comme nous l'avons fait, c'est-à-dire, comme le centre autour duquel gravite tout le système.

194. — Nous avons fini notre tâche avec le Code civil. Il est évident qu'il n'a jamais été dans l'intention des rédacteurs du Code d'abroger le principe fondamental de la transcription translative. Le déplorable oubli ou l'escamotage réactionnaire de l'art. 91 du projet ont pu jeter des doutes dans l'esprit d'un homme timide comme M. Grenier, mais les opinions des orateurs du Gouvernement ne sont pas obligatoires. Où en serait-on, si tout ce qui se dit à la Chambre des députés et des pairs dans la confection des lois civiles était obligatoire pour la France!... Dans

tous les cas, entre les idées contraires de Treilhard
et de Grenier, le choix ne peut être un seul instant
douteux. Celui-là a mieux conçu la loi, qui a assisté
et coopéré à sa naissance en l'an VII, qui l'a suivie
et défendue en 1804, que le tribun qui ne l'a pas
faite et qui, j'oserai le dire, l'a peu comprise !

Passons maintenant au Code de procédure.

TROISIÈME SECTION.

Code de Procédure, art. 834.

195. — La loi tombe dans le domaine public.
Enthousiasme d'abord ! Concert unanime d'éloges
au magnifique Code dont le grand homme a doté la
France ! Mais la beauté du monument n'exclut pas
toujours la critique, et l'interprétation qui aime et
recherche la controverse avise que les orateurs du
Gouvernement et du Tribunat ne sont pas d'accord
sur la question de savoir si la loi de brumaire continue d'exister dans le Code civil. Il y a là évidemment matière à discussion, et comme on discute
assez facilement dans le sens de son intérêt, un jurisconsulte qui ne serait pas fâché d'éviter à son
client ou à lui-même le droit proportionnel de transcription sur le prix d'une acquisition que l'un ou
l'autre a faite, va nous démontrer que le droit n'est

pas dû, que la transcription n'est nullement nécessaire pour opérer la translation du domaine, et par
suite, pour arrêter le cours des inscriptions d'hypothèques ; que, par conséquent, cette transcription
est chose entièrement inutile : d'où suit que les
parties peuvent très-bien se dispenser de transcrire
leurs contrats. D'ailleurs, c'est M. Grenier qui l'a
dit !...

La régie sera naturellement mise en émoi. L'orateur du Tribunat veut tarir l'une des sources importantes de son revenu ; elle défend sa caisse ; elle a
raison. Un directeur d'enregistrement se charge de
ses intérêts. Il fait du droit à sa manière. Il ne saisit
qu'une partie du système et il compromet le tout.

« Suivant lui, la transcription est utile, mais seu-
« lement pour arrêter le cours des inscriptions d'hy-
« pothèques constituées avant le contrat de vente
« et non pas d'hypothèques constituées après le
« contrat. »

C'est la première idée de M. Grenier abandonnée
par lui avec tant de raison.

La hiérarchie veut que le ministre des finances
soit consulté. Il est donc consulté sur la difficulté,
mais il n'y entend rien. Du reste, il en fait l'aveu
le plus naïf, ainsi qu'on peut le voir dans la relation
de M. Locré sous l'art. 834 du Code de procédure.
Il prend un parti fort sage. C'est de s'adresser au

garde des sceaux. Le garde des sceaux lui donne un avis qui est le véritable système de la loi, c'est-à-dire, qui rend la transcription indispensable, et, par conséquent, fort avantageuse à la régie. La régie qui voit le garde des sceaux penser que la transcription est indispensable, tandis que, suivant elle, elle est seulement utile, va être au comble de ses vœux. L'impôt est désormais assuré... Mais pas du tout! la régie intervertit les rôles, elle se battait d'abord pour son intérêt, maintenant elle va se battre pour l'honneur de ses prétendus principes et contre son intérêt. Le directeur, avocat du fisc, tient bon.... Le garde des sceaux ne l'a pas convaincu... Il est beau de prouver au chancelier qu'il a tort en droit, quand surtout il a raison!... Enfin, le garde des sceaux, fatigué de tout cela, prend une résolution.. *indè mali labes!*.. C'est de consulter à son tour le conseil d'Etat. Mais nous sommes en 1805, le 8 août, et nous avons marché vite dans la réaction depuis les 3 et 10 ventôse an XII. Les lois révolutionnaires ne sont plus en odeur de sainteté. Le garde des sceaux qui a raison tout à fait, et la régie qui n'a raison qu'à moitié sont condamnés tous deux. Le conseil d'État se condamne lui-même!... Et nous voilà reportés, non pas à la tradition de l'ancienne jurisprudence, non pas à la loi révolutionnaire qui fait horreur en ce moment, mais lancés dans le système le plus désastreux qui ait été jamais inventé, dans un système qui n'a pas de précédents dans l'histoire des peuples anciens et modernes, dans les utopies du droit naturel de Grotius, Puffendorff et Wolff!... Certes, ce jour-là, on ne pouvait pas nous reprocher, à nous autres Français, de ne pas être forts en théorie et de ne nous appliquer qu'à la pratique, c'est-à-dire à l'utilité.

Le garde des sceaux s'incline (1), mais si le garde des sceaux s'incline, la régie ne s'incline pas. C'est une question de vie pour elle, elle en appelle à l'empereur, et l'empereur qui veut de l'argent pour ses armées trouve très-bon qu'on lui fournisse les moyens d'en obtenir.

Alors le conseil d'État, après avoir condamné le garde des sceaux, condamné la régie, s'être condamné lui-même, est à son tour condamné par l'empereur! Et de tout ce chaos sort l'étonnant article 834 du Code de procédure qui, lui aussi, est con-

----

(1) Il fallait représenter à l'empereur que le Code civil était sapé dans sa base par la décision du conseil d'Etat. Il fallait lui représenter que le système de la régie n'était qu'une demi-mesure que la raison ne pouvait avouer. Il fallait en un mot lui représenter que la transcription était nécessaire, et pour remplir les caisses de l'Etat, et pour établir le crédit foncier sur une base inébranlable. Il n'en a pas été ainsi !... Le système était encore trop peu connu, même par ceux qui avaient concouru à sa création... Comme je l'ai déjà dit, le créateur d'une idée en voit rarement toutes les conséquences. Il faut le temps pour la mûrir et la développer.

damné par une puissance supérieure à celle de l'empereur, c'est-à-dire, par la raison et l'expérience, en sorte que c'est une condamnation générale !...

196. — Voilà l'histoire résumée de cet article qui, si on l'entend avec le sens qu'on lui a donné, perd toute la théorie du Code civil, et nous jette dans un ordre d'idées inconnu avant lui à la raison humaine. C'est pourtant cet article qui, depuis 40 ans, régit le peuple le plus civilisé du monde ! Encore, si l'interprétation lui avait donné un sens conciliable avec le Code civil, car son texte s'y prête, comme je le démontrerai plus tard ! Mais non, tout le monde a travaillé à qui mieux mieux à l'œuvre de la destruction, et aujourd'hui, il faut que le législateur intervienne ! Au surplus, c'est tant mieux, car l'excès du mal aura produit le bien, et l'idée de l'an VII, qui est celle du Code civil, se généralisera ; en sorte que la publicité se développera sur une échelle plus large que celle adoptée par la révolution elle-même. C'est ainsi que les institutions radicales, trop avancées pour le temps de leur naissance, se modifient bien vite, se perdent même dans les réactions et reparaissent ensuite plus éclatantes que jamais, lorsque la civilisation a marché et qu'elle est à même de les comprendre.

197. — Je ne suivrai pas toute cette polémique très-bien racontée sous l'art. 834 du Code de procé-

dure par M. Locré. Il suffit de faire remarquer que le système de la transcription translative a été bien faiblement défendu. Mais je répondrai en quelques mots aux principales raisons avancées par le conseil d'État pour motiver son avis. Cela me donnera l'occasion de réfuter quelques objections plus spécieuses que solides qui ont été faites à la théorie de la transcription sous le Code civil.

198. — Le conseil d'État repousse la loi de brumaire comme n'existant plus dans le Code civil; et, conséquent avec lui-même, il rejette avec raison le demi-moyen de la régie, qui est une monstruosité aux yeux des véritables jurisconsultes, pour se jeter dans la transmission par la seule convention (1); d'où suit que les hypothèques, pour suivre l'immeuble transmis doivent être inscrites avant la vente, et non pas avant la transcription de la vente. C'est l'idée de M. Tronchet, à la séance des 3 et 10 ventôse an XII, qui est consacrée : pour cela, il faut répondre aux raisons du garde des sceaux; et le conseil motive sa décision de la manière suivante :

199. — « Les principes qui ont régi la matière « jusqu'à la loi du 11 brumaire an VII étaient que

____

(1) Ou du moins, si c'est l'opinion générale, c'est encore une question pour moi. Car je ne vois nulle part l'abrogation du système de la tradition. Les considérants du conseil d'Etat le font bien voir. (*Voy.* ci-dessus n° 110.)

« l'immeuble vendu n'était passible des hypothè-
« ques provenant du chef du vendeur que jusqu'au
« jour où *la tradition* avait été faite par acte au-
« thentique : le vendeur ne pouvant plus grever le
« fonds qui n'était plus le sien.

« Ces principes ont subi un changement *momen-
« tané* (1), par suite d'une disposition de la loi de
« brumaire qui, jusqu'à la transcription, laissait le
« fonds vendu sujet aux inscriptions des créanciers
« du vendeur, sans distinction même des créan-
« ciers antérieurs et postérieurs à la vente. »

En effet, la transcription valant tradition en ce
qui concerne le public, était translative du domaine,
et comme elle ne pouvait avoir lieu qu'après l'instrument de la vente, il en résultait que la transmission
absolue s'opérait par une formalité extrinsèque.

200. — « Mais cette loi n'existe plus, et le Code
« civil défend d'invoquer l'ancienne législation
« comme règle dans les matières qu'il traite. »

Si la tradition est encore nécessaire sous le Code
pour transporter la propriété au regard des tiers,
le conseil d'État est.dans le vrai, parce que la section de la délivrance au titre *de la Vente* sera alors

(1) Ce mot *momentané* prouve ce que nous avons annoncé précédemment, à savoir : que si le système de la transcription a péri,
ce n'est pas le système de la convention, mais le système de la
tradition qui doit l'emporter sous le Code civil!...

le pivot du système ; mais, si l'on adopte le système de transmission par la simple convention, il consacre l'erreur la plus manifeste.

En effet, de deux choses l'une : ou le Code civil a statué sur la transmission absolue, ou il n'a rien statué à cet égard. S'il n'a pas réglé la transmission à l'égard des tiers, c'est-à-dire , si le législateur n'a pas rempli sa promesse annoncée par les art. 1140 et 1583, la loi de brumaire est nécessairement restée en pleine vigueur. Car alors, la loi abrogatoire du 30 ventôse an XII n'a pu atteindre l'art. 26 de la loi de brumaire, puisque la matière n'a pas été réglée par le Code. Cela est bien évident (1).

A-t-il statué sur la transmission de la propriété absolue ? Est-ce par la convention qu'elle s'opère ? est-ce par la transcription ? Je soutiens que c'est par la transcription. Vous soutenez que c'est par la convention. Admettons votre système. Et alors conciliez-moi les art. 1140, 1583, 2108, 2180, 2189, 2198 avec votre théorie. Vous entendez donc abroger tous ces articles ? Non. Eh bien ! votre système n'est pas celui de la loi.

201. — « Que reste-t-il donc dans cette espèce « (celle de savoir à quelle époque s'arrête le cours « des inscriptions) ?

____

(1) Voir ci-dessus n° 128.

« La disposition même du Code qui dit bien que
« les contrats translatifs de la propriété que les
« tiers détenteurs voudront purger des priviléges
« et hypothèques, etc.... (art. 2181)...

« Mais de quels priviléges et hypothèques cette
« disposition peut-elle s'entendre ? de ceux pour les-
« quels il y avait *inscription* prise au moment de la
« vente. »

Pour être conséquent avec vous-mêmes, vous êtes
contraints d'en arriver là, parce que vous savez bien
que le droit de suite n'appartient qu'à l'hypothèque
inscrite (art. 2166); mais voyez donc les art. 2198
et 2182.

202. — « C'est le sens naturel ! Et la loi n'a pu
« avoir en vue des charges futures sans les imposer
« en des termes formels. »

Oui, vous êtes dans le vrai : c'est l'inscription
seule, complément de la convention, qui fait acquérir le droit hypothécaire au regard du public,
et par conséquent des tiers détenteurs. Mais si, malgré la convention, la propriété en ce qui touche les
tiers, réside toujours sur la tête du vendeur, les
charges ne sont pas *futures* ; et comme la loi permet, dans une foule d'articles, l'acquisition d'une
inscription après la vente jusqu'à la transcription,
c'est qu'elle reconnaît, implicitement à la vérité,
mais nécessairement, que la convention n'a pas par

elle-même transporté la propriété absolue, et que cette transmission ne résulte que de la transcription.

203.—« Le silence de la loi sur ce point suffirait
« seul pour établir qu'on n'a pas besoin de transcrire
« pour se rédimer de l'effet des inscriptions non
« existantes au moment de la vente. »

Vous mettez la loi sous vos pieds pour les besoins de votre système, car, pour quiconque lit le Code civil avec indépendance, la question de savoir si on peut s'inscrire dans le temps intermédiaire de la vente à la transcription n'offre pas le plus léger doute. Mais entré dans une fausse voie, vous faites le législateur, tandis qu'en ce moment vous n'êtes qu'un interprète.

204.— «Mais d'ailleurs le silence du Code s'expli-
« que, et devient une solution positive quand on
« considère en quelle circonstance elle a eu lieu (1).

« En effet, l'art. 26 de la loi de brumaire sta-
« tuait que même postérieurement à l'acte de vente,
« les créanciers du vendeur pourraient faire des
« inscriptions utiles si l'acte n'était transcrit. Une
« disposition semblable existait dans le projet du
« Code civil, et elle était nécessaire pour le but

______

(1) N'avais-je pas bien raison de dire que c'est parce qu'on n'a pas profondément médité la discussion du conseil d'Etat des 3 et 10 ventôse an XII, que le principe s'est perdu dans l'esprit du conseil d'État de 1803?

« qu'on se proposait (1) : mais elle n'a pas été
« adoptée (2)!!!... Et la raison : c'est qu'elle ne se
« trouve pas dans le Code. »

Eh! s'il n'y avait pas eu oubli ou escamotage,
elle y serait, dans le Code, et nous ne serions pas
obligés, aujourd'hui, de discuter la question de
savoir comment on peut devenir propriétaire du sol
en France.

205. — « En vain recourt-on aux procès-ver-
« baux du conseil d'État et à quelques expressions
« générales employées par l'orateur du Gouverne-
« ment, pour établir qu'on avait intention de con-
« server cette disposition, car si un tel examen
« peut quelquefois conduire à fixer le sens d'une
« disposition obscure, il ne peut jamais remplacer
« une disposition nécessaire. »

Il n'est pas indispensable de s'appuyer sur le discours de M. Treilhard, malgré l'argument irré-
sistible qu'il fournit. Il suffit de se poser ce raisonnement : la loi a dicté une foule de dispositions qui
sont la conséquence du principe, et qui n'ont aucun
sens raisonnable sans lui ; donc le principe existe.

206. — D'un autre côté, comment pourrait-on

---

(1) Ajoutez donc : et qu'on n'a jamais cessé de se proposer.

(2) Et la discussion de l'art. 2182 suivie de cette décision que la *disposition* ne s'applique pas aux aliénations antérieures à la loi de brumaire, qu'en faites-vous ?

« soutenir que le changement de législation n'a
« pas été aperçu, quand le rapporteur au Tribunat
« a exposé, en termes formels et sans avoir été
« contredit, que la transcription n'était plus né-
« cessaire pour arrêter le cours des inscriptions
« qui, auparavant, pouvaient toujours être faites
« sur l'immeuble vendu après la vente. »

C'est assurément une erreur à jamais regrettable
de M. Grenier, mais son opinion personnelle ne
touche en rien au fond de la question. D'ailleurs,
M. Grenier n'avait dit ni imprimé ce qu'il a dit et
imprimé ensuite. En sorte que l'argument porte à
faux, même sous le point de vue historique.

207. — « Inutilement aussi voudrait-on exciper
« de ce qu'en matière de donations, la transcription
« est nécessaire pour arrêter le cours des inscrip-
« tions (art. 939-941), car il y eut toujours (1), plus
« de formalités imposées aux mutations à titre gra-
« tuit qu'aux mutations à titre onéreux, et la tran-
« scription ne fait aujourd'hui que remplacer l'in-
« sinuation à laquelle les donations étaient sujettes,
« et non les ventes. »

Cela est ingénieux. Mais le raisonnement du
conseil d'État n'en renferme pas moins deux erreurs :

(1) Il n'y eut pas toujours! mais peu importe, il y a eu longtemps.

1° Une erreur d'interprétation ;

2° Et une fausse conséquence d'un fait historique qui a pour objet de justifier l'erreur d'interprétation.

Comme c'est un argument qui peut frapper ceux qui ne connaissent pas l'origine et l'histoire de nos institutions, j'y répondrai avec un peu plus d'étendue qu'aux autres.

208. — Voici comment raisonne le conseil d'État.

Le Code civil n'a pas reproduit l'art. 26 de la loi de brumaire. Un principe aussi fondamental ne se supplée pas par le raisonnement ; donc la transcription n'intéresse en rien le transport de la propriété, donc la convention seule (j'allais dire, malgré l'opinion commune, la tradition) transmet la propriété absolue, la priorité résultant de la question de preuve réservée, et ce qui vient à l'appui de cette conséquence, c'est que les art. 938, 939 et 941 établissent, en ce qui touche les donations, un système particulier, une exception. Or l'exception confirme la règle. Maintenant, comme il faut trouver un motif à cette exception, eh bien, on le trouve dans cette circonstance que, depuis Constance Chlore, les donations ont été astreintes à l'insinuation qui est en effet la mère de la transcription sous certains rapports.

Je dis qu'il y a là erreur d'interprétation et fausse conséquence d'un fait historique.

208 *bis*. — Erreur d'interprétation. En effet, les art. 1140, 1583, 2108, 2180, 2181, 2189, 2198, 2199, 2200, n'ont de sens raisonnable qu'avec la transcription translative. Il faut les déclarer tous abrogés, ou bien reconnaître l'existence du principe. Les déclarer abrogés, c'est se faire législateur. Donc le principe existe, implicitement si on le veut, mais enfin il existe. Dans tous les cas vous accorderez au moins que le projet du Code civil était conçu dans le système de la loi de brumaire, puisque l'art. 26 y était en toutes lettres. Or, à quelle époque a disparu le principe, s'il a disparu comme vous le prétendez ? c'est au 10 ventôse an XII, et par conséquent à une époque bien postérieure au titre *des Donations*. Eh bien ! si au moment où s'élaborait le titre *des Donations*, la transcription était, dans l'esprit des rédacteurs du Code, translative du domaine, ainsi que les paroles de M. Bigot-Préameneu qui a présenté le projet des Donations, le prouvent, le titre *des Donations* (art. 938, 939, 941), n'était donc que la conséquence forcée, le développement nécessaire de la théorie..... et non pas..... une exception.

Votre argument cependant n'en peut être un, qu'autant que vous prouverez que le législateur a voulu *excepter* dans les articles précités. Or, il est évident qu'au moment de la confection du titre *des Donations*, il n'a pas voulu excepter.

209. — Maintenant, pour établir une exception, c'est-à-dire, pour sortir de la règle générale dans un cas donné, il faut un motif particulier autre que celui de la règle générale. Or, quel motif, en ce qui touche le public, peut-il y avoir de transcrire les donations plutôt que les ventes? Est-ce que ces deux contrats n'ont pas absolument le même objet à l'égard des tiers, c'est-à-dire, d'arriver à la mutation de la propriété? Qu'importe au public que ce soit à la suite d'une vente ou d'une donation, que j'aie été investi du domaine? L'effet n'est-il pas identique? Évidemment, les raisons sont les mêmes. Eh bien, alors, où est le motif particulier de l'exception? Il n'y en a pas. Donc, les art. 938, 939, 941, ne sont pas une exception. Ils ne sont que l'application à un cas particulier de la règle générale.

210. — Suivons maintenant cette idée et adoptons votre système. Il est démontré que le législateur n'a pas voulu excepter au titre *des Donations*. Il n'avait pas de motif particulier pour le faire en ce qui concerne les tiers (1). Plus tard, suivant vous,

____

(1) En ce qui concerne les parties, il y en avait un, qui était d'assurer l'indépendance du donateur. Aussi, la loi a-t-elle voulu que

le système est abandonné par la disparition de l'art. 91 du projet des Hypothèques. Quelle consé-quence devons-nous tirer de là ? que les art. 939 et 941 sont devenus des *exceptions*? Nullement; nous devons, pour être logiques, décider que les art. 939 et 941, ne reposant plus sur le principe qui les a dictés, sont par cela même abrogés, parce que, quand un principe qui est la base d'une disposition législative vient à être abrogé par un fait postérieur du législateur, toutes les conséquences disparaissent avec lui.

D'où suit qu'aux art. 1140, 1583, 2108, 2180, 2181, 2182, 2189, 2198, nous devons ajouter les art. 939 et 941 ; que, par conséquent, la donation parfaite entre les parties sans la transcription (art. 938), est devenue également parfaite à l'égard des tiers sans cette transcription. Autrement c'est les expliquer dans un tout autre esprit que celui qui a présidé à leur rédaction.

Mais vous n'osez pas aller jusque-là, parce que les art. 939 et 941 ne sont pas abrogés, et que leur texte est trop formel pour recevoir une inter-prétation autre que celle de la loi de brumaire ; et alors vous vous tirez d'affaire en disant : C'est une

---

l'écriture authentique fût la condition d'existence de la donation entre les parties (Code civil, art. 931-938), ce qui n'est pas exigé dans les contrats à titre onéreux.

exception (1); puis, comme il vous faut chercher une raison quelconque pour justifier votre exception, vous invoquez alors l'histoire. Eh bien! j'ose croire que vous l'invoquez d'une manière malheureuse.

211. — En effet, l'insinuation et la transcription sont deux formalités différentes. A la vérité, la transcription a remplacé, sous certains rapports et avec une énergie bien plus grande, l'insinuation telle qu'elle était comprise sous l'ordonnance de 1731 en ce qui concerne les tiers ; mais en ce qui concerne les parties, je veux dire *les héritiers du donateur,* les deux formalités se divisent. L'insinuation était encore, dans le dernier état du droit, une formalité intrinsèque de la donation ; tandis que la transcription est une formalité extrinsèque qui n'intéresse que les tiers et jamais les héritiers du donateur.

Sans doute, les donations depuis Constance Chlore et Constantin ont été astreintes à des formalités que n'exigent pas les autres contrats ; mais n'avons-nous pas sous le Code l'acte authentique qui seul lie les parties et qui joue, pour la preuve, précisé-

---

(1) C'est dans le cas où les art. 939 et 941 n'auraient pas exigé la transcription pour la perfection de la donation à l'égard des tiers, qu'ils auraient formé exception : et si ensuite la règle générale venait à disparaître, alors ils auraient continué d'être en vigueur, parce que c'est un principe constant en droit que l'abrogation de la règle générale n'empêche pas les exceptions de subsister. En effet, les exceptions ont nécessairement un autre motif que la règle générale.

ment l'un des rôles que jouait dans le principe l'insinuation : insinuation qui a subi dans l'avenir des modifications telles que l'institution est méconnaissable dans l'ordonnance de 1731 et dans Pothier (1).

L'histoire de l'insinuation démontre cette vérité (2).

Qu'on fasse, en ce qui concerne notre question de la transcription, la réflexion suivante. Sous la loi de brumaire an VII, l'insinuation et la transcription

---

(1) Voy. *Traité des Donations*, sect. 2, art. 3.

(2) Ce n'est pas sans doute ici le cas de l'exposer ; car cette exposition exigerait le développement de l'une des théories les plus difficiles du droit romain. Il faudrait suivre les *professiones apud acta* et la loi *Cincia,* toutes matières fort obscures malgré quelques lumières fournies par les fragments du Vatican. Il n'y aurait pas de raison pour ne pas faire entrer tout le droit dans l'examen d'une question particulière. Il suffit de dire que la théorie de l'insinuation, après s'être organisée sous Constance Chlore et Constantin, après avoir subi quelques altérations au fond peu importantes sous Constantin lui-même, ensuite sous Valentinien, Théodose et Zénon devient une formalité obscure sous Justinien qui a bouleversé tout le système de la donation en en faisant un contrat consensuel. Puis, après avoir traversé le moyen âge comme une formalité douteuse, insaisissable, elle s'est reconstituée sous François Iᵉʳ dans l'ordonnance de 1539. Elle s'est modifiée de nouveau dans les auteurs français qui prétendirent expliquer l'ordonnance d'un roi de France par le droit de Justinien, et ensuite dans une foule d'ordonnances postérieures pour arriver à Pothier. C'est assurément l'une des institutions les plus abstruses de l'ancienne jurisprudence que les auteurs du Code ont bien fait de rejeter. Toutefois, sous certains rapports, elle a été un tâtonnement de publicité bien imparfaite sans doute, mais enfin, à ce titre, elle a droit à notre reconnaissance ; car elle a donné l'idée de la transcription.

existaient simultanément pour la validité des donations. C'est donc que l'insinuation était la formalité
particulière aux donations et que la transcription
était la formalité générale de toutes les transmissions. L'insinuation disparaît sous le Code, parce
que la transcription la rend inutile sous le rapport
le plus important ; la transcription est conservée...
Il ne reste que la formalité générale ; par conséquent
les art. 939-941 ne sont pas des exceptions. C'est
donc pour les besoins de son système que le conseil
d'État transforme en formalité particulière une formalité générale. Ainsi, l'argument n'est pas fondé.
Je dirai même que si l'on se place au moment de la
confection du titre *des Donations,* comme cela doit
être pour apprécier l'esprit des art. 939-941, il ne
soutient pas l'examen.

212. — Continuons :

« Plus inutilement encore, se prévaudrait-on de
« l'art. 2198 du Code civil qui exige la transcription
« de l'acte, pour rédimer l'acquéreur de l'effet des
« inscriptions qui auraient été omises dans le certi-
« ficat du conservateur ; car il ne s'agit plus alors
« d'inscriptions nouvelles, mais d'anciennes inscrip-
« tions dont la relation aurait été omise dans un
« certificat, et cette exception ne porte aucune at-
« teinte au principe. »

Qu'il me soit permis de dire ce que disait Pothier

combattant une opinion de Lebrun : « Vit-on jamais raison plus pitoyable?.... »

On se rappelle le sens de l'art. 2198. L'acheteur n'acquérant le domaine absolu que par la transcription, le vendeur reste, au regard des tiers, propriétaire jusqu'à cette transcription. Il peut donc conférer à des tiers des hypothèques valables, à charge par ces tiers de réaliser leurs droits absolus à une époque antérieure à la naissance du droit absolu de l'acheteur, c'est-à-dire, avant la transcription. D'après cela, il est clair que l'acheteur qui veut se libérer, ne peut le faire valablement qu'entre les mains des créanciers inscrits au moment de la transcription. L'état des charges qu'il demande au conservateur, sera donc l'état des charges au moment de la transcription. Car, si l'état est délivré auparavant, il peut survenir de nouvelles inscriptions, du jour de la délivrance de l'état à la transcription, lesquelles grèveront utilement l'immeuble, et par conséquent, l'acquéreur sera tenu de les respecter.

Maintenant, que décide l'art. 2198? Il suppose cette espèce. L'état des inscriptions a été demandé par l'acheteur DEPUIS la transcription. Mais le conservateur a omis une inscription dans l'état qu'il a délivré. Cette inscription que le tiers détenteur ne connaît pas, l'obligera-t-elle? Non, dans un système de publicité, il ne faut pas de surprises. L'acquéreur

n'est donc pas tenu de la respecter. Il peut se libérer
valablement malgré son existence sur les registres ;
car cette existence n'étant pas révélée dans l'état
qui est son titre, est pour lui... le néant. Comment
pourrait-il offrir son prix à celui qu'il ne connaît
pas ? L'immeuble est donc affranchi du droit hypothécaire, en ce qui concerne l'acheteur, et le créancier dont l'inscription a été omise, ne peut évidemment exproprier le tiers détenteur. Il n'a plus le
droit de suite. L'intérêt de la publicité le veut ainsi.

Mais le conservateur a une faute à s'imputer, et
cette faute, il doit en supporter les conséquences. Il
est donc responsable envers le créancier de son
omission. Toutefois, la loi, qui le peut sans inconvénient, vient à son secours. L'hypothèque inscrite
au moment de la transmission par la transcription
valait entre créanciers, comme elle aurait valu à
l'égard de l'acheteur, si le conservateur ne l'avait
pas oubliée dans son état. L'immeuble s'est converti
en une somme d'argent à la distribution de laquelle
il va être procédé. Les droits hypothécaires assis sur
cet immeuble se sont reportés sur le prix qui le représente. Eh bien ! le créancier omis, qui ne pourra
inquiéter le tiers détenteur qui ne lui a pas notifié
son contrat parce qu'il ne le connaissait pas, pourra
néanmoins se présenter à l'ordre et exercer son
droit de préférence sur le prix, parce que le droit

de préférence, qui suppose toujours un droit réel préexistant, peut lui survivre et a même pour but de lui survivre. Le créancier pourra donc se faire payer à son rang. Voilà ce que veut dire l'art. 2198, qui est la conséquence forcée du système de la transcription translative.

On sent que cet article gêne singulièrement le conseil d'État qui veut à toute force que la convention transporte le domaine à l'égard des tiers, parce que, dans son système, il faut que les inscriptions dont parle la loi soient, non pas celles existantes au moment de la transcription, mais seulement celles existantes au moment de la convention. Alors il dit : Il ne s'agit pas dans l'art. 2198 d'inscriptions nouvelles, c'est-à-dire, prises depuis la convention jusqu'à la transcription, mais bien d'inscriptions anciennes, c'est-à-dire, antérieures à la convention, et que le conservateur aurait omises dans son certificat.

A cela deux réponses évidentes : c'est que, 1° la loi ne distingue pas, parce qu'une distinction est impossible dans son système.

2° Si l'état du conservateur ne devait comprendre que les inscriptions antérieures au contrat, et si l'omission se référait à une ancienne inscription, la loi n'aurait pas exigé que l'état fût demandé *depuis* la transcription, mais bien *depuis* la vente.

215. — « Qu'y a-t-il donc à conclure de ce qui a
« été réglé, tant pour les donations qu'à l'égard des
« inscriptions omises? Rien que de favorable à l'o-
« pinion exprimée au commencement de cet avis.
« Car, si dans ces deux cas la transcription est
« prescrite, il faut en conclure qu'elle n'est pas
« nécessaire en thèse générale, selon l'axiome :
« *Qui dicit de uno negat de altero.* »

Ainsi, c'est un argument d'exclusion qui a perdu
la théorie de la transcription, c'est-à-dire, la base
de la propriété immobilière en France!...

« Il ne doit donc pas rester de doute que, depuis
« le Code civil, la vente authentique (ou qui a date
« certaine, si elle est sous seing privé) ne suffise pour
« arrêter le cours des inscriptions, même par rap-
« port aux créanciers antérieurs du vendeur dont
« l'hypothèque, non inscrite au temps de la vente,
« est sans force à l'égard du tiers acquéreur. »

214. — D'après ces considérations, dont aucune
ne soutient l'examen au point de vue de l'interprétation du Code civil, le conseil décide :

1° Implicitement, que la transcription n'est nullement utile à la translation de la propriété à l'é-
gard des tiers, et 2° explicitement, qu'elle n'arrête
pas le cours des inscriptions qui sont nécessairement arrêtées par la vente.

Eh bien alors, à quoi sert-elle?

A rien!!... Est-il possible d'arriver à une conclusion comme celle-là en présence de toute l'économie du Code civil!!.....

Le conseil d'État dit qu'elle est utile pour purger les hypothèques inscrites avant la vente. Il n'est nullement nécessaire de transcrire le contrat pour cet objet. Le tiers détenteur peut lever un état après la convention, et notifier son contrat aux créanciers inscrits au moment de la vente, se libérer entre leurs mains, et tout est consommé, dès qu'on admet que la propriété résulte de la convention sans la transcription.

Quant aux art. 1140, 1583, 2108, 2180, 2189, on se garde bien d'en parler. La publicité du principal privilége périt; mais on ne s'en inquiète pas. La publicité du privilége du vendeur se référera au passé!

215. — Il faut donc regarder cet avis du conseil d'État comme une de ces aberrations inexplicables qu'on rencontre quelquefois dans l'histoire des assemblées délibérantes, lorsqu'elles sont appelées à interpréter des institutions encore peu connues.

Du reste, on ne peut s'empêcher de remarquer que cette décision est radicale au point de vue où elle se place. Le conseil d'État rejette avec raison le système mitoyen de la régie. Jamais il n'a pu entrer dans l'esprit des rédacteurs du Code civil de consacrer la distinction qui depuis a prévalu sous le Code de procédure. L'avis que nous venons de critiquer en est la preuve la plus évidente.

Ou la transcription transporte encore la propriété à l'égard des tiers, et alors on peut s'inscrire utilement jusqu'à l'accomplissement de la formalité, sans distinguer entre les hypothèques stipulées avant ou après la vente.

Ou elle ne la transporte plus, et alors on ne peut s'inscrire que jusqu'à la convention, puisque, par le système, la convention légalement prouvée constitue le domaine absolu, c'est-à-dire, qu'elle est réputée connue de tous et opposable à tous, par conséquent, aux créanciers du vendeur qui ont stipulé des hypothèques, lesquelles n'ont pas encore acquis le caractère réel par l'inscription au moment de la vente.

216. — La transcription devenant, d'après l'avis du conseil d'État, une chose entièrement inutile, la régie perdait une branche de ses revenus. « Elle fit, « rapporte M. Locré, de nouvelles représentations. « Elles ne furent pas inutiles; car, le 16 février « 1806, le président de la section de législation du « conseil reçut du ministre secrétaire d'État une « lettre par laquelle celui-ci lui annonçait qu'il lui « renvoyait un avis du conseil d'État sur les trans- « criptions des actes de vente, et que le chef du

« gouvernement désirait que la question présentée
« par le *rapport du ministre de la justice* fût de nou-
« veau discutée dans la séance; qu'il présiderait
« lui-même le conseil. »

« Cette lettre était en effet accompagnée de
« l'expédition qui avait été officiellement présentée
« au chef du gouvernement, *et où l'approuvé et la*
« *signature, d'abord apposés en marge, se trouvaient*
« *rayés* (1).

« La discussion fut donc reprise dans la séance
« du 11 mars 1806. Le conseil d'État fit de vains
« efforts pour maintenir son avis. Il fallut cé-
« der (2).

« Mais comme il lui eût été trop pénible de ré-
« diger un avis qui n'aurait pas été le sien réelle-
« ment (3), quelqu'un proposa de *glisser* dans le
« Code de procédure quelques dispositions par les-
« quelles on consacrerait ce changement fait au
« Code civil. »

____

(1) Donc, l'avis du conseil d'Etat n'est pas obligatoire. Il ne vaut
que comme interprétation, et l'interprétation étant mauvaise, il
ne vaut rien du tout. Il faut, par conséquent, n'en plus parler.

(2) On est donc revenu, forcément il est vrai, mais enfin on est
revenu sur ce qui avait été décidé précédemment.

(3) La transaction qui est le caractère de l'époque, va s'en mêler.
On ne donnera pas tout à fait raison au garde des sceaux, on ne
donnera pas tout à fait raison au conseil d'Etat, et on finira par
adopter le système-monstre de la régie pour concilier tout le
monde!.... Alors, l'interprétation aura de quoi s'exercer. *Et mun-
dum tradidit disputationibus eorum!...*

Dites donc, M. Locré, qu'on restituerait au Code civil ce qui lui appartient.

217. — A partir de cette époque, il paraît que la régie est restée maîtresse du terrain.

De là, sont venus les art. 834 et 835 du Code de procédure.

« Ils n'ont pas été discutés au conseil d'État dans « la séance du 13 mars 1806, où ils furent pré-« sentés et qui était présidée par l'empereur » *qui les a imposés.*

« M. Cambacérès seul éleva la voix et ce fut pour « dire qu'il voudrait qu'on pût trouver une meil-« leure rédaction, parce que celle qu'on proposait « supposait évidemment que la transcription était « nécessaire pour consommer vis-à-vis des tiers la « transmission de la propriété. »

Paroles bien remarquables ! que l'interprétation aurait dû méditer et qui l'auraient conduite à un résultat tout autre que celui qu'elle a consacré.

Car s'il résulte des paroles de Cambacérès que le conseil d'État repoussait la transcription, il en ré-sulte aussi que ce n'est pas lui qui a créé l'art. 834 du Code de procédure ? Or, quelle a été la pensée du rédacteur ? la voici :

« Vous discutez en droit la question de savoir si « la transcription est nécessaire à la mutation de la « propriété ? MM. les conseillers d'État et M. le

« grand juge, vous n'êtes pas d'accord entre vous
« sur ce point de la législation civile? Que m'im-
« porte à moi, représentant de la régie ? Ce que je
« veux, c'est de l'argent. Eh bien ! continuez vos
« discussions tant qu'il vous plaira. Quant à moi
« qui dispose de la force qui impose, je veux que
« la transcription soit au moins utile, parce que si
« elle ne l'était pas, ma caisse ne se remplirait pas.
« Du reste, une fois mon but atteint, je ne prétends
« pas dire qui de vous a raison. Je laisse entière la
« question civile qui ne me touche guère. »

Voilà le langage de la régie, et la faute énorme
de l'interprétation, c'est d'avoir accepté comme civile une solution fiscale.

218. — Nous sommes enfin arrivés à ce fameux
art. 834 du Code de procédure : disposition jetée au
milieu de matières étrangères. Il importe d'en rechercher le sens.

Le système qui a prévalu est celui-ci. La transcription est nécessaire pour arrêter le cours des
inscriptions d'hypothèques constituées avant l'aliénation, c'est-à-dire, stipulées avant la vente considérée comme translative du domaine absolu.
Ceux-là seuls qui ont stipulé une hypothèque à une
époque antérieure à la convention, mais qui ne l'ont
pas inscrite, avant cette convention, peuvent cependant s'inscrire encore utilement à une époque posté-

rieure, c'est-à-dire jusqu'à la transcription et quinze jours au delà. Ainsi, dans ce système, la transcription perd totalement son caractère primitif. Elle n'est plus translative du domaine, elle devient une mise en demeure, un appel fait à une certaine classe de créanciers du vendeur ou des vendeurs précédents, et s'ils n'y répondent pas dans la quinzaine suivante, l'immeuble est affranchi du droit de suite et par conséquent du droit de surenchère de leur part.

219. — Le prix est-il affranchi du droit de préférence? Pour être logique, le système de la transmission par la convention devrait reconnaître que non.

En effet, si l'hypothèque non inscrite suit l'immeuble sorti des mains du débiteur, et oblige l'acheteur jusqu'à l'expiration de la quinzaine de la transcription, malgré la naissance de son droit *absolu* de propriété dans la convention, si en un mot, elle l'emporte sur le droit absolu d'un tiers acquéreur, il est clair qu'*a fortiori* elle doit l'emporter sur de simples droits de créances, c'est-à-dire sur les droits *relatifs* des créanciers cédulaires du vendeur qui sont aussi des tiers. Cela est bien évident. Aucun motif n'existe pour établir ici une distinction que repousse la raison.

Mais comme le Code civil avec le système de la

transcription translative est conçu dans un tout autre ordre d'idées que celui résultant de l'interprétation qu'on a donnée à l'art. 834, comme sous le Code civil le droit *réel* d'hypothèque n'a d'existence au regard des tiers (créanciers et acquéreurs) que par l'inscription (Code civil, art. 2134-2166), on n'ose pas heurter de front le texte de l'art. 2134. Alors, on décide que l'hypothèque non inscrite n'oblige pas les créanciers cédulaires du vendeur; et on décide qu'elle oblige le tiers détenteur!!... En sorte qu'on fait, de l'hypothèque non inscrite au moment de la vente, une monstruosité, c'est-à-dire, un droit *réel* à l'égard de l'acquéreur et un droit relatif en ce qui touche les créanciers chirographaires du vendeur. En d'autres termes, pour être conséquent, il fallait abroger les art. 2134 et 2166 et on s'est décidé à n'abroger que l'art. 2166. Que conclure de là? C'est que l'interprétation donnée à l'art. 834 du Code de procédure est mauvaise et qu'elle bouleverse la théorie du Code civil. Supposez que quelqu'un ait demandé à l'empereur qui a imposé l'article 834, s'il était dans l'intention de détruire tout le système de publicité organisé par le Code civil, n'est-il pas évident qu'il eût fait une réponse négative! L'art. 834 n'a donc pas et ne peut pas avoir le sens qu'on lui a prêté. Donner le droit de suite à une hypothèque non inscrite! mais c'est une absurdité au premier chef dans un régime public !...

Voilà pour la première partie de l'art. 834 du Code de procédure. Vient ensuite une disposition incroyable.

220. — « Il en sera de même à l'égard des cré-« anciers ayant priviléges sur les immeubles. »

Quels priviléges? tous les priviléges; on ne distingue pas. Ainsi, pourvu que les priviléges se révèlent dans la quinzaine de la transcription, ils sont conservés !... Il faut avouer qu'ils auront bien de la peine, avec une pareille théorie, à dégénérer en simples hypothèques (Code civil, art. 2113).

Si on prenait ces expressions de l'art. 834 au pied de la lettre, elles renverseraient tout le système des priviléges sur les immeubles!... Car, 1° les vendeurs ne seraient pas obligés de transcrire leurs contrats pour conserver leurs priviléges; il leur suffirait de l'inscrire dans la quinzaine de la transcription de la revente. Et pourtant! d'après l'art. 2108 du Code civil, l'inscription, comme cela a été reconnu au conseil d'État, n'est pas le moyen de conserver le privilége, c'est la *seule transcription* du contrat ; 2° les ouvriers ne seraient pas obligés de s'inscrire avant les travaux ; 3° le copartageant ne serait pas obligé de s'inscrire dans les soixante jours du partage ; 4° les créanciers du défunt ne seraient pas obligés de s'inscrire dans les six mois du décès ; le tout sous la pénalité de l'art. 2113. Il suffirait qu'ils s'inscrivissent dans la quinzaine de la transcription qui peut avoir lieu vingt ou trente ans après la vente.

221.— Cependant, on fait une réserve qui n'exclut rien en ce qui touche les priviléges des vendeurs et des copartageants.

« Sans préjudice des autres droits résultant au « vendeur et aux héritiers des art. 2108 et 2109 du « Code civil. »

Qu'est-ce que cela veut dire? Bien habile sera celui qui comprendra cette énigme. Je doute que le directeur de l'enregistrement, le trop fameux rédacteur de l'article, se soit compris lui-même (1).

Montrons le néant de tout cela, pied à pied, privilége à privilége, en comparant le système du Code civil avec cette étonnante disposition.

1° Priviléges de l'art. 2101 et de l'art. 2107.

222. — Puisque les priviléges, comme les hypothèques, se conservent par l'inscription faite dans la quinzaine de la transcription, ils ne se conservent pas, s'ils ne sont pas inscrits dans cette quinzaine.

----

(1) Il ne faut pas perdre de vue que ce n'est pas le conseil d'Etat qui a fait l'art. 834 du Code de procédure. C'est la régie qui, restée maîtresse du terrain faute de combattants, l'a fait *imposer* par l'empereur.

L a disposition ne distinguant pas, il est raisonnable
de l'appliquer aux priviléges des art. 2101 et 2107.
Donc, l'art. 2107 est abrogé en partie; car les priviléges de l'art. 2107 subsistent sous le Code civil
avec tous les effets des priviléges, droit de suite et
de préférence, et cela sans inscription. Leur peu
d'importance, l'habitude de la pratique de les régler
dans les distributions par distraction du prix à partager et par suite, leur payement immédiat, avaient
fait penser au législateur qu'ils n'avaient pas besoin
d'être rendus publics et que, par conséquent, il
était inutile d'organiser une purge qui aurait engen-
dré plus de frais que l'importance de ces priviléges
eux-mêmes; en sorte que le seul moyen d'en af-
franchir l'immeuble sous le Code civil, était le payement ou la prescription de l'art. 2180.

L'art. 834 du Code de procédure veut qu'ils se
révèlent dans la quinzaine de la transcription pour
suivre l'immeuble entre les mains des tiers détenteurs *subséquents*.

Cette modification au Code civil est bonne. L'art.
2107 est susceptible de critique. Il devra être modifié un jour. Le rédacteur de l'art. 834 qui a été
ici servi par le hasard a-t-il pensé à cela? J'en
doute. Mais enfin, comme une publicité tout incomplète et vicieuse qu'elle puisse être (je raisonne
ici dans le sens de l'interprétation qu'on a donné

à l'art. 834), vaut toujours mieux que la clandestinité entière, il faut approuver et chercher à étendre cet article en ce qui concerne ces priviléges.

2° Priviléges du vendeur, des ouvriers, du copartageant, et de la séparation des patrimoines.

223. — On se rappelle la belle théorie du Code civil qui satisfait complétement la raison et qui pourvoit à tous les intérêts de la manière la plus ingénieuse.

Le rédacteur de l'art. 834 ne la comprend pas.

Il se dit : le privilége? qu'est-ce que cela? c'est un droit qui ressemble à l'hypothèque, mais qui vaut mieux que l'hypothèque, puisqu'il la prime. Pourquoi la prime-t-il? c'est qu'il s'estime *ex causa* et non pas *ex tempore*. Le temps pour lui ne fait rien à l'affaire ; le privilége a donc de sa nature un effet rétroactif. S'il a un effet rétroactif, qu'on le publie un peu plus tôt, un peu plus tard, peu importe, les tiers consulteront les titres de propriété et ils s'éclaireront sur la filiation du domaine et sur les priviléges qui pourront le grever.

Et il ne voit pas que la publicité a précisément pour objet d'éviter la difficulté des recherches dans des titres qui la plupart du temps sont incomplets dans les mains du débiteur!

Il ne voit pas que dès que la publicité est la base

fondamentale d'un système, le privilége ne peut pas avoir d'effet rétroactif, ou, si on lui en donne un, ce ne peut être que dans quelques cas exceptionnels et en lui fixant un court délai pour qu'il se produise (art. 2109-2111) !

Il ne voit pas que la théorie ancienne reposant sur la clandestinité a été nécessairement modifiée par l'adoption de la publicité ; que le privilége continuera sans doute de s'estimer *ex causa* en ce sens qu'il primera les hypothèques des créanciers de l'acheteur, fussent-elles même inscrites ou censées inscrites (hypothèques judiciaires sur les biens présents et à venir) le jour même où il apparaît lui-même sur les registres du conservateur, mais que le privilége ne peut rétrograder dans le passé, sous peine d'anéantir tout le système !

224. — Alors, il nous dit : le vendeur *médiat* pourra et devra, sous peine de perdre son privilége. l'inscrire au plus tard dans la quinzaine de la transcription de la revente, et cette transcription peut avoir lieu trente ans après le contrat. Il suppose que le contrat précédent n'a pas été transcrit, et que le privilége par conséquent, ne s'est pas révélé par la transcription ! ce qui est une erreur évidente, puisque d'après le Code civil, tous les contrats successifs ont dû nécessairement être transcrits. Autrement, la chaîne de la propriété absolue aurait été brisée,

et les acquéreurs subséquents aux contrats non transcrits ne seraient que des acquéreurs relatifs ; d'où suit que tous les priviléges des anciens vendeurs ont été nécessairement publiés suivant l'article 2108. Mais il n'a pas compris la théorie des priviléges, et alors, il continue en disant : tant pis pour ceux qui auront contracté sans consulter les titres du débiteur.

Vous ne comprenez donc pas que, si vous forcez le public à consulter les titres qui sont entre les mains du débiteur, ce public verra dans ces titres, qui le révèlent nécessairement, le privilége de l'aliénateur ! A quoi bon alors forcer ce dernier à prendre une inscription désormais inutile ? Si votre institution suppose connu ce qu'elle veut faire connaître, c'est un non-sens... c'est une énormité !...

225. — Toutefois, il fait une réserve, en ce qui concerne les autres droits résultant au profit du vendeur de l'art. 2108, et du copartageant de l'article 2109. On s'est beaucoup torturé l'esprit à chercher le sens de cette réserve. Il est inutile de rapporter ici tout ce que l'on a produit en cette matière. Quant à moi, je pense que le directeur d'enregistrement a tout simplement voulu dire que le vendeur immédiat, et non pas médiat, le dernier vendeur en un mot, celui dont le contrat est transcrit suivant l'art. 834, ne sera pas tenu de s'inscrire dans la quinzaine de la transcription, parce que la transcription vaut pour lui inscription de privilége suivant l'art. 2108, et que le copartageant privilégié qui a soixante jours pour inscrire son privilége, conservera son délai malgré la quinzaine de la transcription de la vente transcrite avant l'expiration des soixante jours de l'art. 2109.

Qu'on fasse, en effet, les réflexions suivantes : il n'est pas possible que l'art. 834 du Code de procédure ait voulu abroger l'art. 2109, qui forme exception à la règle de la publicité, par un motif particulier qui subsiste toujours. M. Troplong est donc dans l'erreur, lorsqu'il décide que le copartageant a perdu le droit de suite s'il n'a pas révélé son privilége dans la quinzaine de la transcription de la vente faite par le copartageant débiteur de la soulte. Car, tout obscure que soit la disposition du second alinéa de l'art. 834, il apparaît certainement que son auteur a voulu réserver quelque chose au copartageant privilégié, et, d'après M. Troplong, loin de lui réserver quelque chose, on lui enleverait le droit de s'inscrire pendant soixante jours. La propriété ne serait plus, à son égard, réputée exister, comme le veut l'art. 2109 du Code civil, sur la tête du copartageant grevé de la soulte. Il n'aurait plus le délai entier pour appréhender l'immeuble par l'inscription. On ne lui réserverait rien, on lui prendrait au contraire quelque chose, tandis qu'on veut lui réserver quelque chose, et qu'on ne veut rien lui prendre.

Quoi! parce que M. Tarrible a commis une erreur évidente en faisant entendre, dans son rapport au Tribunat, que la section *des Priviléges* du Code civil ne s'occupait que du droit de préférence, et non pas du droit de suite, il faut nécessairement consacrer son erreur?

D'après le Code civil, tous les priviléges inscrits ont le droit de suite, et, par voie de conséquence, le droit de préférence; mais ils n'ont jamais le droit de préférence sans, au préalable, s'être constitués sur l'immeuble par le signe public qui doit les faire connaître. En effet, le droit de préférence n'est que le report sur le prix du droit réel, du droit dans la chose.

Aussi, voyez M. Troplong, il ne sait à quel saint se vouer dans toutes ces matières.

« Il faut, dit-il, plus que jamais prendre garde de « se laisser aller aux apparences. Ce n'est qu'en « distinguant très-soigneusement les cas, qu'on peut « sortir de ce labyrinthe difficile... »

Il trouve ensuite que le législateur a heurté la raison.

« En effet, n'y a-t-il pas une véritable inconsé-« quence à autoriser le copartageant à prendre ins-« cription, postérieurement à la quinzaine de la

« transcription, à l'effet de conserver son droit de
« préférence entre créanciers? inscription, sur quoi?
« sur un immeuble dégrevé du privilége!... Voilà
« ce que veut le législateur; mais le bon sens ap-
« prouve-t-il cette volonté? Il veut qu'on s'inscrive
« lorsqu'il n'y a plus d'immeuble pour prendre
« inscription (1)!...

« On conçoit qu'il faut des textes bien positifs
« pour que notre raison se prête à ces anomalies...
« à des systèmes aussi bizarres... »

(1) Où sont pourtant conduits les partisans du système de la
transmission par la convention! Mais vous êtes dans l'erreur :
parce que la convention ou la transcription au cas de l'art. 2109 n'a
pas transporté la propriété en ce qui touche le copartageant non
inscrit. L'immeuble est toujours resté à son égard, pendant le délai de
soixante jours, malgré la vente et malgré sa transcription, dans les
mains du copartageant grevé de la soulte. Dès lors, le copartageant
créancier peut profiter du délai entier pour appréhender l'immeuble
par son inscription qui sera censée faite le jour même de la transmission, et, par conséquent, le copartageant s'inscrivant même après
la transcription, pourvu que ce soit dans les soixante jours du partage, acquiert le droit de suite et le droit de préférence. Maintenant, que l'art. 835 du Code de procédure ait dispensé l'acquéreur
de lui notifier son contrat, c'est un malheur, si tel est, en effet,
le sens de cet article, en ce qui concerne le copartageant. Cela ne
serait pas arrivé, si le rédacteur des art. 834 et 835 du Code de procédure avait compris la théorie des priviléges du Code civil. Mais
le copartageant n'en pourra pas moins faire une surenchère dans
les délais de la notification, s'il apprend indirectement qu'elle a
été faite, et le poursuivant de l'ordre ne devra pas moins le som-
mer de produire, car s'il fait l'ordre en son absence, le copartageant
inscrit utilement pourra contraindre le détenteur à délaisser s'il
n'aime mieux payer. Voilà la véritable théorie de la loi (*Vid. supra*, n° 152).

Oh! certainement, s'il est une intelligence remarquable, c'est assurément celle de M. Troplong;
mais, pour le lire, il faut avoir fait des études sé-
rieuses aux bonnes sources, et alors, on admire les
qualités brillantes et éminentes de son esprit, tout
en ne partageant pas toujours ses idées. Il n'est pas
descendant de Doneau!

226. — Quant à la séparation des patrimoines,
l'art. 834 se tait. Conclurons-nous de ce silence
qu'il a voulu abroger l'art. 2111, quand le motif de
conserver l'art. 2111 est le même que celui qui nous
porte à conserver l'art. 2109? On n'abroge pas
ainsi un article fondamental, parce qu'on a oublié
son numéro dans une réserve aussi obscure que
celle de l'art. 834. Je tiens donc, pour constant,
que les créanciers du défunt peuvent profiter des
six mois de l'art. 2111 ponr inscrire leur privilége,
et cela malgré la transcription précipitée que l'a-
cheteur de l'héritier pourrait faire de son contrat.

227. — A l'égard du privilége des entrepreneurs
et ouvriers, toute la théorie des art. 2103 4°, et
2110, est également bouleversée avec l'interprétation qu'on a donnée à l'art. 834.

Voici le raisonnement qu'on peut faire et qu'on a
fait bien à tort. D'après l'art. 834, tous les priviléges, en général, doivent se révéler, au plus tard,
dans la quinzaine de la transcription. Donc, si le

privilége des ouvriers se révèle dans la quinzaine de
cette transcription, il se révèle utilement comme
privilége, et, à ce titre, il prime toutes les hypothèques antérieures. Je me trompe, il ne les prime pas
toutes, il n'en prime que quelques-unes (1)!... Mais
décidez ce que vous voulez, je ne m'en inquiète pas,
je cours au point capital. Si le premier procès-verbal
d'expertise peut être inscrit, comme privilége, même
après la confection des travaux, pourvu que ce soit
dans la quinzaine de la transcription de la vente de
l'immeuble amélioré, quel avertissement aura donné
l'inscription du privilége? Evidemment, tous les
créanciers antérieurs auront contracté dans l'ignorance de son existence, et alors, de deux choses
l'une : ou les ouvriers inscrits, comme privilégiés,
dans la quinzaine de la transcription, seront primés
par les créanciers antérieurs, suivant l'art. 2110
qui, comme l'art. 2106, ne donne d'effet au privilége qu'à compter de la *date* de l'inscription du premier procès-verbal, et on verra un privilége primé
par de simples hypothèques! ou bien il les primera,
et alors, adieu à la publicité! Il faut donner au privilége un effet rétroactif; tandis que, d'après le
Code civil (art. 2110), le privilége prend rang du
jour de l'inscription, parce que l'inscription du pre-

____

(1) *Vid. supra*, no 29.

mier procès-verbal est nécessairement faite avant même la transmission au débiteur de la création de la plus value sur laquelle repose le privilége, et par conséquent, à une époque bien antérieure à la transcription de l'art. 834 du Code de procédure.

228. — Il est donc évident, d'après tout ce qui précéde, que l'art. 834 du Code de procédure avec l'interprétation qu'on lui a donnée, constitue la théorie la plus abstruse, et la plus déplorable qu'ait jamais renfermée législation. Il sera sans doute un jour retranché de nos lois. Mais, en attendant, n'est il pas possible de lui donner un sens raisonnable?

Isolons-nous un instant de tout ce fatras de discussions qui ont accompagné sa naissance. Voyons son texte seul; c'est la loi, et en définitive, il n'y a d'obligatoire que la loi.

229. — Pour comprendre ce que j'ai à dire, il faut que le lecteur se place dans la position où je me suis placé moi-même.

J'ai commencé, suivant une méthode qui me jette bien souvent en dehors des idées reçues, mais que je ne crois pas moins la seule vraie, par étudier la loi dans la loi, les textes seuls à l'aide des textes conférés avec les textes de la législation existante au moment de leur création. De cette étude, il est résulté un système que j'ai fait connaître. La lecture des discussions au conseil d'État et des travaux préparatoires du Code a confirmé toutes mes idées. La lecture de toutes les erreurs amoncelées dans la plupart des interprètes sur la théorie des priviléges sur les immeubles ne m'a pas ébranlé. Je restai donc convaincu que c'était à une malheureuse interprétation que nous devions l'abandon de la transcription considérée comme moyen de transmission à l'égard des tiers, et que, si l'on mettait de côté cette base fondamentale du Code civil, l'édifice s'écroulait sur lui-même.

Lorsqu'ensuite, avec ces idées, je suis arrivé à l'art. 834 du Code de procédure, cet article m'étonna d'abord; mais en y réfléchissant, je trouvai le sens conciliateur que voici. Il n'a jamais pu entrer dans l'esprit de ses rédacteurs de bouleverser le Code. On n'a voulu qu'une chose : de l'argent. Eh bien! nous allons en donner en nous plaçant à l'époque où il a été fait, et par conséquent, nous réaliserons ainsi le but de sa création.

230. — Que signifie en droit le mot *aliénation?* Il signifie la transmission du domaine. Sous le Code civil, qu'est-ce qui constitue *l'aliénation?* Ce n'est pas la convention seule, c'est la convention transcrite. Donc, lorsque la loi (art. 834) dit que ceux qui ont stipulé une hypothèque *antérieurement aux aliénations* peuvent s'inscrire dans la quinzaine de la transcription, elle a entendu reproduire l'art. 26

de la loi de brumaire, oublié ou escamoté dans le Code, en prolongeant toutefois l'assise du domaine sur la tête du vendeur pendant un délai de quinzaine au regard des créanciers non encore inscrits au moment de l'événement constitutif du *jus in re*, c'est-à-dire, au moment de la transcription.

Admettez cette idée que ne repousse nullement le texte de l'art. 834, qu'il favorise même comme l'a fort bien remarqué M. Cambacérès à la séance du conseil d'État du 13 mars 1806 (1), et tout est sauvé !

Bien plus, l'art. 834 devient un article excellent; car le délai de quinzaine est à mon sens une amélioration quoique peu logique. La transcription

(1) Car, comment comprendre qu'on puisse s'inscrire utilement, c'est-à-dire acquérir le droit absolu d'hypothèque sur un bien qui n'est plus au regard de tous, et, par conséquent, des créanciers eux-mêmes dans le domaine du débiteur ! D'ailleurs, permettre à un créancier du vendeur de s'inscrire à une date postérieure au contrat, c'était, dans le langage de l'époque, dire que la propriété restait toujours au regard des tiers sur la tête de l'aliénateur, jusqu'au moment où on ne pouvait plus s'inscrire. Cela est si vrai qu'on parle toujours dans les monuments du temps, les avis du conseil d'Etat, de la transcription comme arrêtant le cours des inscriptions; rarement on se sert d'un autre langage. C'est du reste avec toute raison; car arrêter les inscriptions, et arrêter la propriété sont deux idées tout à fait indivisibles. L'une entraîne l'autre à sa suite. L'importance *pratique* n'est pas que la transcription arrête la propriété. Il est très-rare qu'on vende deux fois sa chose, mais il est néanmoins très-important de reconnaître le principe, afin d'arriver à l'arrêt des inscriptions. Voilà pourquoi on n'examine jamais la question qu'à cause des hypothèques.

jouera alors deux rôles. Elle servira tout à la fois de signe public pour constituer le domaine aux yeux de tous et de mise en demeure aux créanciers qu'une transcription précipitée et peut-être frauduleuse pouvait, dans le système du Code civil, priver de leur gage légitime. Au regard du public en général, la transcription transportera le domaine : mais par une exception basée sur un motif particulier, la propriété ne sera toutefois transportée d'une manière définitive à l'égard des créanciers porteurs de conventions hypothécaires non inscrites au moment où elle est faite, que quinze jours après l'accomplissement de la formalité.

Cette interprétation n'a certainement rien que de très-raisonnable, et puisqu'il y a nécessité de l'adopter, on ne doit pas hésiter un seul instant à le faire. Il ne faut pas renverser tout un Code pour un mot !...

251. — Quant à la seconde partie de l'article, elle m'embarrassa beaucoup plus. Voici pourquoi :

Je me demandai à quels priviléges pouvaient se référer ces expressions générales : « Il en sera de « même à l'égard des créanciers ayant priviléges « sur les immeubles. »

Ce ne peut être aux priviléges des vendeurs précédents, puisque d'après la théorie du Code civil, tous les contrats ont nécessairement été transcrits,

suivant l'art. 2181, les aliénations n'étant aliénations qu'à cette condition, et que par conséquent,
tous les priviléges des vendeurs anciens sont par
cela même inscrits, la transcription valant inscription pour le vendeur (C. civil, art. 2108). Les vendeurs précédents ne peuvent donc avoir de priviléges à inscrire dans la quinzaine de la transcription.

Ce ne peut être au privilége des ouvriers, puisque
l'inscription du premier procès-verbal a dû nécessairement se révéler avant la mise à l'œuvre, et par conséquent bien avant la quinzaine de la transcription.

La loi aurait-elle voulu que le second procès-verbal d'expertise se révélât dans la quinzaine de la
transcription? Aurait-elle à cet égard réparé l'omission de l'art. 2110? Non. Car les travaux peuvent
ne pas être terminés au moment de la transcription.
Quelle apparence peut-il y avoir que l'art. 834 ait
exigé une liquidation de travaux inachevés, pour
ensuite obliger l'ouvrier à recommencer sur nouveaux frais, à l'effet d'obtenir un nouveau privilége
pour les travaux à effectuer sur le nouveau propriétaire? Cela n'est pas probable; on n'aperçoit pas le
motif d'une pareille disposition. Les six mois nécessaires pour la réception des travaux de l'article 2103 4°, repoussent même cette idée.

Ce pourrait être au privilége du copartageant, car
le copartageant grevé de la soulte peut vendre, avant

l'expiration des soixante jours de l'art. 2109, l'immeuble grevé de privilége. La loi aurait-elle voulu
que le privilége se révélât nécessairement dans la
quinzaine de la transcription ? C'est-à-dire, aurait-
elle voulu faire dépendre le délai si utile de l'article 2109 du caprice de l'acheteur ? Poser la question ainsi, c'est la résoudre. Cela est impossible.
D'ailleurs, il est fait par l'art. 834 lui-même une réserve particulière au profit du copartageant !...

Ce pourrait être au privilége de l'art. 2111. Mais
le délai de six mois est bien autrement utile encore
aux créanciers du défunt, que le délai de soixante
jours ne l'est au copartageant. Le copartageant connaît au moins l'instant précis où son privilége a pris
naissance, puisqu'il a concouru au partage, tandis
que le créancier de la succession, éloigné du domi-
cile du défunt, peut ignorer le décès pendant un
temps assez long. Loin donc de restreindre le délai
de six mois, il faudrait au contraire l'augmenter.
Or, si une réserve est faite au profit du copartageant, *a fortiori* est-elle faite au profit des créanciers du défunt par l'art. 834 du Code de procédure.

Il me paraît donc démontré que la seconde partie
de l'art. 834 n'a pu avoir pour but de modifier la
théorie des priviléges sur les immeubles. Mais alors
quels sont les priviléges qu'on pourra inscrire dans

la quinzaine de la transcription et qui seront purgés s'ils ne se révèlent pas dans le délai de rigueur? Il faut bien que la disposition de l'art. 834 se réfère à quelque chose!...

232. —Alors, j'arrivai à cette idée que je livre pour ce qu'elle vaut, mais que *j'admets parce qu'il* y a le *fatum*, la nécessité la plus absolue de l'admettre.

Par ces expressions : « Il en sera de même à l'é-« gard des créanciers ayant privilége sur les im-« meubles, » la loi n'a pu entendre parler que, 1° du privilége des art. 2101 et 2107;

Et 2° de tous les autres priviléges... dégénérés en simples hypothèques suivant l'art. 2113.

Si on n'adopte pas cette interprétation, je ne vois pas de moyen d'en sortir. Il faut déclarer par une loi l'art. 834 abrogé. Car avec le sens qu'on lui a donné, tout le Code civil est bouleversé. Qu'est-ce qu'une publicité de priviléges qui se réfère au passé? Qu'est-ce que des hypothèques qui ont le droit de suite sans inscriptions? Qu'est-ce que des créanciers qui peuvent appréhender comme gage le bien d'autrui, et autres belles choses semblables?

Tandis que si vous traduisez avec moi l'art. 834 du Code de procédure de la manière suivante :

« Les créanciers qui, ayant hypothèque aux ter-« mes des art. 2123, 2127 et 2128 du Code civil,

« n'auront pas fait inscrire leurs titres antérieure-
« ment aux aliénations (c'est-à-dire à la convention
« transcrite, à la transcription de la convention),
« qui seraient faites à l'avenir des immeubles hypo-
« théqués, ne seront reçus à requérir la mise aux
« enchères.... qu'en justifiant de l'inscription qu'ils
« auront prise depuis l'acte translatif (c'est-à-dire
« dont le but est la mutation (1) de la propriété)
« et au plus tard dans la quinzaine de la trans-
« cription de cet acte.

« Il en sera de même à l'égard des créanciers
« ayant privilége sur les immeubles suivant les ar-
« ticles 2101 et 2107 du Code civil, ainsi que de
« tous les créanciers privilégiés dégénérés en sim-
« ples créanciers hypothécaires suivant l'art. 2113.
« Étant fait réserve aux copartageants et aux créan-
« ciers du défunt des délais de faveur résultant des
« art. 2109 et 2111 du Code civil. »

Si, dis-je, vous traduisez avec moi l'art. 834 de
cette manière, tout est sauvé!... Si vous ne le voulez, tout est perdu! C'est à prendre ou à laisser (2).

___

(1) Ces expressions sont toujours prises dans ce sens par la loi
(*Voy.* art. 26 de la loi de brumaire an VII et 2181 du Code civil).

(2) Je ne me dissimule pas que c'est là le côté faible de mon
travail au point de vue de l'interprétation du Code de procédure.
Il faut que cet art. 834 disparaisse. Mais bouleverser tout le Code
pour un article mal rédigé, c'est là une extrémité à laquelle il est
difficile de se rendre !... La solution d'une question fiscale ne peut
pas avoir pour effet d'abroger la partie la plus importante de toute

RÉSUMÉ GÉNÉRAL

DE LA QUESTION DE LA TRANSMISSION.

233. — Pour résumer toute cette longue discussion, je suppose qu'un étranger d'un savoir et d'une intelligence hors ligne, lise notre Code civil seul, abstraction faite des *immensa volumina prudentiæ* qui tantôt l'ont éclairci et tantôt l'ont obscurci, comme on a pu s'en convaincre pour peu qu'on ait d'indépendance dans les idées. Il est aux prises avec les textes, et il recherche comment s'acquiert la propriété en France par actes entre-vifs. Il sera certainement bien embarrassé de découvrir la pensée qui a présidé à la théorie de la loi (1).

Si vous lui dites que la convention à elle seule transporte le domaine absolu, il n'y comprendra rien. Il n'est pas possible qu'il y comprenne quelque chose. Il vous opposera à l'instant même les articles 939, 941, 1140, 1141, 1238, 1303, 1583, 1589 1604, 1689, 1690, 1867, 2071, 2076, 2117,

une législation. Comment admettre une théorie qui immole sur ses autels 25 articles du Code civil, pour donner la préférence à une simple disposition du Code de procédure, alors que cette disposition peut encore à la rigueur être interprétée dans un sens raisonnable, lorsqu'on met de côté le fatras de discussions qui a précédé sa naissance !...

(1) Aussi M. de Savigny a-t-il fait du Code civil la critique la plus amère.

2134, 2166, 2108, 2180, 2181, 2182, 2189, 2198, 2200.

Si vous lui dites que la tradition seule est nécessaire pour l'acquisition du domaine, il vous réfutera, de la manière la plus péremptoire par les art. 711, 938, 1138, 1583, 939, 941, 2108, 2180, 2181, 2182, 2189, 2198, 2199, 2200.

Mais, si nous lui disons que la convention transporte la propriété entre les parties; que la tradition est nécessaire pour l'acquisition des meubles et des choses réputées immeubles non susceptibles d'hypothèques par elles-mêmes, le tout au regard du public; que la transcription est nécessaire pour l'acquisition des biens susceptibles d'hypothèques, à l'égard des tiers; alors, il n'aura pas grand argument pour nous répondre; car il pourra se dire :

1° Du principe que la propriété est transportée entre les parties par la simple convention, il résulte :

Que les art. 711, en ce qui touche les parties, 938, 1138 et 1583, sont expliqués;

2° Du principe que la propriété des meubles et des choses réputées immeubles non susceptibles d'hypothèques, s'acquiert, à l'égard des tiers, par la tradition ou par l'inscription qui est l'appréhension du gage en matière d'hypothèques, il résulte :

Que les art. 711, en ce qui concerne le public,

1140, 1141, 1238, 1303, 1589, 1604, 1689, 1690, 2071, 2074, 2076, 2117, combinés avec 2134 et 2166, sont aussi expliqués :

3° Du principe que la transcription est nécessaire à la translation, au regard des tiers, de la propriété immobilière susceptible d'hypothèque, et qu'elle remplace, sous ce rapport, la tradition aux yeux du public, il résulte :

Que les art. 939, 941, 1140, 1238, 1303, 1583, 2108, 2180, 2181, 2182, 2189, 2198, 2199, 2200 (C. civ.), et l'art. 834 du Code de procédure, sont également expliqués, et que, par conséquent, l'ensemble du système se déroule avec assez de logique.

234.—Alors, notre interlocuteur nous fera quelques objections. Il nous dira : Vous faites entrer dans votre système de la transcription les art. 1238, 1303, 1589, 1867 ; ils y entrent difficilement en ce qui touche les immeubles.

Nous lui répondrons que la transcription n'est autre chose, sous le Code civil, en ce qui touche les tiers, que l'exécution de l'obligation de donner ; que, par conséquent, elle remplace le payement de Pothier sous ce rapport, d'où suit que la tradition-transcription peut encore, à la rigueur, se concilier avec les articles précités.

Après cette réponse, peu concluante, sans doute, car le Code civil est loin de se dérouler avec la logique romaine, il aura bien encore quelques scrupules ; mais, au fond, il dira que nous sommes dans le vrai, et que c'est l'interprétation qui a perdu la partie la plus importante du Code civil.

235. — En adoptant toutes ces idées, on aura :

1° Un bon système pour les meubles ;

2° Un excellent système pour la propriété des immeubles et pour les priviléges et hypothèques, ce qui vaut infiniment mieux que toutes les théories nuageuses de la pensée (1) ;

3° Et un médiocre système pour les choses réputées immeubles, non susceptibles d'hypothèques ; mais, tout médiocre qu'il puisse être, il sera encore bien préférable à la théorie admise et fondée sur la simple convention.

CONCLUSION.

236. — Si on admet avec nous que la transcription n'a pas été abolie comme moyen de transmission à l'égard des tiers, et que cet abandon d'un principe

---

(1) Il paraît que M. Blondeau et M. Bonjean ont déjà traité cette question de la transcription. Quelques recherches que j'aie faites pour me procurer leurs écrits je n'ai pu parvenir à les découvrir. Ils auront sans doute fait valoir encore d'autres raisons que celles précédemment développées. J'ai cependant consulté la *thèse* de doctorat de M. Bonjean, sur les donations ; mais sa thèse de *licence*, dans laquelle il a examiné *réellement* la question, n'est plus dans le commerce.

fondamental n'est que le résultat d'une fausse interprétation de la loi, il est évident que le système du
Code civil sur les priviléges, subsiste encore dans
toute son intégrité tel que nous l'avons exposé. Il
ne faut, pour revenir à la vérité méconnue depuis
trop longtemps, qu'un bon arrêt de la Cour suprême
vigoureusement motivé. Ce serait, il est vrai, une
révolution à opérer dans la matière hypothécaire ;
mais cette révolution entraînerait moins de secousses qu'on ne serait tenté de le penser au premier coup d'œil. Tous les tribunaux se hâteraient
de se jeter dans cette voie, et la pratique qui ne
sait où donner de la tête dans ces matières, qui remplit des formalités dont elle n'aperçoit pas le but,
verrait bien des choses s'éclaircir.

257. — Mais si, comme cela est malheureusement passé dans les esprits à l'état d'axiome, la
transcription translative du domaine au regard des
tiers a été véritablement abolie, quelles sont les
conséquences de cette abrogation ?

De deux choses l'une :

Ou la propriété est transférée à l'égard des tiers
par la convention légalement prouvée, sans aucune
rétention au profit du vendeur pour la partie du
prix non payée ; et alors, tous les créanciers de l'acheteur ont valablement appréhendé par leurs inscriptions l'immeuble entré dans le domaine de leur

débiteur. Dans cette hypothèse, l'inscription que le vendeur fait après la mutation ne peut être qu'une acquisition nouvelle sur l'immeuble transmis sans réserve. Elle est dès lors primée par tous les créanciers de l'acheteur antérieurement inscrits, à moins qu'on ne lui donne un effet rétroactif, auquel cas, on perd tout le système de la publicité, cette publicité de sa nature ne pouvant se référer qu'à l'avenir.

Ou bien, la propriété n'a été transférée à l'égard des tiers que moins la réserve au profit du vendeur d'un privilége pour la partie du prix non payée; et alors, le vendeur reste propriétaire de ce qu'il n'a pas transporté, c'est-à-dire, de la fraction du domaine appelée privilége. Dans cette hypothèse, l'inscription est une chose inutile, car si la transmission est réputée connue de tous sans la transcription, le privilége doit l'être également puisque l'acte qui constate la transmission de la propriété révèle nécessairement ce que le vendeur a retenu de la propriété, c'est-à-dire, le privilége pour la partie du prix non payée.

Tout cela aboutit à dire : ou la vente est encore publique, et alors, la publicité du privilége du vendeur existe suivant l'art. 2108 du Code civil; ou la vente est clandestine, et alors cet art. 2108 n'a plus de base, il est abrogé et, par conséquent, le privilége du vendeur peut se produire comme la propriété elle-même, tant au regard des créanciers hypothécaires que des acquéreurs, comme clause du contrat de vente réputée connue de tous, malgré sa clandesti- - nité (1). Telle est la conclusion de l'excellent travail de M. Valette. D'après la théorie de l'auteur, le système deviendrait très-simple. On mettrait de côté une publicité menteuse et le privilége de l'aliénateur se produirait comme la propriété elle-même. C'est en effet le seul parti qui reste à prendre si, comme lui, on pense que la transcription translative du domaine a été abolie par la loi. Je ne puis me rendre à cette conclusion. Sans doute, le privilége qui n'est qu'une dépendance de la transmission ne peut se produire que comme la transmission elle-même, mais déclarer abrogés les art. 2106, 2108 et 2113 en ce qui concerne le privilége du vendeur, c'est couper le nœud gordien, ce n'est pas le délier. L'in-

(1) Cette manière de voir trouve un appui des plus puissants dans cette jurisprudence constante qui considère l'action résolutoire comme une action réelle, et qui donne au vendeur la revendication contre les tiers détenteurs dans le cas où il n'est pas payé, *bien qu'il n'ait aucunement fait connaître son privilége.* Si on accorde au vendeur non payé le droit de résolution même contre les détenteurs, encore qu'il n'ait pris aucune inscription, on doit à plus forte raison, lui accorder un privilége sur le prix, encore qu'il ne l'ait pas publié. Car le privilége, démembrement du domaine, n'est qu'une fraction de la propriété qui se résout en une action sur le prix, et une fraction de la propriété doit nécessairement pouvoir être revendiquée comme clause du contrat de vente à l'égard des tiers, quand la propriété tout entière peut être revendiquée à l'égard des tiers comme clause du contrat de vente.

terprétation peut faire revivre la transcription de la loi de brumaire, en s'isolant des faits historiques qui entourent la création de l'art. 834 du Code de procédure, et en ne voyant que son texte qui est seul obligatoire, parce que la loi la suppose toujours existante dans une foule de dispositions, et que, ce que le législateur décide par voie de conséquence est aussi obligatoire que ce qu'il établit par un texte formel ; mais l'interprétation dépasse son mandat, lorsqu'elle va jusqu'à abroger des textes auxquels le législateur renvoie formellement (art. 834 *in fine*, Code de procédure). Le résultat auquel est arrivé M. Valette est donc pour nous une raison de plus pour persister dans notre manière de voir sur le principe de la transcription.

238. — Au surplus, quelque parti qu'on prenne, la théorie du Code civil n'a reçu aucune atteinte en ce qui concerne les priviléges à l'égard desquels la transcription était remplacée par des formalités ayant le même but (art. 2103-4°, 2110); de même qu'elle est demeurée intacte en ce qui touche les priviléges qui, par exception à la règle, pouvaient se produire à une époque postérieure à la transmission (Code civil, art. 2109, 2111).

« Quand une ancienne règle, dit un célèbre juris-
« consulte allemand, est abrogée par une règle
« nouvelle qui lui est contraire, mais que le législa-

« teur a fait précédemment des exceptions à l'an-
« cienne règle, ces dispositions particulières (*singu-
« laria*) de l'ancien droit ne sont point supprimées
« par l'existence seule de la nouvelle règle. Elles ne
« cessent d'être en vigueur qu'autant que le législa-
« teur les abroge spécialement. Car lorsque le lé-
« gislateur fait une exception à une règle, c'est que
« cette exception doit avoir d'autres motifs que la
« règle. On peut changer de manière de voir sur
« un point et conserver la même manière de voir
« sur l'autre. Par conséquent si, aux yeux du légis-
« lateur, les motifs de l'ancienne règle ont cessé
« d'exister, il ne s'ensuit pas nécessairement que
« son idée primitive relativement à l'ancienne ex-
« ception ait aussi changé (Voy. *Encyclopédie juri-*
« *dique* de Falck, traduction de M. Pellat, § 149,
« note 36 *in fine*). »

Ainsi donc, et à supposer que la transcription ait
été abolie comme moyen de translation de propriété
à l'égard des tiers, cette abrogation a bien pu faire
périr la publicité du privilége de vendeur; mais
elle a laissé intacte la publicité des autres priviléges.

239. — Nous avons maintenant à traiter la séparation des patrimoines. C'est l'objet de la troisième
partie de notre ouvrage.

APPENDICE

RELATIF A L'INTERPRÉTATION DE L'ART. 1158

DU CODE CIVIL.

Examen du système nouvellement émis par MM. Valette et Marcadé.

APPENDICE

RELATIF A L'INTERPRÉTATION DE L'ART. **1138**

DU CODE CIVIL.

Les art. 1138 et 1583 sont tirés de l'ancien droit municipal français. Le Code civil n'a pas innové.

Pendant le cours de l'impression de cet ouvrage, il s'est passé un fait dont nous devons prévenir nos lecteurs.

La deuxième *Étude*, relative à la transmission de la propriété par actes entre-vifs, a été insérée, en partie, dans la *Revue de Droit français et étranger* (1). M. Valette, l'un des éminents jurisconsultes qui dirigent cette *Revue*, a placé à la page 781 du tome III une note de la plus haute importance, sur laquelle une explication est nécessaire.

Notre travail était terminé depuis longtemps, et livré à l'imprimeur, lorsque les *Éléments du droit*

(1) *Voy.* les n^{os} de septembre et d'octobre 1846, t. III de la nouvelle collection, p. 678-697, 765-791.

civil de M. Marcadé tombèrent entre nos mains. Cela explique pourquoi, en corrigeant les épreuves de notre ouvrage, nous avons ajouté une note qui se trouve au n° 270; cela explique aussi pourquoi on n'a pas vu au n° 127 l'exposition et la réfutation du système de M. Marcadé, dont nous avons déjà touché, bien à la hâte, quelques mots dans la *Revue* (1). Nous allons donc ici examiner l'état de la science sur l'interprétation de l'art. 1138. De cette manière, nous remplirons une lacune que le lecteur aurait pu remarquer dans notre travail, à cet égard.

L'art. 1138 du Code civil est, comme chacun le sait, l'*unique* fondement de tout le système admis aujourd'hui sur la transmission de la propriété par actes entre-vifs. Je dis l'*unique* fondement, car ces expressions de l'art. 711, *par l'effet des obligations,* que l'on invoque également à l'appui de la théorie, peuvent aussi bien marcher avec le système *de la tradition et de la transcription* qu'avec le système *du simple pacte.* En effet, la transmission, dans l'un et l'autre système, a toujours pour cause originaire une *ob–ligatio,* un lien entre deux parties; seulement, l'*effet* de l'obligation est immédiat *erga omnes,* dans la théorie généralement admise, tandis

(1) *Voy.* p. 781 et suiv., t. III de la *Revue* (nouvelle collection).

que dans la nôtre, l'*effet* de l'obligation est bien *immédiat entre les parties*, mais simplement *médiat à l'égard des tiers*. La transcription et la tradition ne se comprendraient pas, si elles ne s'appuyaient sur une convention préexistante. L'art. 711 n'a donc, à nos yeux, aucune influence réelle sur la solution de la question (1).

Cela posé, revenons à l'art. 1138.

Lorsque le Code civil tomba dans le domaine public, grande fut la question de savoir si ses auteurs avaient entendu établir un système de transmission tout nouveau. Je ne citerai pas les dissertations spéciales qui paraissent avoir été imprimées à cette époque, parce que je ne les connais pas toutes, et que je n'ai pas cherché *d'abord* à les connaître, de peur qu'en les lisant je n'en prisse involontairement les idées. J'ai voulu ne m'entourer que des documents officiels, afin de juger la question par moi-même.

Le lecteur connaît le résultat auquel je suis arrivé. Peut-être suis-je dans l'erreur. Je crains même quelquefois de m'être trompé, lorsque je pense que, depuis plus de dix ans, que je vais prêchant ma théorie partout, je n'ai jamais rencontré quelqu'un

---

(1) *Vide supra*, n° 130. Quant aux art. 938, 1583 et 2182, ils prouvent tout le contraire de ce qu'on leur fait dire. Telle est du moins notre manière de voir.

qui voulût partager mes convictions sous ce rapport. A tous mes raisonnements, on a constamment
répondu : « *Vous êtes dans l'erreur,* » ou bien : « *Il
y a arrêt.* » Mais ces mots : *vous êtes dans l'erreur,
il y a arrêt*, n'ont jamais tranché et ne trancheront
jamais une question, aux yeux d'un jurisconsulte
sérieux. J'ai appris, à l'école du seizième siècle, que
souvent une opinion sifflée à sa naissance, *sibilanda
opinio*, a fini pourtant par conquérir tous les suf-
frages.

Voyons donc l'histoire de l'interprétation de ce
fameux art. 1138, qui a été jusqu'à ces derniers
temps, et qui est peut-être encore un problème in-
soluble.

Je commence par M. Delvincourt. Voici comment
il s'exprime.

« Dans les contrats translatifs de propriété, l'o-
« bligation de livrer la chose rend le créancier pro-
« priétaire du moment que l'obligation a pris nais-
« sance et sans qu'il soit besoin de tradition... Les
« mots de l'art. 1138 *dès l'instant où la chose a dû
« être livrée,* doivent se traduire par ceux-ci : *dès
« qu'est née l'obligation de livrer la chose* (1). »

Toullier, comme on le sait, adopta cette théorie,
relativement à la transmission des immeubles. Mais

____

(1) *Voy.* Delvincourt, *Institutes*, t. II, p. 155, et les notes sur
la page 155.

par une inconséquence qui a paru inexplicable à de bons esprits, il exigea la tradition *réelle* comme nécessaire à la translation de la propriété mobilière à *l'égard des tiers*, et spécialement à *l'égard des créanciers du vendeur* (1). Il approuva la modification que Delvincourt faisait subir à la rédaction de l'art. 1138, et il la justifia, en disant que, si l'on conservait les expressions *dès l'instant où elle* (la chose) *a dû être livrée,* l'article serait en contradiction avec lui-même (2).

Vient ensuite M. Demante, qu'il ne faut jamais oublier. M. Demante, tout en adoptant la doctrine de Delvincourt, apporta dans l'interprétation de notre art. 1138, une idée *que je considère comme nouvelle,* ce fut en justifiant, à *son point de vue,* l'art. 1141 comme exception à l'art. 1138.

« Quant aux meubles, dit-il, quoique la pro-
« priété s'en transmette également par l'effet immé-

---

(1) *Voy.* Toullier, t. IV, n° 59; t. VI, n°s 200 et suiv.; t. VII, n°s 35 et suiv. Au fond, je partage son avis, mais je suis parti d'une autre base que la sienne. Cependant on pourrait, ce me semble, comprendre sa théorie sur la transmission des meubles, même en se plaçant à son point de vue; parce que la tradition réelle des meubles est une chose si impérativement commandée par le bien public, qu'il vaut toujours mieux saisir avec empressement l'occasion offerte par la rédaction équivoque du Code, et profiter de cette circonstance pour l'admettre que de chercher à la rejeter (*Vide supra,* n°s 118, 119 et suiv.).

(2) *Voy.* Toullier, t. VI, n° 202 *in nota.*

« diat de l'obligation, on n'a pas dû *néanmoins*, ac-
« corder au premier acquéreur le droit de les reven-
« diquer contre un second acquéreur de bonne foi
« mis le premier en possession : *en fait de meubles,*
« *possession* vaut titre (art. 2279) » (1) , c'est-à-dire
que l'on ne revendique pas les meubles, si ce n'est
dans quelques cas particuliers.

Ainsi d'après le système enseigné par M. Demante,
dès 1823 (2), la prise de possession jointe à la bonne
foi est, pour les meubles, ce que la possession, qui
a produit l'usucapion, est pour les immeubles (3).

(1) Voy. *Programme,* n° 375.
(2) Voy. *Thémis,* t. V, p. 378.
(3) Nous sommes bien d'accord avec notre savant professeur,
sur l'explication qu'il donne de l'art. 2279, mais ce que nous n'admettons pas , c'est l'application qu'il en fait au cas de l'art. 1141,
fatalement rédigé en forme d'exemple, en ce sens que la maxime
précitée donnerait le *motif particulier* de ce qu'il appelle l'exception à l'art. 1138. Il faut au contraire retourner sa proposition,
et dire , que si de deux acquéreurs d'un meuble, le premier mis
en possession, l'emporte sur son concurrent, c'est parce que la tradition réelle des meubles est encore nécessaire pour consommer
l'aliénation à l'*égard des tiers.*
Il y a pour le décider ainsi deux raisons dont la dernière surtout
est péremptoire.
En effet, dans l'ancienne jurisprudence, on faisait résulter la
nécessité de la tradition des meubles *à l'égard des créanciers du
vendeur,* de la maxime *en fait de meubles possession vaut titre* ;
or, comment est-il possible aujourd'hui d'invoquer cette règle,
reproduite par le Code civil, pour arriver à un résultat tout contraire? « La vente des meubles, dit Bourjon, t. Ier, p. 146, faite
« sans déplacement, est nulle *à l'égard des créanciers du ven-*
« *deur...* Telle est la conséquence qui résulte du principe. C'est

Les auteurs se sont ensuite divisés; les uns ont suivi Toullier, tout en repoussant, avec raison, ses aberrations, en ce qui touche l'interprétation de l'art. 2279 ; les autres, plus nombreux, satisfaits de l'apparente logique du système contraire, ont suivi MM. Delvincourt et Demante.

On sait que parmi les sectateurs de Toullier, se trouve M. Troplong. Notre art. 1138 a été pour ce jurisconsulte, l'occasion de réflexions philosophiques, dans lesquelles règne le spiritualisme le plus élevé; mais nous ne suivrons pas M. Troplong sur ce terrain, persuadé comme nous le sommes, que les Etudes historiques démontreront, à n'en pas douter, que la prétendue innovation du Code civil ne doit pas être attribuée au spiritualisme des *hommes pratiques* de 1804, mais bien aux coutumes du moyen âge, à l'ancien droit *municipal français* (1).

« exacte justice, c'est *ordre public* et sûreté commune. Cela est
« fondé sur la maxime : *en fait de meubles, possession vaut titre.*»
La seconde raison est tirée de ce que les art. 1138 et 1583 ne sont que la reproduction des principes admis de tout temps en France, et que par conséquent la prétendue innovation n'existe pas. Il est bien évident que si cette dernière proposition est démontrée, le système de M. Demante s'écroule, et que l'art. 1141 n'est pas une exception à l'art. 1138, en ce sens que l'on doive le restreindre à l'espèce qu'il prévoit. C'est là notre tâche que nous remplirons plus tard.

(1) Si les auteurs du Code civil avaient entendu consacrer un système tout nouveau, ils n'auraient pas manqué de le dire, et non-seulement ils ne l'ont pas dit , mais ils ont dit tout le contraire.

I.   22

La jurisprudence, après avoir, assez longtemps, flotté indécise, a été, dans ces derniers temps, *travaillée par un besoin d'innovation qui contraste étrangement avec ses habitudes généralement routinières ;* elle a fini par se rendre à l'opinion de MM. Delvincourt et Demante. Cela devait être, dès que l'on voyait dans le Code civil une profonde révolution ; cela devait être, dès que l'on reconnaissait au simple pacte, la puissance d'opérer, *erga omnes,* le transport des droits, la question de preuve réservée.

Mais pour établir la base *commune* de leur théorie, tous les auteurs précités se trouvaient dans l'obligation de modifier le texte de l'art. 1138.

Ces expressions « *L'obligation de livrer la chose* « *est parfaite par le seul consentement des parties* « *contractantes* paraissaient inintelligibles, en tant « que limitées à l'obligation de livrer (1). Plusieurs « corrigeaient l'article, en lisant *donner* au lieu de « *livrer,* et ils l'entendaient en ce sens que le seul « consentement suffit pour former l'obligation de « donner. Mais d'abord, cette proposition, ainsi cor- « rigée et expliquée, était tout à fait déplacée sous « la rubrique : *de l'effet des obligations ;* de plus, elle « était bizarrement restreinte aux obligations de « *donner,* tandis qu'elle aurait dû embrasser aussi

____

(1) Je transcris ici une partie de la note de M. Valette, précitée ; car il n'est pas possible de s'exprimer plus clairement.

« les obligations *de faire et de ne pas faire*; et enfin
« on ne comprenait pas trop (c'est ici que je me
sépare de M. Valette. Je dis que l'on ne comprenait
pas du tout, et que je ne comprends pas encore,
même avec une *tradition civile* implicitement comprise dans le simple pacte, à moins de restreindre,
comme nous le faisons, les effets de cette *tradition
civile,* entre les parties) « que l'obligation, c'est-à-
« dire, un droit relatif, opérât, par elle-même, une
« translation de propriété, ainsi que semblerait le
« dire (elle le dit bien positivement, parce que
cela a eu lieu *de tout temps en France*) « la suite
« de l'art. 1138 : elle (l'obligation) rend le créan-
« cier propriétaire. »

Il fallait en outre, comme nous l'avons déjà dit,
substituer aux expressions dudit art. 1138, *dès l'instant où la chose a dû être livrée*, les suivantes, *dès
qu'est née l'obligation de livrer la chose.*

Enfin il fallait sabrer les art. 1238, 1303 et 1583;
il fallait surtout mettre de côté, cet art. 1238 qui
regarde évidemment *le payement*, c'est-à-dire, ici,
l'exécution de l'obligation de *donner*, comme une
aliénation (1).

____

(1) « Le payement est un transport de propriété. Pour payer
« valablement, il faut donc être à la fois propriétaire et capable
« d'aliéner » (Bigot-Préameneu, *Exposé des motifs du titre des
contrats et obligations*).

Aussi Toullier, en jurisconsulte radical qui aima toujours mieux heurter de front les difficultés que d'appliquer ses facultés à les tourner, ne recula-t-il pas. A ses yeux, l'art. 1138 était mal rédigé, et l'art. 1238 fut un débris de l'ancien système qu'il fallait considérer comme non avenu dans le Code (1).

La science en était là pour nous, lorsque nous avons examiné la question. Toute cette théorie des auteurs précités ne pouvait évidemment nous satisfaire. Aussi remontant aux sources, nous avons cherché à relier l'art. 1138 aux clauses de *saisine et dessaisine* de l'ancienne jurisprudence (2), et bientôt nous acquîmes la conviction que si le Code civil devait être, pour un romaniste, un objet de scandale, il n'avait cependant dans toutes ces matières, fait que consacrer ce qui a existé de tout temps *en France*. Nous pensions même de bonne foi, avoir jeté, dans la question qui nous occupe, une idée nouvelle ou du moins non encore développée. Il est évident

(1) *Voy.* Toullier, t. VII, n° VI. D'autres expliquent l'art. 1238, en le restreignant aux obligations de choses indéterminées (*voy.* Delvincourt, t. II, p. 559; M. Troplong, *Traité de la vente*, t. Ier, n° 46, etc...). Mais toutes ces explications, ingénieusement restrictives, tombent devant la vérité historique (*voy.* Pothier, *Traité des obligations*, n°s 495 et suiv.). En présence des paroles de Bigot, il est évident que l'art. 1238 a été tiré de Pothier, et que par conséquent la doctrine de ce jurisconsulte doit être encore suivie aujourd'hui, si l'on rejette la transcription.

(2) *Voy.* à cet égard Pothier, *Traité des donations*, sect. II, art. 2, § 1; *Coutume d'Orléans*, art. 278. Loysel, n° 746.

aujourd'hui que nous étions dans l'erreur; car il paraît que M. Valette, dès 1839, professait à la faculté de droit de Paris, un système semblable au nôtre (1) sous certains rapports.

Comme M. Valette n'a pas encore publié sa théorie avec tous les développements qu'elle comporte, et comme nous craignons de lui prêter des idées qui ne seraient pas les siennes, nous allons nous rejeter sur M. Marcadé qui paraît avoir emprunté aux leçons de M. Valette tout le système qu'il a exposé sur l'art. 1138 (2).

Au fond, la doctrine de M. Valette (3) adoptée par M. Marcadé, ne diffère pas sensiblement de celle de MM. Delvincourt et Demante; mais elle a l'immense avantage d'être en concordance avec la tradition historique, et d'expliquer les termes de l'art. 1138 d'une manière satisfaisante.

(1) *Vide supra*, nᵒˢ 110 et 111.

(2) M. Valette, dans la note de la *Revue* déjà citée, revendique le système comme lui appartenant. La preuve qu'il administre est évidente. Sa parole d'ailleurs, suffisait à cet égard.

Au surplus, et à part la question de priorité que je n'ai pas à juger, M. Marcadé aura toujours le mérite, à nos yeux, d'avoir exposé et développé cette théorie de main de maître. Le lecteur sent qu'à *notre point de vue,* ces deux jurisconsultes revendiquent la priorité d'une erreur, en ce qui touche la transmission *à l'égard des tiers.*

(3) Je suppose que M. Valette regarde la tradition réelle des meubles comme abrogée, quoique je ne connaisse pas son opinion sur ce point important.

Voici l'idée fondamentale à laquelle peut être ramené ce système.

« *La convention est parfaite, c'est-à-dire* perfecta
« *accomplie, légalement exécutée par une tradition*
« *civile qui se trouve consommée par l'accord des*
« *volontés, et qui, par conséquent, opère le transport*
« *de la propriété.* »

Le lecteur voit de suite le parti à tirer de cette formule, si l'idée qu'elle renferme est vraie, car l'article 1138 se trouve naturellement traduit de la manière suivante.

« L'obligation de livrer la chose est parfaite (c'est-
« à-dire, *perfecta, accomplie, légalement exécutée*)
« par le seul consentement des parties contrac-
« tantes. »

Donc « elle rend le créancier propriétaire et met
« la chose à ses risques, dès l'instant où *elle a dû*
« *être livrée* (*c'est-à-dire dès l'instant où la tradi-*
« *tion civile opérée par le simple pacte a dû se faire,*
« *est censée s'être faite*) encore que la tradition (ré-
« elle) n'en ait point été faite, à moins que le débi-
« teur ne soit en demeure de la livrer (matérielle-
« ment) auquel (dernier) cas la chose reste aux
« risques de ce dernier. »

Maintenant, sur quoi s'appuie cette interprétation ?

Elle s'appuie : 1° Sur l'exposé des motifs fait par Portalis du titre *de la Vente*.

« Dans les premiers âges, dit-il, il fallait tradition
« réelle, occupation corporelle pour consommer
« le transport de la propriété. Dans les principes
« de notre droit [qu'on se rappelle Argou, Bour-
« jon, Loysel (1)], le contrat suffit ; le contrat est
« consommé dès que la foi est donnée. Le système
« du droit français est plus raisonnable que celui
« du droit romain. Il est encore plus favorable au
« commerce. Il rend possible ce qui ne le serait
« souvent pas, si la tradition matérielle était néces-
« saire pour rendre la vente parfaite.... Il s'opère
« par le contrat une sorte de *tradition civile* qui con-
« somme le transport des droits et qui nous donne
« action pour forcer la tradition réelle. »

2° Sur l'exposé des motifs du titre *des Obligations*
fait par Bigot-Préameneu : « C'est le consentement
« qui rend parfaite l'obligation de livrer la chose ;
« il n'est donc pas besoin de *tradition réelle* pour
« que le créancier doive être considéré comme pro-
« priétaire (2). »

____

(1) *Vide supra*, n° 93.

(2) Remarquons que Bigot nous représente *le payement* sous
l'art. 1238, comme une aliénation ; que par conséquent il n'a pu
entendre parler ici que d'une propriété relative. Il n'examine, en
effet, la question que sous le point de vue de la perte de la chose
(1138). Ces mots, *il n'est pas besoin de tradition réelle,* ne veulent pas dire qu'il ne faut *aucune* tradition, qu'il ne faut pas au
moins, une *tradition feinte*, une *tradition civile*.

3° Sur le rapport de Favart-Langlade au tribunat (titre *des Obligations*).

« Le créancier, y est-il dit, est propriétaire du
« moment que le consentement a formé le contrat...
« Ces principes ont *été de tout temps* consacrés par-
« mi nous.

« Elle s'appuie, 4°. sur les termes de l'art. 938
« du Code civil qui reconnaît en effet une tradition
« fictive, résultant du simple consentement, mais
« qui, rapprochée des art. 939 et 941, fait claire-
« ment voir que les effets de cette tradition civile
« sont restreints *entre les parties* (1). »

Elle s'appuie, 5° sur le mot *quoique* (la chose n'a
pas été livrée) de l'art. 1583, mot qui n'existerait
pas, s'il s'agissait uniquement de la formation du
contrat, dans cet article.

M. Marcadé, pourrait encore invoquer à l'appui de
son système, la définition de la vente donnée par
l'art. 1582 : définition qui me paraît inintelligible,
si l'on ne reconnaît pas une tradition quelconque.
Si au contraire, on admet l'obligation de livrer comme exécutant, par elle-même, *une tradition civile* qui
opère le transport des droits, l'art. 1582 sera traduit
de la manière suivante : « La vente est une conven-
« tion par laquelle l'un s'oblige à livrer une chose,

____

(1) *Vide supra*, n°s 148, 139, 140, 141, 207, 208 et suiv.

(c'est-à-dire transporte la propriété d'une chose par *une tradition civile* résultant de l'obligation de livrer) « et l'autre à la payer. »

Enfin l'interprétation du mot *parfaite* de l'art. 1138 se trouvera justifiée par la comparaison de cet article 1138 avec l'art. 2 du titre XI, liv. III du projet de l'an VIII et l'art. 1583 du Code civil qui y correspond.

En effet l'art. 2 du projet s'exprimait ainsi : « Elle « (la vente) est *accomplie,* c'est-à-dire *légalement* « *exécutée,* dès qu'on est convenu de la chose et du « prix. » Or le mot *accomplie* a été remplacé, dans la rédaction définitive (C. civ., art. 1583), par le mot *parfaite* tiré du mot latin *perfecta* qui implique l'idée d'une exécution ; donc, lorsque la loi se sert, dans l'art. 1138, du mot *parfaite,* elle n'a pu l'employer que dans le sens du mot *accomplie* de l'art. 2 du projet précité; d'autant plus que, dans la substitution du mot *parfaite* au mot *accomplie,* les rédacteurs de l'art. 1583 ne paraissent pas avoir eu l'intention de changer, sous ce rapport, le projet primitif (1).

Est-ce clair, dira M. Marcadé (2)?

____

(1) Ils ne l'ont pas non plus changé sous d'autres rapports. Seulement en ajoutant au projet, ces mots : *entre les parties... du vendeur à l'acheteur...,* ils n'ont fait qu'exprimer positivement une pensée du *droit coutumier* qu'ils avaient oublié d'exprimer dans l'art. 1138.

(2) *Voy.* ses *Commentaires* de l'art. 1138.

Réponse. Tout cela est irréprochable, et, si j'exprime ici mon étonnement, c'est qu'on n'y ait pas songé plus tôt.

Je ne nie donc rien de tout cela ; vous avez formulé nettement le système que j'avais seulement *entrevu* (1). Ainsi, il est évident que la tradition réelle, même pour les meubles, est devenue inutile, et que le transport des droits a lieu par la force du simple pacte qui opère, par lui-même, *une tradition civile*.

Mais à l'égard de qui cette *tradition civile* produira-t-elle ses effets ? Voilà la question : A l'égard du débiteur ? Oui. A l'égard des tiers ? Non.

C'est ce qu'a exprimé, en termes formels, l'article 1583, lorsqu'il dispose que *la vente est parfaite, exécutée entre les parties… du vendeur à l'acheteur…* Et c'est ce que M. Marcadé ne veut pas reconnaître, parce que M. Marcadé a pris, pour constante vérité, ce que les Études historiques démontreront être une erreur répétée, depuis quarante ans par les interprètes du Code, à savoir : « Que, avant le Code « civil, la convention, en France comme à Rome, « faisait seulement naître l'obligation de transférer « la propriété, mais ne la transférait pas, par elle-« même (2). »

Dans tous les cas, M. Marcadé a perdu de vue que,

(1) *Vide supra*, nᵒˢ 109 et suiv.
(2) *Voy.* ses *Commentaires* de l'art. 938.

dans les rapports de la théorie des droits réels avec la théorie du droit de créance, les droits absolus ne deviennent absolus, qu'après avoir été relatifs. C'est une nécessité qui dérive de la nature même des choses. C'est ainsi que l'acquisition de l'hypothèque n'est que relative jusqu'à l'inscription (art. 2134, 2166); que l'acquisition du droit de gage n'est que *relative* jusqu'à la remise de la chose (art. 2076); que l'acquisition du droit du bail n'est que *relative*, jusqu'à l'événement qui en fait un droit réel, sous certains rapports (art. 1743); que l'acquisition d'une créance transportée n'est que *relative* jusqu'à la signification du transport (art. 1690); que l'acquisition d'une servitude n'est que *relative* jusqu'à la tradition de l'art. 1607; que l'acquisition des meubles n'est que *relative*, jusqu'à la prise de possession exigée par les art. 1141, 1238, 1606, 2279; et enfin que l'acquisition des biens susceptibles d'hypothèques n'est que *relative* jusqu'à la transcription (art. 2108, 2180, 2181, 2182, 2189, 2198, 2200).

« Observons, disait Faure, orateur du tribunat,
« sur l'art. 1583, que la propriété n'est acquise
« *de droit* à l'acheteur qu'à l'égard du vendeur.
« Les conventions n'obligent que ceux avec les-
« quels elles sont passées. C'est une règle com-
« mune à toute espèce de contrats. »

Maintenant appelez, comme il vous plaira, le

droit qui résulte de la *tradition civile*, opérée par le simple pacte : que ce soit un droit de propriété, comme certaines Coutumes l'entendaient, que ce soit un droit de créance, comme le droit romain, ou plutôt Pothier le comprenaient, je ne tiens pas aux mots, je ne tiens qu'aux choses ; or une propriété restreinte *entre les parties*, qu'elle résulte soit d'une *tradition civile* soit d'une simple convention, soit d'une solennité quelconque, n'est toujours, à mes yeux, qu'un *droit relatif, un droit de créance,* et je crois fermement être dans le vrai, lorsque je m'exprime ainsi.

Vous devriez, au moins, suivant votre système lui-même, décider que le droit de propriété qui se trouve transmis par le simple consentement, n'est que relatif jusqu'à l'*instrument authentique* qui seul en réalité opère, à l'égard du public *tradition civile, payement légal, exécution de l'obligation de donner* (1). C'était incontestablement le sens du projet de l'an VIII (2), qui ne faisait que consacrer ce qui se passait dans la pratique des affaires au moment de la révolution, c'est-à-dire la *tradition civile à l'égard des tiers*, exprimée autrefois par les clauses

(1) L'art. 1238 se trouverait ainsi expliqué, en ce qui touche la transmission des immeubles.

(2) *Voy*. Projet de l'an VIII, art. 38 du titre *des Conventions en général*, et art. 25 du titre *de la Vente*.

de *saisine* et *dessaisine* et désormais *sous-entendues*, dans les *actes authentiques*. Et si, comme vous le prétendez à tort, suivant nous, la transcription a été rejetée au titre *des Hypothèques*, vous devez rétablir, dans la loi, les art. 38 du titre *des Conventions en général*, et 25 du titre *de la Vente* du projet de l'an VIII, qui n'ont été retranchés de la rédaction définitive du Code civil qu'à cause de la transcription.

Alors vous avez le système suivant :

« Propriété mobilière et immobilière transpor-
« tée, *entre les parties*, par une tradition civile
« résultant du simple consentement (art. 938,
« 1138, 1583).

« Propriété immobilière transportée à *l'égard*
« *des tiers* par une tradition civile résultant *aujour-*
« *d'hui implicitement* d'un acte authentique et même
« sous seing privé ayant date certaine (art. 1582).

« Enfin, propriété mobilière transportée à *l'é-*
« *gard des tiers*, par la tradition réelle (art. 1141,
« 1606, 2279) (1). »

---

(1) Mais, diront les romanistes et même les interprètes du Code civil, vous brouillez toutes les notions admises jusqu'à présent. La vente n'a jamais été un contrat solennel. Voyez donc le discours de Portalis et les anciens auteurs français...

La réponse est, *en ce qui touche les romanistes :*

Qu'ils ont infiniment raison de dire qu'à Rome les instruments n'étaient requis que pour la preuve des obligations, mais que je

Mais vous ne devez pas vous jeter dans un système qui n'a pas de précédents, dans l'histoire des peuples anciens et modernes, en confondant l'obli-

ne fais pas en ce moment du droit romain. Si les Romains n'avaient pas eu d'autres moyens que ceux qui nous sont fournis par le Code civil pour constituer la propriété, ils auraient été bien obligés d'arriver là.

En ce qui touche les anciens coutumiers...

Qu'ils se sont fait constamment illusion à eux-mêmes, dominés qu'ils étaient par le langage des Romains. En effet, dès que l'on considère la vente comme *translative* de propriété, ce contrat ne peut être que *solennel* pour se poser *en face du public*. Aussi nos anciens auteurs ont-ils bien soin, après avoir dit que l'écriture n'est pas de l'essence du contrat, d'ajouter immédiatement:

« Mais *en ce qui touche les tiers*, le contrat n'a d'effet qu'au-« tant qu'il apparaît dans la forme dans laquelle on est accoutumé « de le faire (*vide supra*, n° 93). » Or, cette coutume était la *tradition civile* qui, à l'égard *du public*, ne pouvait s'opérer que dans la forme authentique (*Voy.* Loysel, n° 746, et Malleville, article 1138).

Voilà pourquoi les coutumiers confondent si souvent le contrat, avec l'*instrument* du notaire, et la possession avec la propriété : terminologie exacte au fond dans leur système, et que les auteurs du Code civil ont eux-mêmes adoptée plus d'une fois.

Si la vente sous seing privé était tolérée, ce n'était que *entre les parties ;* elle n'était susceptible d'obliger les tiers qu'autant qu'elle était suivie de tradition réelle, *solennité inutile du vendeur à l'acheteur*, puisque le simple pacte constituait le domaine sous ce rapport, mais *nécessaire* à l'egard du public.

En ce qui touche les interprètes du Code civil...

Que s'ils rejettent les *solennités* de la *transcription* et de la *tradition réelle*, ils doivent les remplacer par quelque chose, dès qu'il sera démontré que la simple convention ne transporte pas la propriété *erga omnes*, la question de preuve réservée.

En ce qui touche le discours de Portalis...

Que ce jurisconsulte ne s'est occupé, dans son exposé des motifs, et n'a pu s'occuper que des rapports des parties entre elles, puisque gation de donner avec son exécution, *en ce qui touche les tiers,* au moyen de la formule suivante qui renferme votre théorie entière : « Le simple « pacte transporte la propriété *erga omnes,* la ques- « tion de preuve réservée. »

Ce qui n'est pas la même chose.

Telle n'a jamais été la pensée des auteurs du Code. Ils l'auraient exprimée positivement, parce que cela eut été bien plus simple à formuler, et parce que alors, ils auraient réellement rompu avec le passé. S'ils ne l'ont pas fait, c'est qu'ils n'ont pas voulu le faire, et ils n'ont pas voulu le faire, parce que ce système, qui leur était du reste inconnu, présentait trop de dangers.

Lorsqu'on examine la jurisprudence actuelle sur la constitution du domaine en France, et que l'on compare ce qui existe aujourd'hui, avec ce qui existait autrefois, on ne peut se défendre d'un sentiment pénible. Tous les bons esprits reconnaîtront sans peine avec nous, que la base fondamentale de l'organisation du domaine, dans toute législation, est la publicité, ou au moins une formalité bien certaine, bien caractérisée et sur laquelle il n'y

le conseil d'État réservait formellement la question, *en ce qui touche les tiers*, pour la trancher au titre *des Hypothèques.*

Or, *entre les parties*, je vous abandonne tous les moyens de preuve qu'il vous plaira d'admettre; ce que je veux, c'est sauvegarder les intérêts du public.

aura pas de méprises possibles. En l'absence de cette formalité, il ne peut y avoir de transmission du domaine, parce qu'il faut, avant tout, protéger les intérêts du public. La loi de l'an VII, en créant la transcription pour les immeubles, et en conservant la tradition réelle pour les meubles, avait à peu près résolu le problème. On l'a abandonnée. Pourquoi? Je n'en sais rien. Mais enfin, elle n'existe plus que dans l'esprit de quelques jurisconsultes.

Que devait-on faire?

Il fallait au moins, en désespoir de cause, chercher, dans le Code civil, des textes auxquels on pût se cramponner comme à une ancre de salut. Les art. 1141, 1238, 1303 et une foule d'autres, offraient une occasion qu'il fallait saisir avec empressement. La transcription retranchée, restait l'ancien droit français.

Si même, l'on eût traduit l'art. 1582 ainsi : *La vente peut être faite par acte authentique et même par acte sous seing privé... La vente ne peut être faite que* par acte authentique ou sous seing privé, *en ce qui touche les tiers*, tout n'eut pas été perdu. On aurait eu un système, bien mauvais sans doute, mais enfin on aurait eu quelque chose. Et pourtant, le simple raisonnement, bien plus, l'histoire du paragraphe final de l'art. 1582 qui ne se trouvait pas dans le projet, conduisaient à ce résultat. Le Code civil, conçu dans le sens de la loi de l'an VII, ne pouvait évidemment reconnaître la vente comme susceptible de se poser en face du public, qu'autant qu'elle serait rédigée par écrit, puisque l'acte devait être transcrit. Or, on ne transcrit pas *une pensée, un pacte.* On arrivait de cette manière, à faire de l'écriture authentique une condition essentielle à la validité du contrat *à l'égard des tiers;* et on avait une *tradition civile* quelconque. Les tribunaux, dans l'application, auraient pu parer aux inconvénients du système, en décidant les questions de doubles ventes, suivant les circonstances (1). Enfin, pour tout dire en un mot, le système eût été, par le fait, un mélange de traditions civiles et de traditions réelles à peu près semblable à celui de l'ancienne jurisprudence. Cela eût été, je le répète, bien mauvais, mais enfin, cela eût été quelque chose.

Qu'a-t-on fait?

On spiritualisa le domaine! on le poétisa! En sorte que ce pauvre *domaine,* qui avait eu une jeunesse vigoureuse, *avec les mancipations, les cessions in jure, les investitures, les ensaisinements, les vests et devests, les devoirs de la loi... les institutions germaniques...,* qui, dans des temps et des pays moins bons, était parvenu à se soutenir, quoique

(1) *Voy.* Tronchet, à la séance du 10 ventôse an XII, discussion de l'art. 2182 au conseil d'État.

restreint aux traditions réelles et à quelques débris
des *saisines*, se trouva tout à coup mis à la diète la
plus sévère, et cela précisément au moment où la loi
de l'an VII venait de le prendre en pitié et de le rappeler à la vie. On lui enleva la tradition *réelle*. On
lui retrancha la transcription, sans, bien entendu,
la retrancher de *sa carte à payer*. Puis, comme, de
son ancienne splendeur, il ne lui restait plus que des
traditions civiles, tristes restes d'un droit mal compris, on craignit que ce souvenir du passé ne fût
pour lui un sujet de regret et qu'il ne lui vînt à
l'esprit de se révolter. On chercha donc de nouveaux
moyens pour l'affaiblir encore. Désormais, il dut se
contenter d'actes sous seing privé *non transcrits*
et non suivis de *traditions réelles*, de feuilles vo-
lantes, de lettres missives, de notes sans date... de
chiffons (1)... Enfin, un beau jour, on prétendit le
nourrir avec de simples *paroles* (2) !

Oh! alors, on le conçoit, il quitta le sol inhospitalier
qui le traitait ainsi. Il s'éleva dans les régions su-

(1) *Voy.* Toullier, T. VIII, nᵒ 246.

(2) *Voy.* Aix, 27 février 1841. Palais, t. II, 1841, p. 216. Je ne
critique pas la manière dont l'affaire a été jugée. Mais il ne fallait
pas consacrer le principe, *qu'une vente verbale prouvée par témoins, peut l'emporter sur une.vente authentique.* Avec un tel
système, l'acquisition d'un immeuble d'une valeur inférieure à
150 fr. est impossible. Cet arrêt prouve à mon sens que, malgré
tout ce qu'on a pu dire, les magistrats sont encore obligés dans
certains cas de retourner aux traditions *réelles*, dès qu'ils rejettent la transcription.

périeures. Mais, comme on l'avait débarrassé de tout signe sensible, il disparut dans les nuages de la *pensée* : devenant ainsi *invisible* pour tous, lui qui devrait, sans cesse, apparaître à tous aussi éclatant que la lumière du jour !..

Il est impossible que les auteurs du Code civil aient entendu consacrer un système aussi déraisonnable. On a beau chercher à resteindre illogiquement (1) les moyens de preuves *à l'égard des tiers*, on ne palliera jamais les vices d'une pareille théorie. Aussi les Portalis, les Tronchet, les Treilhard ne l'ont-ils pas voulue. Ce sont les interprètes qui l'ont créée.

Où trouvera-t-on dans les travaux préparatoires de la loi, des traces d'innovation? Sera-ce dans les discours des orateurs du gouvernement? Mais Portalis, Bigot-Préameneu, Favart, loin de vouloir innover, invoquent *tous* l'ancien droit français.

Bigot nous représente l'exécution de l'obligation de donner, *comme un transport de propriété.*

« Les principes de l'art. 1138, dit Favart, ont « été *de tout temps* admis en France.

« Dans les principes de notre droit (ancien appa- « remment), dit Portalis sur l'art. 1583, LE CONTRAT « SUFFIT »

C'est qu'en effet, une révolution s'était depuis

(1) Restreindre les moyens de preuve, *en ce qui touche les tiers,* créer des solennités extérieures à la convention.

longtemps accomplie ; mais il faut bien en saisir les caractères, et c'est ce que l'on n'a pas fait.

Sans doute, les traditions *feintes* admises par la coutume de Paris (1) et le proverbe de Loysel tiré des coutumes de Lorris (2) et d'Orléans (3), « *sai-* « *sine et dessaisine, faite en présence de notaire et* « *de témoins vaut et équipolle à tradition et déli-* « *vrance de possession,* » ont fini par devenir la règle générale dans la pratique (4) ; sans doute, la tradition *réelle* des immeubles n'existait plus en fait, puisqu'elle avait été remplacée par une tradition civile qui s'opérait *entre les parties par le simple consentement, et à l'égard des tiers* par une solennité authentique. Mais est-ce à dire pour cela, que la simple pensée constituera le domaine *erga omnes*, la question de preuve réservée ? nullement. L'ancienne jurisprudence française a constamment exigé, *à l'égard des tiers*, ou une *tradition civile* revêtue de la solennité authentique, ou la tradition réelle avec l'acte sous seing privé (5).

(1) Art. 275.
(2) Tit. xi, art. 7.
(3) Art. 278, 284.
(4) *Vide supra*, nᵒˢ 110, 93.
(5) « Il est évident, dit de Laurière sur Loysel (nᵒ 746), que « celui qui a telle *saisine et dessaisine* doit être préféré à celui « qui n'a qu'un contrat de vente sous seing privé. » « Mais pour « que la clause *de dessaisine-saisine* produise son effet, dit Pothier « (Orléans, art. 278), il faut que le vendeur ou le donateur soit,

Tout cela va devenir évident, et il sera démontré que la prétendue innovation du Code civil n'est autre chose que le système des coutumes qui avait fini par devenir la théorie, à peū près généralement suivie.

« *Marchiés est fès sitost, comme il est créantés* « *à tenir... on n'a pas plutôt vendu la chose qu'on* « *n'y a plus rien*, dit un viel axiome du droit français rapporté par Loysel (1).

« *Chez les Romains la vente obligeait à la tradi-* « *tion, chez nous elle transporte la propriété,* » dit Argou (2).

D'où il semble résulter que dès que la vente est parfaite, le domaine de la chose vendue est transféré, sans tradition; et que, si la même chose est vendue à deux personnes différentes, le premier acquéreur sera préféré au second (3).

Mais la maxime n'est vraie qu'*entre le vendeur et l'acheteur*, dit Davot (4); *et, en ce qui touche les tiers,*

« lors de l'acte, en possession de la chose. » L'acte sous seing privé n'avait donc d'effet *à l'égard des tiers* qu'autant qu'il était appuyé de la tradition réelle. Du reste, il n'apparaît pas qu'on en ait jamais fait grand usage pour constituer le domaine, parce que l'acte devant notaire avait l'immense avantage de rendre la tradition réelle inutile (*Voy.* pourtant *supra*, n° 94).

(1) *Institutes coutumières*, n° 407 (édit. de M. Dupin).

(2) *Vide supra*, p. 134, n° 93, note 3.

(3) *Eusèbe de Laurière*, sur Loysel, n° 407.

On voit que la question n'est pas neuve.

(4) Cité sous le proverbe de Loysel, n° 407. Je ne reproduis que le fond de la pensée de ces auteurs.

la loi *quoties* est gardée au palais (1), dit Louet.

(1) Louet, lettre V, som. ⅰ. Ne nous arrêtons pas à l'écorce des choses. De ce que la loi *quoties* était gardée au palais, avec les restrictions que nous connaissons (*voy*. Ferrière sur Paris, art. 275, nᵒ 32 et *supra*, nᵒˢ 110 et suiv.), il ne faut pas conclure que la loi 20 au Code *de pactis* était encore en vigueur. Cette loi *quoties* était conservée plutôt comme tempérament équitable, que comme base du principe lui-même, puisque la logique du droit coutumier conduisait à un résultat contraire. C'est qu'en effet, *le bon sens et la raison doivent prévaloir partout*, dit de Laurière sur la règle de Loysel, nᵒ 746.

Ainsi, si l'on suppose un acquéreur par acte sous seing privé mis en possession *réelle* de la chose, l'acheteur postérieur par acte authentique, ne l'emportait pas sur lui. Pourquoi cela? C'est parce que le vendeur dessaisi de la possession réelle ne pouvait plus par une clause de *dessaisine-saisine* qui n'était qu'une fiction, transporter à un second acheteur, une possession dans laquelle il y avait toujours, suivant le droit français, *de la propriété entremêlée*. La fiction ne pouvait produire ses effets qu'autant qu'elle pouvait être l'image de la vérité réalisable, et dans l'espèce, la réalisation était évidemment impossible.

Si l'on suppose au contraire le vendeur encore en possession de l'objet, malgré la vente consentie par acte sous seing privé, *la tradition civile* pouvait alors s'opérer par l'acte authentique, au profit d'un second acquéreur, et par conséquent, l'acquéreur qui avait telle tradition civile, l'emportait sur le premier acquéreur qui ne l'avait pas (*voy*. Loysel et Eusèbe de Laurière, nᵒ 746). L'acquéreur par acte sous seing privé avait beau obtenir ensuite la possession réelle, il n'avait pu être investi légalement d'une possession appartenant *civilement*, il est vrai, mais complétement, aux yeux de la loi, à un autre (*voy*. pourtant Pothier, Orléans, art. 278).

Si l'on suppose encore deux acquéreurs par *actes authentiques*, il est clair que la tradition *civile* s'étant opérée par le premier de ces actes, le second acquéreur ne pouvait l'emporter sur son concurrent. Aussi Bourjon, l'un des derniers jurisconsultes qui aient écrit sur l'ancienne jurisprudence, a-t-il dit: « Entre deux acqué- « reurs, l'authenticité du titre l'emporte. C'est droit acquis à l'un « que le droit de l'autre n'a pu affaiblir... S'il y avait deux acqué-

Cette loi n'est pas abrogée, dit Malleville (1).....
Les principes de l'art. 1138, dit Favart, *ont été de
tout temps admis en France* (2)... *Dans notre droit
le contrat suffit,* dit Portalis(3); mais seulement *entre*

« reurs, l'autorité du titre, lorsqu'il est *authentique,* devrait, entre
« eux, l'emporter sur la prise de possession. »

Enfin, si l'on suppose deux acquéreurs par actes sous seing privé,
il est clair que la tradition civile ne pouvant s'opérer légalement par
cette espèce d'actes non solennels, la tradition réelle l'emportait.

C'est ainsi que je comprends les anciens coutumiers des pro-
vinces où le principe de Loysel était reçu. Il y a bien eu chez eux
et dans la jurisprudence, des tergiversations qui ont pu être com-
mandées par les circonstances; mais au fond, c'est cela.

(1) Traduisons : « *Nous n'avons pas entendu l'abroger...* » Il
faut bien remarquer que Malleville raisonne dans l'hypothèse où la
transcription n'existe plus. Alors sa proposition est exacte et il ne
fallait pas la repousser, comme on l'a fait. Car, dès qu'il est démontré que l'art. 1138 n'est que la reproduction de l'ancien droit
coutumier, et que les effets de la convention doivent être restreints
entre les parties (art. 1583), il n'existe plus de textes pour abroger
les traditions de l'ancienne jurisprudence, ou tout au moins, pour
ne pas les invoquer comme moyens équitables, afin de décider les
questions de doubles ventes. Les auteurs du Code n'ont en effet
jamais dit qu'ils abrogeaient la *tradition réelle.* Ils ont seulement
dit que la tradition *réelle* n'était plus *nécessaire,* ce qui est bien
différent (*voy.* Malleville, sur l'art. 2182, édition de 1805. *Voyez*
même l'édition de 1822, où il exprime le regret de ne pas voir un
texte qui abroge la loi *quoties,* parce que, dit-il, on n'abroge pas
une jurisprudence aussi universelle que celle qui était fondée sur
la loi *quoties,* par un simple argument tiré de ce que l'art. 1141
ne parle pas des immeubles. Est-ce là le langage d'un novateur?

(2) *Voy.* Rapport du titre *des Obligations* au Tribunal.

(3) Il faut bien remarquer que, si Portalis ne dit pas que les
effets du contrat sont restreints *entre les parties,* c'est que, por-
tant la parole sur un article qui consacrait le principe en toutes
lettres (art. 1583), il n'avait pas besoin de le dire (*voy.* Portalis,
Exposé des motifs de la vente).

les parties, dit Faure (1). La disposition de l'art. 1583
n'est pas nouvelle, dit Malleville (2). En effet,
l'art. 1583, qui couronne l'œuvre, ne fait que reproduire, avec l'art. 1138, le vieil axiome de Loysel, *on n'a plutôt vendu la chose qu'on n'y a plus
rien*, corrigé et interprété d'après la jurisprudence
ancienne et les vieux auteurs qui en restreignaient
les effets *entre les parties*.

Oh! maintenant tout est expliqué. Il faut que la
jurisprudence actuelle revienne à la vérité, et abandonne un passé plein d'erreurs. Désormais la lutte
ne peut plus exister sérieuse qu'entre les partisans
de la transcription et les partisans de traditions
feintes et réelles de l'ancienne jurisprudence française. Car, dès qu'il est démontré que le Code civil
n'a fait que consacrer ce qui a existé *de tout temps
en France ;* dès qu'il est démontré que le simple
consentement n'opère une *tradition civile, que entre
les parties*, il est bien évident qu'il nous faut autre
chose que ce simple consentement, pour constituer
la propriété *à l'égard des tiers*. La preuve de la convention ne fait rien à l'affaire. On aura beau prouver, établir, par les moyens reconnus par la loi,
qu'elle existe ; elle ne cessera pas, pour cela, d'être

(1) *Voy.* Faure, *Exposé des motifs* du même titre.
(2) Sur l'art. 2182, édition de 1822.

convention. Or, la convention ne transporte pas la propriété *erga omnes* !!...

Auquel des deux systèmes devons-nous donner la préférence? Est-ce au système de traditions feintes de l'ancienne jurisprudence, ou au système de la *transcription?* Le choix ne peut être un instant douteux, à mon sens. Le Code hypothécaire n'est-il pas là qui nous dit : allez à la transcription? Et sur ce, je reprends mon histoire...

Or donc, il est démontré, d'une manière irréfragable, que la loi 20 au Code de Pactis s'était bien modifiée en France, dès avant le seizième siècle (1).

Il est démontré que la convention opérait par elle-même, dans les coutumes suivies ensuite par le Code civil, une *tradition civile* de la propriété ; mais que les effets de cette *tradition civile* étaient restreints, avec toute raison, entre les parties contractantes.

Vient la loi du 11 brumaire an VII. Elle déplace la *tradition civile* qui s'opérait *à l'égard des tiers*

(1) L'insuffisance des documents mis à ma disposition par la bibliothèque de Charleville, ne me permet pas malheureusement de pousser plus loin mes investigations; mais il suffit de signaler le point de départ pour que d'autres terminent notre ouvrage. Tout le mal vient de Pothier qui a fait prédominer le droit romain.

Il fallait remarquer que Pothier, dans ses traités du droit civil, est bien plus romaniste que coutumier, et que Tronchet était bien plus *coutumier* que *romaniste*. Du reste, on conçoit très-bien que par la solennité de l'acte authentique (1). Elle veut quelque chose de plus, elle veut la transcription. La *tradition civile,* à l'égard des tiers, s'opérera désormais par une formalité éclatante de publicité. Que résulte-t-il de là? C'est que la *tradition civile* accomplie *entre les parties* par le simple pacte et la *tradition civile* accomplie à l'égard des tiers, par la solennité de l'acte authentique, se confondront désormais. La *tradition civile* résultant de l'acte authentique sera déshéritée de sa prérogative à l'égard du public; elle descendra au rang de la *tradition civile* qui résultait déjà, *entre les parties,* de la simple convention.

Voilà la vérité du fond des choses. Elle s'appuie sur l'histoire, sur la raison et sur la volonté des auteurs du Code qui ont déclaré *partout et toujours,* qu'ils n'entendaient pas rompre avec le passé. Et en effet, ils n'avaient fait, dans le principe, que consacrer le système des traditions *feintes* (2) de l'ancienne jurisprudence : système qu'ils ont modifié ensuite, parce que le conseil d'Etat ne partagea pas les idées des rédacteurs du projet de l'an VIII, sur la clandestinité des hypothèques.

Pothier n'ait vu qu'un *droit* de créance dans la maxime coutumière, dès qu'on en restreignait les effets *entre les parties.* Seulement il aurait dû s'expliquer à cet égard.

  (1) *Vide supra,* n° 110.
  (2) *Vide supra,* n° 111 et la note.

Mais laissons parler M. Marcadé lui-même; la meilleure réfutation de son système, *en ce qui touche les tiers,* se trouve dans son ouvrage, lorsqu'il passe à son *quoique* (1).

(1) Que le lecteur me pardonne d'exposer, sous une forme peut-être burlesque, une idée que je crois profondément exacte.

Ce que j'appelle le *quoique,* est le moyen *cabalistique,* par lequel un auteur, après avoir établi les bases d'une institution, parvient à réduire cette institution *à néant,* et à détruire lui-même son propre ouvrage, sans que la plupart des lecteurs s'en aperçoivent. Le *quoique* existe chez tous les interprètes; ils ne pourraient l'éviter qu'en brisant les textes sur leur passage. Seulement, il apparaît franchement chez les uns, ou il se cache avec art chez les autres, suivant la nature particulière de l'esprit qui l'emploie.

En voici un exemple bien remarquable:

Les priviléges sur les immeubles sont régis par un système étincelant de publicité... « L'inscription est requise pour leur donner « la force effective dont ils sont susceptibles... Le défaut de cette « inscription constitue une nullité *d'ordre public...* C'est une « formalité extrinsèque, une sorte de complément, pour assurer, « *entre créanciers,* l'efficacité du privilége... Jusque-là son existence est condamnée à l'inertie, tant que la publicité ne vient « pas lui donner le mouvement et la faculté d'agir au dehors... « Lors donc qu'il sera inscrit, il entrera dans la plénitude de ses « prérogatives!... »

Mais... cependant... encore bien que... quoi qu'il en soit(traduisez le reste)...

« L'inscription sera une chose entièrement inutile *entre créan-* « *ciers...* Le privilége inscrit rétroagira indéfiniment dans le passé. « La publicité des priviléges est une espèce particulière de pu- « blicité, elle n'a que des rapports bien éloignés avec l'ave- « nir!... »

Cet exemple choisi entre mille, est tiré de l'un des traités de M. Troplong, dont les ouvrages sont, avec raison, dans toutes les bibliothèques. Je ne prétends pas, par là, affaiblir l'estime que l'on a des travaux de ce jurisconsulte, je veux seulement constater un fait malheureusement trop vrai. C'est que celles de nos institutions

Or donc, M. Marcadé, après avoir exposé la théorie qu'il adopte sur l'art. 1138, et dont nous avons, plus haut, donné l'idée fondamentale, continue de la manière suivante (1) :

« *Quoique* le principe *tout nouveau* (2) de la trans-
« lation de la propriété par le simple consentement,
« par la convention même, principe si mal formulé
« par l'art. 1138, y fût proclamé d'une manière
« *absolue, cependant...* les rédacteurs n'avaient
« pas entendu l'appliquer complétement aux im-
« meubles.

« *C'était seulement de la propriété des choses*
« *mobilières qu'ils entendaient parler!!!...* »

Telle est, en effet, la conséquence à laquelle sont forcément conduits nos adversaires. Jamais personne, à ma connaissance, du moins, n'avait osé l'exprimer. On la voilait avec art, de peur qu'elle ne révoltât ceux qui la regarderaient en face. Ce n'était que comme contraint par la généralité des termes de l'art. 1138, que le magistrat, sur son siége, se

---

civiles qui sont réellement difficiles à entendre dans leur ensemble, en sont *presque toutes* encore là!...

Mais ne perdons pas de vue le *quoique* de M. Marcadé. M. Marcadé a trop de vigueur dans l'esprit, pour que la critique lui passe quelque chose; d'autant plus que si son idée était fondée, notre travail serait sapé par sa base.

(1) *Voy.* ses *Comm.* sur l'art. 1140.

(2) Nous savons à quoi nous en tenir, sur ces mots: *tout nouveau.*

décidait avec peine, à repousser la *tradition réelle* des meubles. Mais M. Marcadé ne recule pas ; et, à son point de vue, il a raison de ne pas reculer, en présence de l'art. 1140 dont il donne le véritable sens.

Ainsi il est désormais convenu que l'art. 1138 n'a spiritualisé que les meubles !.. Eh bien, alors, il faut avouer que l'innovation aboutit à un mince résultat, et, dans tous les cas, qu'elle est loin d'être heureuse. Mais ce dernier refuge échappe encore à M. Marcadé, qui veut absolument appliquer l'art. 1138 à quelque chose ; car cet article n'a jamais eu en vue d'abroger la tradition réelle des meubles. Cette bonne tradition, cette tradition d'*ordre public*, comme l'appelait Bourjon, a été formellement conservée, en dépit de tous les arrêts passés, présents et futurs. Il suffit pour s'en convaincre, de se faire ce petit raisonnement :

« Je dois retrancher l'innovation dont parle
« M. Marcadé, puisqu'il est démontré par l'histoire
« et par les auteurs du Code civil eux-mêmes, qu'ils
« ont entendu consacrer les anciens principes, dans
« les art. 1138 et 1583 ; donc je me trouve en face
« de la jurisprudence coutumière reproduite tex-
« tuellement par les art. 1141, 1238, 1303, 1606 et
« 2279. » Or, l'ancienne jurisprudence n'a jamais spiritualisé les meubles, pas plus que les auteurs du

Code n'ont entendu spiritualiser les immeubles ; parce que l'ancienne jurisprudence et les auteurs du Code, après elle, savaient fort bien, ce qui vaut infiniment mieux que toutes les arguties possibles, que si, *en fait de meubles, la possession pouvait valoir titre*, il était extrêmement dangereux que, *le titre pût valoir possession.*

Concluons maintenant, que l'art. 1138 ne s'appliquant pas aux immeubles, de l'aveu de nos adversaires, ne s'appliquant pas davantage aux meubles, *en ce qui touche le public*, ne peut s'appliquer qu'aux meubles et aux immeubles (1), *en ce qui touche les parties* : le tout, suivant le viel axiome de Loysel, *on n'a pas plutôt vendu une chose qu'on n'y a plus rien*, A L'ÉGARD DE L'ACHETEUR.

Continuons (2).

« Ils (les rédacteurs) introduisirent dans la loi « l'art. 1140, afin de réserver la question entière, « relativement aux immeubles, et de la décider aux « titres *de la Vente* et *des Hypothèques.* »

Si les auteurs du Code civil n'avaient pas hésité, comme on le prétend, à retrancher, par l'art. 1138, la tradition *réelle* des meubles, ils n'auraient pas *a fortiori* hésité un instant à décider la question relativement aux immeubles.

(1) En effet, il ne fait pas de distinction.
(2) Je ne fais plus désormais qu'analyser M. Marcadé.

« Au titre *de la Vente*, la convention eut bien pour
« objet de transporter la propriété, *entre les parties*
« (art. 1183) ; mais on ne s'occupa pas de la trans-
« mission, *à l'égard des tiers*. La question non ré-
« solue (1) se trouva donc réservée encore pour le
« titre *des Hypothèques où elle fut tranchée.*

Un moment... ne tranchons pas si vite. Où est le
texte qui tranche la question ? il n'y en a pas ! Donc
le Code civil n'a pas statué sur la transmission immobilière, à l'égard du public ; donc, la matière n'est
pas réglée par le Code ; donc, l'art. 26 de la loi de
brumaire est encore en vigueur (2).

Et si, non satisfait de ce raisonnement, vous me
demandez comment je puis établir ma transcription,
sans texte positif, dans le Code civil ; comment j'ose

(1) Il me semble que, au moins, elle était singulièrement pré-
jugée, car dit l'art. 1583, « la vente est parfaite (c'est-à-dire d'après
« M. Marcadé, accomplie, exécutée) *entre les parties*, et la pro-
« priété est acquise *de droit à* l'acheteur, *à l'égard du vendeur*,
« dès qu'on est convenu de la chose et du prix. » Donc la vente
n'est ni accomplie, ni exécutée à *l'égard des tiers* par la simple
convention ; donc il faut autre chose que la convention pour constituer le domaine à l'égard du public ; donc la théorie de M. Marcadé manque par sa base, à moins qu'il n'immole l'art. 1583,
comme il a déjà immolé les art. 1238 et 1303. Ce sont, dit-il, des
irréflexions des auteurs du Code (*voy*. ses *Commentaires* sur l'art.
1303 et l'art. 1238). Sans doute... sans doute... il y a bien longtemps que tous ces petits moyens m'avaient passé par l'esprit ; il y
a bien longtemps aussi qu'ils ne m'avaient pas satisfait. L'art.
1303 ne se trouvait pas dans le projet !...

(2) *Vide supra*, n° 128.

suppléer, dans la loi actuelle, une disposition *né-cessaire*, je vous rétorquerai l'argument, en vous demandant, à mon tour, comment il se fait que, l'art. 1138 étant, de votre aveu, étranger à la question, vous osiez, vous-même, sans texte positif de la loi, décider que la simple convention *constitue* le domaine, *erga omnes ;* comment il se fait que vous osiez vous-même suppléer, dans le Code civil, une disposition nécessaire, quand l'histoire du passé, quand l'histoire du présent, quand l'histoire des peuples anciens et modernes, quand l'histoire de la loi elle-même, se dressent menaçantes contre vous!

Voilà les conséquences logiques du *quoique* de M. Marcadé, mais cela ne ferait pas son affaire. Il faut bien qu'il retourne à sa base fondamentale ; et pour y retourner, il doit prouver que le titre *des Hypothèques*, qui a décidé, dans dix articles au moins, que la transcription est encore nécessaire à la constitution du *jus in re*, a repoussé cette formalité considérée comme moyen de transmission à l'égard des tiers.

Où va-t-il donc trouver le pivot de son système ?

Sera-ce dans l'art. 2108, qui est une énigme indéchiffrable sans la transcription?

Sera-ce dans l'art. 2180, qui ne fait courir la prescription de l'hypothèque, que de la transcription du contrat?

Sera-ce dans les art. 2181, 2183, 2177, 2166, 2189, 2198, 2200 qui supposent tous, tous (1)! que la transcription est encore nécessaire à la mutation de la propriété absolue, à moins que l'interprète n'en fasse une formalité inintelligible, un véritable non sens?

Tous ces articles seront pour M. Marcadé des débris du système de l'an VII. Il les abrogera, comme il a déjà abrogé les art. 1238 et 1303 ; ou bien, il suivra, au fond, les explications ingénieuses de M. Troplong, qui, nous pouvons le dire, car c'est la vérité, sont loin de nous avoir satisfait.

Où donc, encore une fois, M. Marcadé trouvera-t-il la base de son système?

Eh bien! ce sera dans l'art. 2182, auquel il donnera une fausse interprétation, une interprétation réprouvée par l'histoire de l'article lui-même et par la discussion officielle (la seule que les interprètes puissent invoquer) qui a précédé sa naissance (2).

---

(1) *Vide supra*, nᵒˢ 143, 145, 146, 147, 148, 186, 187, 188, 189.

(2) Je ne vois, pour M. Marcadé, qu'un seul moyen de sortir de la fausse route dans laquelle il s'engage à tort, suivant moi, c'est d'établir, au titre *des Hypothèques*, une large exception par laquelle il dira de nouveau: *quoique...* la convention transporte la propriété *erga omnes, cependant...* elle ne la transporte pas *erga omnes;* elle ne la transporte pas , à l'*égard des créanciers privilégiés et hypothécaires qui ont des délais pour s'inscrire.* Car il est impossible que M. Marcadé ne reconnaisse d'autre effet

Il verra une *révolution complète* dans la substitu-tion du mot *vendeur* au mot *immeuble* qui se trou-vait dans le projet ; en sorte que ce mot vendeur sera tout *stupéfait* de la haute portée qui lui sera donnée !

Voilà le seul texte qu'il invoque et qu'il invoque-ra, pour établir que les auteurs du Code, malgré leurs protestations réitérées, ont, en 1804, entendu rompre avec le passé.

A cette conclusion, que nous considérons comme peu digne de l'exorde, viendra se joindre la dispari-tion de l'art. 91 du projet, oublié ou escamoté dans le Code civil.

Enfin il passera au Code de procédure ; là, il sera plus à l'aise ; non pas, suivant nous, pour établir que la convention transporte le domaine *erga omnes,* mais simplement pour établir que la transcription translative a été abolie : ce qui n'est pas du tout la

à la transcription du Code civil que celui de faire courir la pre-scription de l'art. 2180. On n'a pas payé le droit proportionnel de transcription pour un aussi mince résultat. D'un autre côté, il n'est pas possible que M. Marcadé accorde, en présence de l'art. 2166, le droit de suite à l'hypothèque non inscrite. Ce moyen, tolérable sous le *C. de proc.* est évidemment intolérable sous le *Code ci-vil.* Il ne lui reste donc que le moyen ci-dessus indiqué. S'il l'adopte, il pourra raisonnablement expliquer un assez grand nombre d'articles ; mais alors la seconde partie de son ouvrage n'aura pas d'ensemble avec la première.

Il suivra l'avis du conseil d'État non approuvé par l'Empereur (*vide supra,* n°s 149 à 184, et 198 à 214) !...

même chose. Il nous démontrera que l'art. 834 condamne notre théorie, ce qui est possible; mais il tranchera, en sa faveur, la question par la question, en disant que le mot *aliénation* est synonyme du mot *convention*; il réfutera notre audacieuse prétention qui consiste à ajouter à sa *convention*, l'adjectif *transcrite*. Puis il invoquera l'histoire de la fiscalité qui deviendra, en définitive, le *criterium* de sa théorie, ou plutôt, de la théorie de ceux qui, renouant la chaîne des temps, penseront encore que, la transcription abolie, il faut retourner aux traditions *feintes* de l'ancienne jurisprudence française.

De tout cela, il résultera que M. Marcadé, s'il sait, comme nous n'en doutons pas, conserver son indépendance, pourra bien lancer, dans sa route, quelques-uns de ces traits acérés qui vont droit au but (ce qui ne l'empêchera pas de subir aussi quelques bonnes critiques lui-même, car c'est notre destinée à tous, et nous ne devons pas nous en effrayer, n'en a pas qui veut); qu'il pourra même jeter dans les détails quelques aperçus nouveaux ou inédits, vigoureusement exprimés...

Mais il en résultera aussi, ce qui est beaucoup plus grave, que la science gagnera peu au Code hypothécaire de M. Marcadé; tandis que, avec son esprit radical, elle aurait pu, elle aurait dû y gagner quelque chose.

Il est inutile d'insister davantage et de fatiguer le lecteur par des redites. Ce n'est pas, sans y avoir longtemps réfléchi, que nous avons adopté, même au point de vue de l'interprétation de nos lois actuelles, la *tradition réelle et la transcription*, pour la transmission absolue des meubles et des immeubles. Dans notre conviction bien profonde, le Code civil est inintelligible sans elles.

Il serait même intelligible sans elles, qu'il faudrait encore les conserver, en l'absence d'une volonté abrogatoire positivement exprimée; à plus forte raison, en présence d'une volonté conservatrice positivement exprimée!...

Quoi! au moment où il s'agit de réunir les différentes lois civiles, M. Jaubert énumère, avec complaisance, les principales innovations de la législation que l'on codifie, il parle de tout..... de la loi *emptorem* (art. 1743)... des règles de la *fiducie* (1)... de choses insignifiantes, si on les compare à l'immensité de la question qui nous occupe... Et il ne signale pas le fait le plus important des temps modernes! il ne signale pas la plus grande révolution qui, au dire de nos adversaires, se soit jamais opérée dans l'histoire de la propriété, quand cette histoire a fait la méditation de toute sa vie de profes-

(1) *Voy.* le discours de M. Jaubert au Corps législatif, séance du 30 ventôse an XII.

seur! Il se tait, quand cette révolution vient de s'accomplir sous ses yeux! quand il y a puissamment contribué lui-même! Et son collègue Portalis proclamait, deux jours auparavant (1), qu'on s'était surtout appliqué à ne pas introduire dans la législation des *nouveautés dangereuses!*...

Oh! non, mille fois non! les auteurs du Code civil n'ont pas innové (2). Tôt ou tard, l'échafaudage

(1) *Voy.* le discours de Portalis sur la réunion des lois civiles, à la séance du 28 ventôse an XII.

(2) La loi 20, au Cod. *de pactis,* existait encore, dans toute sa pureté, au temps de saint Louis. *Quant aux immeubles*: « La « seignorie des choses est tresportée par baillies, et par user an, « et ne mie par unes convenances; c'est quant eles sont conve- « nanties sanz plus » (*Voy.* Pierre de Fontaines, chap. xv-xix). *Quant aux meubles,* celui qui, à la suite d'une vente, ne s'est pas mis en possession réelle, est-il propriétaire à l'égard des tiers? « Et certes nénil; car puisqu'il n'ot oncques la seisine des choses « sans quoi nus n'acquiert la seignorie, il n'iert mie restabliez à « ce qu'il n'ot oncques » (*Voy.* chap. xvii-xviii).

Voilà le motif de l'art. 1141 du Code civil.

Cette théorie, *en ce qui touche les immeubles,* s'est perdue, en grande partie, d'abord, *du vendeur à l'acheteur,* par le proverbe rapporté par Loysel : *on n'a pas plutôt vendu une chose qu'on n'y a plus rien;* et ensuite, *à l'égard des tiers,* par l'introduction des prétendues possessions *civiles* des Romains, malgré l'opposition de Charondas, Belordeau, et malgré les regrets de Ricard (*Vide supra,* n° 85, et Pothier, *Traité de la Vente,* n° 322). Elle fut cependant toujours *nominalement* conservée par les bons auteurs qui traitaient, sous forme de question particulière, ce qui était devenu, par le fait, la base de la transmission des immeubles.

On essaya même d'implanter, dans la pratique, ces traditions *civiles, en fait de meubles.* Mais cette idée était trop énergiquement repoussée par les mœurs, pour qu'elle pût réussir. On n'a jamais pu faire entrer, et on ne fera jamais entrer dans l'esprit élevé par les interprètes s'écroulera sur lui-même,

simple et logique d'un paysan, qu'il lui est interdit de saisir la commode, la chaise ou l'armoire de son débiteur, parce que ces objets auront été vendus et *non livrés* matériellement à un beau-frère, à une femme (art. 1595), ou même à un étranger. J'en ai vu cent exemples dans la pratique des affaires. C'est qu'en effet, le paysan, avec son gros bon sens, a raison contre les interprètes du Code civil qui rejettent la tradition réelle des meubles. Aussi, n'apparaît-il pas que les rétentions précaires de meubles aient été admises par l'ancienne jurisprudence, si ce n'est dans quelques cas fort rares (*Voy.* pourtant Ferrière, *sur Paris*, art. 275, et à cet égard, C. civ., art. 1606, § 4). Il était réservé aux interprètes contemporains de nous jeter, sous ce rapport, dans un précipice sans fond.

Maintenant, *en ce qui touche la loi actuelle*, celui qui s'arrêtera à Pothier, sans remonter aux sources *pratiques*, croira que le Code a innové, surtout s'il ne médite pas longtemps sur le n° 322 du *Traité de la Vente*, et il sera dans l'erreur. Car la tradition a été conservée par le Code civil. Seulement, elle n'est plus la tradition du droit romain ; elle est la tradition du droit municipal français. Mais, par cela seul qu'elle est *tradition*, lors même qu'elle serait réduite à une pure fiction, elle ne peut toujours s'o-pérer, *à l'égard des tiers*, que par une formalité extérieure (*Vide supra*, n° 199).

Ainsi, *en ce qui concerne le public*, la tradition des immeubles résultera, *civilement*, de la transcription, si on l'admet avec nous, malgré les nuages du Code de procédure ; et la tradition des meu-bles s'accomplira, en général, par la prise de possession réelle. Si, au contraire, on trouve notre système trop hasardé, au point de vue de la législation actuelle, si on repousse la transcription, la tradition des meubles continuera d'exister, comme par le passé, et la tradition des immeubles résultera *civilement* d'une interversion de posses-sion opérée par une clause exprimée ou sous-entendue dans les instruments authentiques, et même dans les actes sous signatures privées ayant date certaine (art. 1582), quoique la loi n'ait pu, dans mon opinion, conserver l'acte sous seing privé, qu'avec la transcription, ou, au moins, avec la tradition réelle. De cette ma-nière, les art. 1238, 1303 et 1589 sont expliqués. Car, dans ce sys-

et si quelque chose doit nous étonner aujourd'hui,
c'est de le voir encore debout!...

tème, le payement des immeubles s'opère, à l'égard des tiers, par
la tradition *civile*, et cette tradition ne peut être faite que par une
personne propriétaire et capable d'aliéner. La femme, le mineur
ne peuvent parler dans les contrats devant notaires : la première
sans y être autorisée, et le second sans y être représenté légalement (*Voy.* art. 1238).

Si, avant la tradition *civile*, la chose a péri par la faute d'un
tiers, il faut bien donner à l'acheteur le moyen d'agir contre ce
tiers. Comme l'acquéreur n'était pas encore propriétaire à l'égard
du public, et comme il ne peut plus le devenir, puisque la chose
a péri, et que, par conséquent, la tradition *feinte* ne peut plus se
consommer, parce qu'elle n'est que l'image de la vérité désormais
irréalisable, le vendeur se trouve dans la nécessité de lui faire la
tradition, non pas de la chose qui n'existe plus, mais de ce qui en
reste entre ses mains, à l'égard du public, c'est-à-dire des droits
ou actions en indemnité par rapport à cette chose (art. 1303).

Promesse de vente vaut vente , signifie que la promesse obli-
gera le vendeur à faire la tradition *civile* par acte authentique ou
par un jugement qui en tiendra lieu, pour ensuite, de la part de
l'acheteur, forcer la tradition réelle *etiam manu militari*, en
vertu du contrat, de l'instrument valant tradition *civile*, *erga
omnes* (art. 1589. *Voy.* le discours de Portalis, *supra*, Appendice).

On voit que tous ces articles, inexplicables dans le système généralement admis, ne sont pas des *irréflexions* des auteurs du
Code. Le *criterium* de toute cette théorie se trouve dans l'histoire, résumée énergiquement par le conseil d'État lui-même *appelé à décider positivement la question* : « La tradition se faisait
« autrefois par *acte authentique*..... Ces principes ont subi un
« changement *momentané*, par la loi du 11 brumaire an VII..... »
(*Vide supra*, n° 199). Sans doute, le simple pacte y joue un grand
rôle; il n'est pas besoin, comme disait Bigot, de tradition réelle;
mais le consentement ne suffit pas seul, il lui faut la solennité
prescrite, qui n'est pas seulement requise pour la preuve, *en ce
qui touche le public.*

Ainsi, la vente verbale d'un meuble ou d'un immeuble, lors même
qu'il s'agirait d'une valeur inférieure à 150 fr., sera sans force à l'é-

gard des tiers, à moins qu'elle ne soit soutenue de la tradition soit *réelle* soit *civile*, et la convention aura beau être prouvée, elle ne produira toujours qu'un lien *relatif*; elle ne produira pas, par elle-même, un droit *absolu*.

Tout ce système ne sera encore tolérable qu'autant qu'il sera laissé un large pouvoir d'appréciation aux tribunaux qui devront appliquer, le plus souvent possible, la loi *quoties*, c'est-à-dire le bon sens et la raison que le législateur n'a pas voulu abroger.

Pousser les choses plus loin, et donner au simple pacte une puissance exorbitante, c'est méconnaître l'esprit et les textes de la loi. Il est des faits qui sont tellement graves par eux-mêmes, qu'ils ne peuvent s'introduire *furtivement* dans l'histoire des peuples, et la révolution qui, suivant nos adversaires, se serait accomplie en 1804, appartient à cette classe. Il est impossible que les auteurs du Code civil aient anéanti la charte de la propriété, sans s'expliquer positivement à cet égard; il est impossible qu'ils aient passé le Rubicon sans hésiter, et surtout sans le dire!...

FIN DU PREMIER VOLUME.